Nkechi Madubuko
Praxishandbuch Empowerment

Nkechi Madubuko

Praxishandbuch Empowerment

Rassismuserfahrungen von Kindern und Jugendlichen begegnen

2., überarbeitete und ergänzte Auflage

BELTZ JUVENTA

MIX
Papier aus verantwortungsvollen Quellen
FSC® C089473

Dieses Buch ist erhältlich als:
ISBN 978-3-7799-7057-6 Print
ISBN 978-3-7799-7058-3 E-Book (PDF)
ISBN 978-3-7799-7059-0 E-Book (ePub)

2. Auflage 2024

in der Verlagsgruppe Beltz · Weinheim Basel
Werderstraße 10, 69469 Weinheim

Herstellung und Satz: Ulrike Poppel
Druck und Bindung: Beltz Grafische Betriebe, Bad Langensalza
Beltz Grafische Betriebe ist ein klimaneutrales Unternehmen (ID 15985-2104-100)
Printed in Germany

Weitere Informationen zu unseren Autor:innen und Titeln finden Sie unter: www.beltz.de

Inhalt

Vorüberlegungen

Als ich 2015 mein Buch „Empowerment als Erziehungsaufgabe" zur Schlüsselrolle von Eltern bei der Verarbeitung von Rassismus schrieb, wollte ich eines klar vermitteln: Rassismuserfahrungen sind Teil des Alltages von Kindern mit bestimmten Merkmalsdimensionen (Herkunft, Religion, Hautfarbe oder zugeschriebener Kultur). Ob diese Rassismuserfahrungen von Kindern nachhaltig deren Selbstwertgefühl, Wohlbefinden und verinnerlichte Chancen für sich selbst negativ beeinflussen, hängt eng damit zusammen, ob sie ein Elternhaus haben, in dem sie ein offenes Ohr für ihre Erfahrungen erleben und wirksame Strategien sowie einen positiven Bezug zur Herkunft/Religion erlernen und ob sie lernen, kritisch zu differenzieren, anstatt Stereotype als Maßstab für sich selbst zu nehmen. All das benötigen die Kinder, um ohne das Gefühl von Minderwertigkeit durch ihren Alltag zu gehen und einen wehrhaften Umgang zu erlernen. Dies beschrieb ich als „Schutzraum Zuhause". Ein Aspekt des Buches war meine Kritik an einem wenig vorurteils- und diversitätssensiblen pädagogischen/erzieherischen Umfeld der Kinder und Jugendlichen. Ausgehend von Erfahrungswerten und Studien kritisierte ich die fehlende Bereitschaft in Schule und Kita, den Kindern ohne Zuschreibungen zu begegnen, die Neigung, defizitär auf sie zu blicken sowie Diskriminierungen herunterzuspielen, bzw. in Diskriminierungsfällen nicht adäquat zu reagieren (als „normal" hinzunehmen) und damit den Nährboden für weitere Vorkommnisse zu legen. Einen „Äußeren Schutzraum", in dem die Kinder sich akzeptiert fühlen können so wie sie sind (keine Diskriminierung erleben), könnte ihre Kita oder Schule sein. Inzwischen bin ich zu der Auffassung gelangt von „Empowerment-Orientierung" als Wunschziel für diese Einrichtungen zu sprechen.

Nach der Veröffentlichung des Elternbuches absolvierte ich 2016 eine Diversity-Trainerin-Ausbildung und lernte in meinen Trainings neben betroffenen Eltern erstmals Erzieher_innen, Lehrpersonal und Sozialarbeiter_innen (z.B. aus Kita, Jugendhilfe und Flüchtlingsberatung) kennen, die ihre Unsicherheiten und Fragen zum respektvollen Umgang mit der Vielfalt ihrer Kinder und Jugendlichen an mich herantrugen. Dort erlebte ich interessierte Menschen, die sich in ihrer Professionalität unvollkommen fühlten und zahlreiche Beispiele aus ihrem Arbeitsalltag erzählten, von diskriminierender Sprache unter Kolleg_innen und unter den Kindern und Jugendlichen, von rassistischen und ausgrenzenden Vorkommnissen immer in Kombination mit der

Frage: Was kann ich da tun? Die Unsicherheit bei den Fachkräften ohne eigene Rassismuserfahrungen war groß: War das Rassismus? Was kann ich in einer Situation speziell und im Allgemeinen tun, um mein Arbeitsumfeld weniger diskriminierend zu gestalten? Welche Haltung muss ich überhaupt einnehmen, oder soll ich neutral bleiben? An welchem Maßstab sollte ich mein Handeln messen? Wie kann ich die Vielfalt einer Gruppe positiv für alle thematisieren, ohne ein Kind zum „Anderen" zu machen?

Empowerment schien dann die Antwort für alles zu sein, da die Fachkräfte darunter vornehmlich den Inbegriff für „Stärkung" aller Kinder verstanden. Leider wurde in den Seminaren schnell klar, dass es an Wissen über den Einfluss eigener Vorurteile mangelte und die eigene Interpretation des Prozesses von Empowerment oft wieder eine defizitorientierte Perspektive oder schlicht falsch kommuniziert war. Während sich die einen nicht sicher waren, wie sie Empowerment in ihrer Kita, Schule oder Einrichtung mitdenken sollten, gab es auf der anderen Seite die Gruppe derer, die selbstbewusst behaupteten: „Wir machen Empowerment schon seit Jahren". Empowerment hat den politischen Aspekt des Aufbrechens von ungleichen Machtverhältnissen – im Sinne von Zugangsstrukturen – und der Selbstermächtigung. Blickte man aber genauer auf die sogenannten Empowerment-Angebote, waren es oft von Angehörigen der Mehrheitsgesellschaft geplante Projekte ohne Partizipation der Teilnehmenden, die Diskriminierung erfahren haben. Also eine klare Schieflage.

Gerade im Feld der Flüchtlingsberatung und Betreuung von unbegleiteten minderjährigen Geflüchteten (UMF) war der Tenor: „Wir wollen die Kinder empowern".

Die Seminare haben mir gezeigt, welche konkreten Antworten noch fehlen: Was bedeutet Empowerment gegen Rassismuserfahrungen und was nicht? Hier gab es oft die Wahrnehmung, es ginge um reine „Partizipation". Dass es eine rassismuskritische Auseinandersetzung mit eigenen Vorurteilen, Verfahrensweisen und eigenem Handeln braucht, war vielen nicht klar. Unsicherheit gab es auch bezüglich der Frage: Wer kann Empowerment-Räume anbieten und wer nicht? Die Frage des Schutzraumes (Safer Space) wurde ebenfalls unterschiedlich interpretiert oder gar nicht bedacht.

Was für Möglichkeiten habe ich als Nicht-Betroffene_r, wenn ich keinen Empowerment-Raum als Schutzraum anbieten kann, aber in meiner Fürsorgeposition gegenüber den Kindern diversitätssensibel und „empowermentorientiert" handeln möchte? Diese Fragen standen immer im Raum.

Es wurde deutlich: Es fehlen in den Professionen Informationen darüber, was Empowerment gegen Rassismuserfahrungen in der Arbeitspraxis mit

Kindern und Jugendlichen bedeutet. Es fehlte an Verständnis für Diversitätssensibilität, Wissen über Zuschreibungsprozesse und Auswirkungen von Rassismuserfahrungen, Wissen über Antidiskriminierung als Haltung, Wissen darüber, wie Empowerment-Angebote gestaltet sein sollten und vor allem fehlten konkrete Beispiele für gelungene Ansätze. Bezogen auf das Angebot aus der Literatur gibt es zwar Informationen dazu, es handelt sich dabei aber um vereinzelte Artikel in unterschiedlichen Büchern und Broschüren (die ggf. vergriffen sind) die wenig gebündelt und praxisorientiert zusammengefasst sind. Dies versuche ich in diesem Buch für Menschen aufzuarbeiten, die wenig Wissen zu dem Thema oder keine eigenen Erfahrungen gemacht haben. In Kapitel 1 finden Sie mit den Wissenskompetenzen für eine Empowerment-Orientierung schon viele Antworten dazu.

An wen richtet sich das Buch?

Das Buch ist lesenswert für diejenigen, die in ihren Professionen diversitätssensibler und empowerment-orientiert arbeiten möchten. Dabei gibt es einen Einblick, wie es sich anfühlt, mit Rassismus aufzuwachsen und was man dem entgegensetzen kann.

Die Entscheidung zu „empowerment-orientiertem“ Arbeiten ist Grundlage für die Arbeit mit diesem Buch. Pädagog_innen, Erzieher_innen, Sozialarbeiter_innen, pädagogische Fachkräfte aller Grund- und weiterführendenden Schulformen sowie Fachkräfte und Leitungspersonal in der außerschulischen Jugendbildung und Sozialarbeit sind hier angesprochen. Diese Kontexte sind aus meiner Sicht untrennbar gebunden an die Rassismuskritik und den Diversity-Ansatz, der Vielfalt wertschätzt, gesellschaftliche Ausschlüsse und Benachteiligungen im Blick hat und sich aktiv gegen Diskriminierung (in Strukturen, Verfahrensweisen und im individuellen Miteinander) einsetzt.

Das Buch richtet sich auch an Fachkräfte of Color und Schwarze Fachkräfte, d. h. Menschen, die selbst Rassismuserfahrungen gemacht haben und sich tiefer mit dem Thema Empowerment gegen Rassismuserfahrungen auseinandersetzen wollen. Das Buch bündelt (ohne Anspruch auf Vollständigkeit) für Sie Wissen zu Empowerment aus Schwarzer Perspektive und macht Erkenntnisse nachlesbar. Als Menschen mit biografischen Erfahrungen mit Rassismus werden Sie die Beispiele von Erfahrungen aus Kapitel 1 vielleicht bereits kennen. Jedoch bietet das Buch dadurch auch Menschen ohne biografische Erfahrungen mit Rassismus Grundlagenwissen und den Forschungsstand zu

Wirkungsweisen von Rassismuserfahrungen, Anregungen zum Umgang mit Diskriminierungssituationen und einen Blick auf emotionale Belastungen, die mit Rassismus einhergehen. Darüber hinaus zeige ich in den Kapiteln 5 und 6 Elemente des Empowerments und Informationen über Kompetenzen, die es braucht, um Empowerment umzusetzen. Anregungen bietet vor allem das wertvolle Erfahrungswissen aus den Interviews mit Schwarzen Empowerment-Trainer_innen. Ein Wissen, das in der Form generationenübergreifend und praxisnah erstmals für den deutschen Kontext gebündelt nachzulesen ist. Ich hoffe, Sie werden empowerndes Wissen, Anregungen und Argumentationshilfen für sich und für Ihre Arbeit daraus ziehen können.

Wie ist das Buch aufgebaut?

Es gibt neben dem Empowerment-Schutzraum viele Ebenen, wie Empowerment unterstützt werden kann. Sie heißen im weiteren Verlauf „Empowerment-Orientierung". Dieses Buch beginnt mit der Klärung folgender Fragen: Was sind Voraussetzungen, um Empowerment-Orientierung überhaupt möglich zu machen? Welche Haltung und welches Wissen sollte ich haben, oder wie sollte ich das neue Wissen anwenden? Was sind rassistische Denkweisen? Wie zeigen sich Zuschreibungen (z. B. in Sprache und Kinderbüchern) und welche Traditionen im Umgang mit Diversität sind problematisch? Wie sollte ich mit den Unterschieden der Kinder umgehen, ihre Identität stärken und sie nicht abwerten. Wann sollte ich Unterschiede thematisieren, aber nicht (ungewollt) überbetonen, und wieso ist es überhaupt wichtig, Vielfalt sichtbarer zu machen? In **Kapitel 1** werden wichtige empowerment-orientierte Wissenskompetenzen vermittelt. Dazu gehören: (1) Grundlagen zu Diversität, die Bedeutung von Vielfaltsdimensionen und wie Zugehörigkeiten und Zuschreibungen funktionieren sowie welche Erfahrungen an Positionierungen gebunden sind, (2) Ausgrenzungsmechanismen wahrnehmen, (3) Rassismus erkennen, (4) Wissen über soziale Gruppen und deren zugeschriebene Wertigkeit, (5) diversitätssensibler Umgang mit Unterschieden im Spannungsfeld von überhöhen und ignorieren und (6) eigene Zuschreibungsprozesse entlarven und rassismuskritisch denken. In **Kapitel 1** werden außerdem der Diversity-Ansatz und Ziele der Antirassismuspädagogik als Perspektive und richtunggebend für den Umgang mit den Kindern vorgestellt. Es ist ein wichtiges Einstiegskapitel für Leser_innen ohne eigene Rassismuserfahrungen. Empowerment ist die Antwort und Gegenerfahrung zu Rassismus und Ausgrenzungserfahrungen. Daher ist es so wichtig zuerst die Frage zu betrachten, wie Rassismuserfahrungen auf Kinder und Jugendliche wirken. Ihr wird in **Kapitel 2** nachgegangen. Studienergebnisse werden hier gebündelt und als Ausgangspunkt für die weitere Beschäftigung mit Empowerment genutzt. Sich die psychologischen Folgen von Rassismuserfahrung bewusst zu machen, hilft zu verstehen, dass es doch keine „Kleinigkeiten" sind. All das erklärt uns, warum es Empowerment braucht und auch wo man ansetzen sollte. Dieses Kapitel soll auch zum Verständnis beitragen, warum es wichtig ist, Diskriminierungsschutz zu bieten. In **Kapitel 3** steht dieser im Mittelpunkt. Anhand von bekannten Unsicherheiten im Umgang mit Diskriminierungssituationen unter Kindern und Jugendlichen beantworte ich die Frage, ob und wie man diesen begegnen sollte. Ich gebe Beispiele für Verhaltensweisen und zeige auf, was es für das Kind bedeutet, ob in den Situationen gehandelt wird oder nicht. Mit der Vorstellung des Verursacher_in-Betroffene_r-Zuschauende-Modells zeige ich die vielschichtigen Zielgruppen und Chancen der Wissensvermittlung, die in Diskriminierungssituationen stecken.

In **Kapitel 4** geht es zentral darum, mit dem Wissen um die Auswirkungen von Rassismuserfahrungen von nun an diskriminierungskritisch und diversitätssensibel zu handeln und dies als eigene Schlüsselrolle zu verstehen. Dabei spielt der rechtliche Aspekt eine Rolle: Die Verantwortung als Fachkraft, Diskriminierungsschutz von Kindern und Jugendlichen zu gewährleisten. Wissen über die Gesetzeslage zu Diskriminierungsschutz von Kindern und Jugendlichen hilft Ihnen, Ihre Rolle rückzuversichern. Diskriminierungskritisches Wissen gehört zu den Grundlagen einer diversitätssensiblen und empowerment-orientierten Sichtweise, die ich mit ihren Elementen zusammengefasst vorstelle.

In **Kapitel 5** stelle ich die Grundbegriffe zu Empowerment gegen Rassismuserfahrungen aus meiner Sicht vor. Empowerment-orientiertes Handeln und Empowerment sind zwei Wege zur Vermeidung von rassistischem Verhalten, die je nach Positionierung angeschaut werden. Wie empowerment-orientiertes Handeln aussehen kann, wird hier konkret zusammengefasst mit Bezugnahme auf die vorherigen Kapitel. In meinem neuen Konzept des „Empowerment-Hauses" verbinde ich beide Ansätze und zeige auf, dass jede_r etwas dazu beitragen kann, nur eben auf verschiedenen Ebenen. Ein rassismuskritisches Rollenverständnis, der Diversity-Ansatz als Handlungsweg, Wissen über Positionierung, ein bewusster Umgang mit Diskriminierung, Verzicht auf Zuschreibungen und Verwendung einer rassismuskritischen Sprache sind die in Kapitel 1 bis 4 vorgestellten Wissens-, Haltungs- und Handlungskompetenzen. Sie bilden das „Fundament" und die „Basis-Ebene" des Hauses wozu alle

Fachkräfte beitragen. Die Spitze sind die „Safer Spaces“ (geschütztere geschlossene Räume). Diese sollten nur von Fachkräften/Trainer_innen mit eigenem biografischem Zugang zum Thema geleitet werden. Beispiele für die empowerment-orientierte Kita und Jugendeinrichtung schließen das Kapitel ab.

Im **6. Kapitel** bündele ich erstmals Erfahrungswissen von Schwarzen Empowerment-Trainer_innen aus 25 Jahren. Empowerment-Trainings in geschützteren Räumen (Safer Spaces) werden erstmals inhaltlich in der Ausführlichkeit vorgestellt. Safer Spaces sind geschlossene Räume für Betroffene, in denen sie sich mit kompetenten Trainer_innen mit ihren Rassismuserfahrungen auseinandersetzen und diese transformieren können. In diesem Kapitel wird deutlich, warum Safer Spaces notwendig sind, welches übereinstimmende Praxiswissen zu Rassismuserfahrungen aus Schwarzer Perspektive es gibt und wie vielfältig die Empowerment-Arbeit als Methode aussehen kann. Empowerment-Prozesse zu begleiten ist komplex. Das Kapitel erklärt, wie sensibel diese emotionalen Prozesse sind und stellt Projekte und Workshops vor. Es wird damit deutlich, worauf bei Empowerment-Räumen Wert gelegt werden sollte und was schief gehen kann, wenn man ein solches Angebot plant.

Im **Anhang** sind Fortbildungsangebote, Trainer_innen-Pools, Träger mit Empowerment-Angeboten für Menschen mit Rassismuserfahrungen, Spielmaterialien und Hinweise auf Kinderbücher nachzulesen.

Dieses Buch möchte alle Leser_innen darin unterstützen, die mit Diversität verbundenen Anforderungen informiert, reflektiert und menschenrechtsorientiert anzunehmen und mit diesen Kompetenzen in den Einrichtungen empowerment-orientiert, das heißt diversitätsbewusst und rassismussensibel, zu arbeiten. Ich biete Ihnen daher Beispiele und Zusammenfassungen in Form eines Fazits an, um Ihnen zu helfen, die Kernaussagen zu verinnerlichen. Als Fachkraft of Color werden Sie herauslesen, was für Ihre Arbeitspraxis wertvoll sein kann. Zu den Anforderungen an alle Fachkräfte gehören eine offene Grundhaltung für Vielfalt, Wissen über Rassismus und Diskriminierung sowie im Konfliktfall Kompetenzen zum Handeln, um Lernprozesse gezielt anleiten zu können. Eine antirassistische Haltung hilft, diskriminierenden Tendenzen in der pädagogischen Arbeit entgegenzutreten.

Bevor es losgeht, mein Appell an Sie, wenn Sie dieses Buch lesen:

Ähnlich wie für die Eltern ist auch für Sie als Pädagog_innen, Sozialarbeiter_innen, Lehrende und Erzieher_innen entscheidend wichtig zu verstehen: Sie können durch ein offenes Ohr und durch ein Verständnis für die Wichtigkeit von Akzeptanzerfahrungen für ein positives Selbstwertgefühl bei Kindern und Jugendlichen sorgen. Weiterhin können Sie durch das Vermeiden von wiederkehrendem täglichen Rassismus (Mikroaggressionen) im Alltag von Kita, Jugendhaus und Schule Teil eines Prozesses sein, der positiven Einfluss auf das Selbstwertgefühl, Wohlbefinden, die schulischen Leistungen, das soziale Bindungsverhalten und die Selbstwirksamkeitserwartungen der Kinder und Jugendlichen haben.

Nehmen Sie Ihre Rolle an. Sehen Sie sich als Wegbereiter_in hin zu einem empowerment-orientierten äußeren Schutzraum, in dem auf vielen verschiedenen Ebenen diversitätssensibel darauf geachtet wird, jedes Kind abzuholen und kein Kind abzuwerten, auch nicht ungewollt.

Sie sind eine wichtige Bezugsperson. Ihr Einfluss ist immens:

Welche Grenzen der Erreichbarkeit die Kinder für sich selbst sehen, wie „normal" und „zugehörig" sie sich fühlen und wie positiv sie sich selbst wahrnehmen, bestimmen Sie mit.

Durch Ihr Handeln, Ihre Einschätzungen, Ihren individuellen Blick auf die Kinder, Ihr Vertrauen, Ihr Bewusstsein für aktives Eingreifen als Aufgabe Ihrer Profession, Ihre Projekte, Ihre Lerninhalte und wertschätzende Sprache können Sie die Schraube in die eine oder andere Richtung drehen: Ob ein Kind (egal ob Deutsch oder Türkisch, Schwarz oder weiß, muslimisch, christlich oder jüdisch) sich angenommen fühlt, sich ohne Scham entwickelt und auf sein Potenzial zugreifen kann oder eben nicht.

Was Empowerment in diesem Buch bedeutet

Rassismus zu erleben ist nichts Theoretisches für mich. In diesem Buch schreibe ich als Autorin, die die Betroffenenperspektive in den Fokus nimmt und Stimmen zu Wort kommen lässt, die Diskriminierungs- und Rassismuserfahrungen als Ausgangspunkt für Empowerment ernst nehmen. Mit Empowerment behandle ich einen der innovativsten Ansätze in der rassismuskritischen Bildungsarbeit. Entsprechend seines politischen und historischen Ursprungs als emanzipatorische Befreiung von dem Unterdrückungssystem (Rassismus) auf individueller und kollektiver Ebene, wird eine Kritik an herrschenden Verhältnissen darin deutlich. Der historische Ursprung des Begriffs liegt in

Bürgerrechtsbewegungen der USA (Civil Rights Movement), Unabhängigkeitskämpfen in den besetzten Kolonien (Afrika, Asien, Lateinamerika) sowie anderen Emanzipationsbewegungen, wie die der Frauenbewegung der 60er-Jahre[1].[2] Die Forderung in den USA lautete damals „Empowerment of the Black Communities" und richtete sich gegen die herrschende Rassentrennungspolitik. Empowerment ist historisch gesehen im Kern ein politischer Begriff und emanzipatorisches Konzept, das bestehende Herrschaftsverhältnisse wie Rassismus, Sexismus, Klassismus, Heteronormalität etc. kritisiert.[3] Die Kernproblematik, sich auf struktureller Ebene die eigenen Menschen- und Bürgerrechte auf Gleichbehandlung zurückzuholen sowie Abwertungsmechanismen zu benennen und abzubauen, ist essenzieller Hintergrund. Ich sehe den Begriff daher als etwas, was aktiv nur von den Betroffenen umgesetzt werden kann. Einen anderen Menschen „empowern" kann man somit nicht, besonders nicht als Person, die selbst die Erfahrung der diskriminierten Menschen nicht kennt oder teilt.

> „Der Empowersharing-Ansatz bietet konzeptionell wie praktisch Handlungsstrategien zum Umgang mit sozialen Ungleichheits- und Diskriminierungsverhältnissen (wie Sexismus, Klassismus, Rassismus) an. Diese sind historisch-politisch gewachsen, auf den Körper eingeschrieben und manifestieren sich als soziale Erfahrung im Alltag, in den Institutionen, in der Gesellschaftsstruktur und in den Diskursen. Dabei entstehen zwischen den Menschen sozial konstruierte Differenzpositionen durch sozial konstruierte Machtungleichheitsverhältnisse."[4]

Ausnahmen sehe ich nur bei Eltern in Bezug auf ihre Kinder, die sich durch identitätsstiftende Gespräche und Umgebungen im inneren Schutzraum „empowern". Wissen, Settings von Sichtbarkeit und Wertschätzung und geschütztere Räume können „empowernde" Wirkung haben. Nach dem Verständnis meines Buches und der rassismuskritischen Sichtweise ist der Ausgangspunkt in einem Empowerment-Prozess jedoch ein anderer. Die Betroffenen bestimmen, je nach dem, was sie gerade brauchen, wie sie die verschiedenen Methoden des Empowerments für sich nutzen wollen. Tatsächlich ist er ein wichtiger und notwendiger Teil einer gesellschaftlichen Antwort auf Diskriminierungserfahrungen, indem er die Betroffenen zu den aktiv Handelnden macht. Traditionell fand Empowerment meist in informellen Zusammenhängen in Communities oder in Migrantenselbstorganisationen statt. Dass Empowerment gegen Rassismuserfahrungen als Ansatz in Empowerment als Erziehungsaufgabe der

Bildungsarbeit angekommen ist, wurde unter anderem von Veröffentlichungen Schwarzer Wissenschaftler_innen, Aktivist_innen und Praktiker_innen initiiert, begleitet und fundiert. Empowerment-Trainer_innen (die unter anderem in diesem Buch zu Wort kommen) entwickelten die ersten Seminarkonzepte für Antirassismus in den 90er-Jahren.

Der Begriff Empowerment wird in Kontexten von Sozialer Arbeit, Pädagogik und im privaten Coaching Sektor als Modebegriff auch für viele andere Sachverhalte verwendet, bei dem der Ausgangspunkt der Diskriminierung und der politisch-emanzipatorische Gedanke gänzlich ausgeklammert wird. Die inhaltliche Beliebigkeit des Begriffs macht es notwendig, Konzepte für Empowerment zu präzisieren. Das beginnt bei „Selbstoptimierung", „Selbstentfaltung", „Stärkung von außen" bis hin zu „resilient machen". Im Kontext von Rassismuserfahrungen ist Empowerment jedoch keine Maßnahme, die angelehnt an den Ansatz der Förderung in der Pädagogik, nach dem Motto „Ich weiß, was das Kind braucht und stelle einen Plan zusammen" funktioniert. Dafür ist die eigene Positionierung ein beachtenswerter Hinderungsgrund. Der vielfach zitierte Ansatz Norbert Herrigers sieht zwar auch die „Selbstbefähigung und Stärkung der Autonomie [als Empowerment und] mutmachende Prozesse der Selbstbemächtigung in den Menschen in Situationen des Mangels, der Benachteiligung oder gesellschaftlichen Ausgrenzung, [in der sie] beginnen, ihre Angelegenheiten selbst in die Hand (…) zu nehmen".[5] Er geht u. a. von einer „Ressourcenförderung"[6] aus, in deren Zusammenhang eine „Ressourcendiagnostik im Zuge des Hilfeprozesses" von Seiten des_r Sozialarbeiter_in stattfinden soll. Das für Empowerment wichtige Thema der Positionierung wird aber vollkommen vernachlässigt. In meinem 6. Kapitel zu Praxiserfahrungen von Empowerment-Trainer_innen wird diese Diskrepanz zu tatsächlichen Empowerment-Angeboten deutlich. Die betroffenen Kinder und Jugendlichen möchten mit ihren Erfahrungen nicht zu Hilfsbedürftigen gemacht werden. Reine Projekte der „Ressourcenorientierung" oder „Förderung" ohne Beachtung der eigenen Erfahrung von Rassismus als Fachkraft, führen auch davon weg, sich selbst zu reflektieren, nach dem Motto: „Wir machen Empowerment, bei uns ist aber Rassismus kein Problem".

Empowerment-orientiert zu arbeiten bedeutet im Blick zu haben: Rassismus ist kein rein individuelles Problem, also kein Problem einer Einzelperson gegenüber einem Auslöser. Es ist vielmehr ein System, in dem alle Menschen eingebunden sind, ein soziales Phänomen, welches regelhaft in der Gesellschaft stattfindet. Es zu verändern bedeutet einerseits eine Abkehr von jeglichem rassistischen Verhalten, Denken und Strukturen sowie wertschätzendes

Verhandeln von Vielfalt und andererseits auf der Seite der Betroffenen, sich gegen die Internalisierung, das „Annehmen“ dieses unsinnigen, gewaltvollen Unterscheidungssystems zu wehren und Widerstand zu leisten. Mit diesem Buch möchte ich eine Brücke schlagen zu all denen, die sich auf diesen Weg begeben wollen mit Empowerment und Empowerment-Orientierung.

Welchen Nutzen kann ich für meine Profession und meine Einrichtung erwarten?

Der Alltag in Bildungs- und sozialen Einrichtungen wie Kindertageseinrichtungen, in der Jugendarbeit und in Schulen ist von Diversität geprägt. Kinder, Familien und Fachkräfte verschiedener Familiensprachen, Herkunftsländer, Religionen, Weltanschauungen sowie sozialer Zugehörigkeit kommen dort zusammen. Welche Rolle die Herkunft und Nationalität für die Kinder selbst spielt, variiert und hängt auch von der Familienkultur ab. Unterschiedlichkeit ist etwas Schönes, weil man immer wieder lernen kann, wie die eigene Sichtweise und das Weltbild bereichert werden können. Sich aufgehoben zu fühlen, ist ein Grundbedürfnis und steht über jedem Unterschied. Sehr passend dazu sagt die Journalistin und Autorin Canan Topçu:

> „Diversität mit all ihren Vorteilen und Herausforderungen ist eine Realität, die nicht ausreichend vermittelt wird, und die zu oft vor allem als Problem dargestellt wird. Das gilt es zu ändern, damit Ressentiment nicht die Verhältnisse bestimmt. Dafür müssen Menschen lernen, aus verschiedenen Perspektiven zu denken. So kann Wissen und Empathie gebildet werden.“[7]

Aus verschiedenen Perspektiven zu denken sowie Wissen über Migration und Empathie für Diskriminierungsmechanismen zu haben, ist die Chance, die in empowerment-orientierter Arbeit von Fachkräften steckt. Dazu gehört, mit der Herausforderung einer diskriminierenden und menschenverachtenden Sprache unter den Kindern und Jugendlichen umgehen zu können und sie abzubauen. Alle Lebenswelten der Kinder wahrzunehmen und sichtbar zu machen, sie zu zeigen, ohne sich Stereotype zu bedienen, selbst respektvoll und wertschätzend über Unterschiede zu sprechen – all das kommt zusammen.

Empowerment ist Teil einer rassismuskritischen Pädagogik: Weil jedes Kind das Gefühl braucht, sozial akzeptiert zu sein. Weil Kinder besonders verletzt und verunsichert sind, wenn man ihnen das Gefühl gibt anders zu sein, oder sie abwertet aufgrund ihrer Merkmale (ihrer Herkunft oder Hautfarbe), oder man sie spüren lässt, dass man ihnen z. B. weniger zutraut, weil sie nicht deutscher Herkunft sind. Kinder brauchen Gegenerfahrungen zu dem, was in Deutschland leider wiederholt mit Kindern gemacht wird.

Empowerment-orientiert zu sein bedeutet, dies im Blick zu haben und deshalb ihre Identitäten zu fördern und mit Inhalten zu arbeiten, die sie repräsentieren und in denen Stereotype vermieden werden. Es bedeutet auch, sie als Individuen zu sehen nicht als Repräsentanten einer sozialen Gruppe und ihnen die Möglichkeit zu geben, „aufzutanken" und Verletzungen in geschützten Räumen zu heilen. Selbst die Kultusministerkonferenz, stellt in ihrer Empfehlung zu „interkultureller Bildung und Erziehung in der Schule" fest:

> „Interkulturelle Kompetenz, deren Erwerb eine Kernkompetenz für das verantwortungsvolle Handeln in einer pluralen, global vernetzten Gesellschaft ist, bedeutet (...) vor allem die Fähigkeit, sich selbstreflexiv mit den eigenen Bildern von Anderen auseinander und dazu in Bezug zu setzen sowie gesellschaftliche Rahmenbedingungen für die Entstehung solcher Bilder zu kennen und zu reflektieren."[8]

Alle Barrieren für die Entfaltung der kindlichen Persönlichkeit abzubauen, ist das Ziel. Zu diesen Barrieren gehört die Erfahrung von Rassismus. Die Erziehungsaufgabe an uns Erwachsene als Eltern, Sozialarbeiter_innen, Erzieher_innen, Pädagog_innen liegt darin, es uns zur Aufgabe zu machen die kindliche Identität zu stärken, Diskriminierung abzubauen wo sie stattfindet und die Kinder nicht durch Zuschreibungen abzuwerten, ob bewusst oder nicht. Dazu braucht es diese Selbstreflexion von eigenen Denk- und Handlungsweisen. Sich empowerment-orientiert einzustellen, bewirkt nichts geringeres, als bestehende Entwicklungsbarrieren abzubauen und jedes Kind vertrauensvoll in seinen Kompetenzen zu stärken, statt diese durch wiederholte Verletzungen, Abwertungen und Auslassungen zu verhindern.

Dies sind die wichtigen Baustellen, die dazu beitragen können diversitätssensibel und empowerment-orientiert zu sein:

- Reflexion über die eigene Kommunikation und die im Miteinander
- Gestaltung der Lernumgebung
- Haltung und Bewertungen
- Auswahl der Inhalte

- Sichtbarkeit von Vielfalt
- Diskriminierungsschutz
- Angebote Safer Spaces (geschütztere Räume)

Diese Themenfelder werden in den folgenden Kapiteln immer wieder aufgegriffen und vertieft. Die Kapitel bieten zahlreiche Beispiele und Reflexionsfragen, um die Themen in der Praxis zu vertiefen. Jeder Abschnitt innerhalb der Kapitel endet mit einem Fazit und ggf. weiterführender Literatur. Die Erfahrungsperspektive ist der rote Faden dieses Buches. Es hilft Ihnen nachzuvollziehen, wie Rassismus und Diskriminierung erlebt werden und was es mit Kindern, und Jugendlichen und Gruppen „macht".

Bei Abwesenheit eines sensiblen Umgangs führt das als gesammelte Erfahrungen vielfach dazu, dass Kinder und Jugendliche sich in ihrer Individualität nicht wahrgenommen fühlen, unter Diskriminierung und Mobbing leiden, Angst und Wut haben oder sich ohnmächtig gegenüber Abwertungen fühlen. Oftmals sind Schulabbrüche oder Abkehr von der Einrichtung auf diese Problematik zurückzuführen. Über den Diversity-Ansatz als Handlungsweg beginnt man als professionelle Fachkraft sein eigenes „Schubladendenken" anzuschauen und zu reflektieren. Man lernt verschiedene Identitäten sichtbar zu machen, anzuerkennen und handlungsfähig zu werden, wenn es um Ungleichbehandlung, Diskriminierung oder rassistische Sprüche geht. Das Arbeitsklima in der Einrichtung verbessert sich. Entwicklungsziele können für alle Kinder und Jugendliche eher erreicht werden. Potenziale, die untergegangen wären, werden mobilisiert, weil das Kind sich mit seiner Identität wahr- und angenommen fühlt.

Eine schöne und mögliche Utopie.

Diese Utopie ist **empowerment-orientiertes Arbeiten**, welches in der Schule, der Jugendarbeit, in der frühkindlichen Erziehung und Bildung die unterschiedlichen Lebenswelten der Kinder, Familien und der Fachkräfte einbindet.

Notwendigerweise braucht diese Utopie ein **Klima des Diskriminierungsschutzes**. Diskriminierende Strukturen, Denk- und Handlungsweisen werden sichtbarer durch gezielte Auseinandersetzung im Team. Diese sollten auf Leitungsebene ernst genommen werden, um über rassismuskritische Perspektiven nachhaltig eine Verbesserung der gleichberechtigten Teilhabe und den Abbau von Benachteiligungen und Verletzungen zu erreichen[9].

Ich lade Sie ein:

Möchten Sie sich dafür einsetzen, dass Abwertungen gegenüber Kindern nicht mehr stattfinden und jedes Kind sich in seiner Individualität wahrgenommen und geschätzt fühlen kann? Dann stellt sich die Frage: Wo anfangen? Zuallererst sollten Sie bei sich selbst beginnen und sich Wissen zu dem Thema aneignen oder vorhandenes Wissen vertiefen.

Hier gebe ich Ihnen eine Übersicht darüber, welche Wissenskompetenzen als Voraussetzungen von Empowerment im ersten Kapitel vorgestellt werden. Sie enden jeweils mit einem Fazit.

Das erwartet Sie an empowerment-orientierten Wissenskompetenzen im folgenden Kapitel 1

1 Grundlagen zur Migrationsgesellschaft und Diversität
2 Ausgrenzungsmechanismen wahrnehmen
3 Rassismus erkennen
4 Wissen über soziale Gruppen und deren „Wertigkeit"
5 Diversitätssensibler Umgang mit Unterschieden
6 Eigene Zuschreibungsprozesse entlarven und rassismuskritisch denken

Kapitel 1 Wissensbestände für empowerment-orientiertes Arbeiten

„Gehst du mal in deine Heimat zurück?" – „Was, nach Bielefeld? Nee!"
Noah Sow 2009, S. 199.

1 Grundlagen zur Migrationsgesellschaft und Diversität

In diesem Kapitel 1 werden sechs wichtige Wissensbestände für Empowerment und einer Empowerment-Orientierung vorgestellt. Beginnen möchte ich mit Grundlagen zur Migrationsgesellschaft und Diversität.

Gesellschaftliches Setting, mit dem markierte Kinder und Jugendliche konfrontiert sind

Um herkunftsbezogene Ablehnungserfahrungen von Kindern und Jugendlichen besser zu erkennen, ist es wichtig zu wissen, wie Diversität in der Gesellschaft gehandhabt wird. Verschiedenheit der Herkunft, Hautfarbe, Religionszugehörigkeit, sexueller Identität und Kulturen gehören zur statistischen Normalität der Gesellschaft. In Schulen, Kitas, Bildungseinrichtungen und im Alltag spiegelt sich dies wider. Um erstes Wissen zur Rolle von Vielfaltsdimensionen zu erlangen, braucht es ein grundlegendes Verständnis davon, wie das gesellschaftliche Setting ist, in dem Kinder und Jugendliche mit bestimmten Merkmalsdimensionen aufwachsen und was sie darin erleben.

Migration wird in Deutschland in den Medien und der Politik wiederkehrend als Problem behandelt und das spüren auch schon die hier lebenden Kinder. Die politische Lage von Migrant_innen und deren Familien sowie gesellschaftliche Diskurse über sie als soziale Gruppe haben sich seit der Bundestagswahl 2016 deutlich verschlechtert. Obwohl bundesweit 37,7 %[1] aller Kinder unter sechs

Jahren und jede_r vierte Bürger_in einen Migrationshintergrund haben, fehlt es an einer breiten Akzeptanz für ein multikulturelles, vielsprachiges Deutschland.

Die öffentlichen Debatten um Migration haben auf politischer Ebene populistische bis rassistische Züge erreicht. Sich öffentlich rassistisch zu äußern wird zunehmend akzeptiert und legitimiert (vgl. Wahlkampf der AFD in dem geflüchtete Menschen als „Vogelfutter" bezeichnet wurden oder als unverhohlen angedeutet wurde Menschen an der Grenze zu erschießen).[2] Sogenannte „Migrantenschulen" werden als „Problemfälle" in bundesweiten Medien wie der Bild-Zeitung angeprangert und sprachliche Vielfalt in Grundschulen skandalisiert.[3] Rechtspopulistische Parteien wie die AFD werden von Menschen gewählt, die in allen Gesellschaftsbereichen leben und arbeiten.

Menschen, die als Muslime gelesen werden, nicht-deutsche Herkunft und/oder dunklere Hautfarbe

Im Bildungsbereich wurde durch die PISA-Studien erneut deutlich: Bildungserfolg ist in Deutschland eng an deutsche Herkunft, Bildungsstand und sozialen Status der Eltern gebunden. Ergänzend belegte die Antidiskriminierungsstelle des Bundes 2013 ein umfangreiches Ausmaß an Diskriminierung in Bildung und frühkindlichen Einrichtungen[4]: in der Kita, in Bildungseinrichtungen, in der Verwaltung, in Behörden, im Studium sowie an Schulen.[5] Kinder und Jugendliche können von verschiedenen Diskriminierungsformen betroffen sein (Rassismus, Klassismus, Sexismus, Ableismus, Homophobie ...). Für dieses Buch lege ich den Schwerpunkt auf Rassismuserfahrungen als Diskriminierungsform. Sie ist gebunden an Herkunft, Religionszugehörigkeit, Hautfarbe und zugeschriebener Kultur eines Menschen. Rassismus ist mehr, als nur Vorurteile gegen Schwarze Menschen zu hegen. Rassismus findet auf individueller und struktureller Ebene statt. Rassistische Kategorisierungen zeigen sich in unterschiedlichen Formen: als Anti-Schwarzen Rassismus, Anti-Asiatischen Rassismus, Antisemitismus, Antimuslimischem Rassismus und als Rassismus gegen Sinti*zze und Rom*nja.

Kinder und Jugendliche mit phänotypisch sichtbaren Merkmalsdimensionen (beispielsweise sichtbare religiöse Attribute oder dunkle Hautfarbe) sind in der Öffentlichkeit mit Sprüchen wie zum Beispiel: „Geh doch dahin zurück, wo du herkommst" oder „Sowas wie dich wollen wir hier nicht haben" konfrontiert. Je nach Vielfaltskombination können sich rassistische Diskriminierungen auch überlappen und gegenseitig beeinflussen (intersektional). Ist eine Muslima auch türkischer Herkunft, ist sie von Zuschreibungen betroffen, die miteinander in Bezug stehen.

Die Notwendigkeit von Empowerment liegt vor allem darin begründet, dass rassistische Diskriminierung in allen gesellschaftlichen Bereichen stattfindet. Erfahrungen von Abwertungen entlang von Vielfaltsdimensionen beginnen schon im Kindergartenalter.[6] Mit drei Jahren erleben diese Kinder dort, wo sie Bezugspersonen finden sollten, Ausgrenzungen und stereotype Zuschreibungen (auch solche, die nett gemeint sind). Steffen Brockmann (2006)[7] analysierte die Entwicklungen und Diskurse zu interkulturellen und antirassistischen Ansätzen im frühkindlichen Bereich. Dort beschreibt er Drei- bis Vierjährige, die von Fachkräften wiederholt auf ihre ethnische Zugehörigkeit angesprochen und damit reduziert werden, obwohl diese für sie selbst nur eine untergeordnete Rolle spielt. Kinder selbst definieren sich in dem Alter eher über ihre Geschlechterzugehörigkeit (was auch mit der Sozialisation zu tun hat).

Rassistische Denkweisen begegnen ihnen auf Individualebene über Erwachsene und Kinder in ihrem direkten sozialen Umfeld: Verkäufer_innen, Erzieher_innen, Lehrer_innen, Mitschüler_innen oder Nachbar_innen. Als Jugendliche sind es ggf. Türsteher_innen, Arbeitgeber_innen im Bewerbungsgespräch oder Vermieter_innen.

Diskriminierende Ausgrenzung hat viele Gesichter und muss nicht intendiert stattfinden, um wirksam zu sein. Auf struktureller Ebene findet sich rassistische Diskriminierung in üblichen Verfahrensweisen an Schulen durch abwertende Darstellungen in Schulbüchern, pauschales zu- und abschreiben von Kompetenzen entlang der Herkunft und sog. Kultur, schlechtere Benotung aufgrund des Namens, nicht-christl. Religionszugehörigkeit und Herkunft. Strukturell zeigt er sich außerdem in Ämtern, in Gesetzen, bei der Polizei (Racial Profiling) oder beim Einlass in Diskotheken.

Unser soziales Wissen ist durchzogen von Zuschreibungen, Verallgemeinerungen und Abwertungen gegenüber bestimmten sozialen Gruppen. In ihnen stecken vielfach rassistische Denkstrukturen. Schaut man in die (sozialen) Medien, die Werbung, die Literatur, Kinderbücher, Schulbücher oder auf Aussagen in der Politik, werden dort Zuschreibungen als allgemein bekannte „Wahrheiten" über Andere kommuniziert und reproduziert. Hinzu kommt der Alltagsrassismus (siehe #MeTwo). Dort gibt es hunderte von Beispielen über Ausgrenzung, Beschimpfung, Diskriminierung bis hin zu physischen Angriffen. Rassistische Angriffe haben in Deutschland eine jahrzehntelange Kontinuität mit Verletzten und Toten. Ob der Anschlag in Mölln 1993, die Angriffe in Hoyerswerda oder aktuelle Anschläge auf Migrant_innen in Hanau 2020 und den Morden der NSU – dies alles sind rassistische Angriffe oder Morde, die zu beklagen sind.[8] Das trifft hier lebende Menschen mit Migrationsgeschichte, die ohnehin alltäglich Rassismus erleben, hart und lässt sie an ihrer Sicherheit zweifeln.

Aber Deutschland ist ein freies und demokratisches Land, in dessen Mehrheit der Politik und der Zivilgesellschaft Rassismus verpönt ist und Minderheiten zumindest formal vom Grundgesetz und dem allgemeinen Gleichbehandlungsgesetz geschützt sind. Die Realität im Alltag in Form einer deutlichen antirassistischen Haltung fehlt allerdings in der Breite. Als Unterstützer_in und Bezugsperson von Kindern und Jugendlichen in pädagogischen Settings, sollten Sie sich dafür einsetzen. Seien Sie an der Basis da, um rassistische Denkweisen in ihrem Umfeld abzubauen bzw. ihnen keinen Raum zu geben.

Studien zu Diskriminierung auf dem Arbeitsmarkt und Wohnungsmarkt liegen umfangreich vor. Auf dem Wohnungsmarkt gilt wiederkehrend, dass aufgrund des ausländisch klingenden Namens nicht vermietet wird und auf dem Arbeitsmarkt wird teilweise offen in Job-Ausschreibungen „nur an Deutsche“ vergeben.[9] In Bezug auf den Arbeitsmarkt erhob die Studie des Institute of Labor Economics (2017), dass eine Frau mit Kopftuch 4,5 Mal so viele Bewerbungen schreiben muss, um zu einem Bewerbungsgespräch eingeladen zu werden, während dasselbe Anschreiben mit einem deutschen Namen, weiß mit blonden Haaren und ohne Kopftuch nur 1,8 Mal verschickt werden muss, um sich persönlich vorstellen zu können. Dieselbe Situation gilt auch für Auszubildende und Schüler_innen mit Migrationsgeschichte.[10]

Als Betroffene_r sind dies frustrierende Realitäten, die für Nicht-Betroffene oft nicht so sichtbar sind.

Zusammengefasst bilden Diskriminierung und Rassismus u. U. eine existenzielle Lebenseinschränkung, die sich in zahlreichen Studien seit Jahrzehnten belegen lässt. Die Europäische Kommission gegen Rassismus und Intoleranz (engl. European Commission against Racism and Intolerance, kurz ECRI, ehemals Europäische Stelle zur Beobachtung von Rassismus und Fremdenfeindlichkeit (EUMC, European Monitoring Centre on Racism and Xenophobia)) mahnt die Bundesrepublik jährlich für die Diskriminierungsrealitäten von Schüler_innen sowie für systematische herkunfts- und religionsbezogene Benachteiligungen an[11]. Jede pädagogische Arbeit oder Arbeit im Sozialen sollte sich dessen bewusst sein, um in der eigenen Einrichtung mit dem eigenen Personal einen klaren Unterschied zu machen.

Grundlagenwissen: Diversität

Um Diversität zu verstehen, schaut man sich an, was einen Menschen ausmacht und was gesellschaftlich relevant ist. Jeder Mensch verbindet in sich Vielfaltsdimensionen, die unterschiedlich ausgeprägt sein können und die die Persönlichkeit umrahmen. Zu den inneren Dimensionen (nach Loden/Rosener 1991) gehören folgende Vielfaltsdimensionen: Alter, Ethnie/Herkunft, Hautfarbe, sexuelle Orientierung und physische Fähigkeiten. Zu den äußeren Dimensionen gehören: geografische Lage, Familienstand, Berufserfahrung, Ausbildung, Religion/Weltanschauung, Einkommen, Gewohnheiten, Freizeitverhalten und Auftreten.

Schema 1 Vielfaltsdimensionen

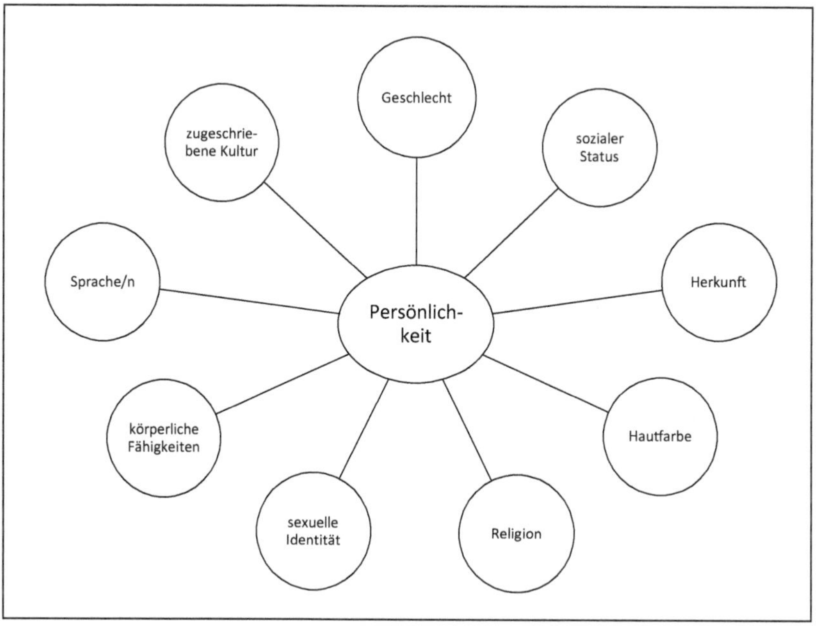

Quelle: Eigene Darstellung angelehnt an Rosener/Loden (1991).

Jede Vielfaltsdimension hat eine gesellschaftliche Bedeutung. Bestimmte Dimensionen können vornehmlich wahrgenommen werden, sodass Menschen auf *eine ihrer Dimensionen* reduziert werden und entsprechende Diskriminierungen erleben.

Grundlagenwissen: Diversity-Ansatz

Der Diversity-Ansatz geht davon aus, dass in unserer Gesellschaft Zugänge und Teilhabe- und Diskriminierungsmechanismen an Vielfaltsdimensionen von Menschen gekoppelt sind. Relevant, wenn es um Zugänge und gesellschaftliche Teilhabe geht, sind: Herkunft, Religionszugehörigkeit, Hautfarbe, Nationalität, zugeschriebene Kultur, sexuelle Identität, körperliche Fähigkeit, sozialer Status, Bildungshintergrund und Erstsprache. Sie spielen eine Rolle dabei, wie man wahrgenommen, zugehörig gesehen und behandelt wird. Sie bestimmen, welche gesellschaftliche Position man einnehmen kann. Sie legen auch fest, wie wir uns selbst sehen und welche Erfahrungen wir machen. Diese Vielfaltsdimensionen können einzeln wirken oder sich überschneiden (Mehrfachdiskriminierung). Soziale Benachteiligung und Diskriminierung kann dann entstehen, wenn an diese Vielfaltsdimensionen Zuschreibungen gebunden werden.

Für das Setting von Empowerment gegen Rassismuserfahrungen ist folgender Zusammenhang wichtig zu verstehen: Empowerment bedeutet für Betroffene egal welchen Alters, der Ohnmacht gegenüber der Verwobenheit von Zuschreibungen und Rassismus in der Gesellschaft, dieser gesellschaftlichen Normalität etwas entgegenzusetzen.

Der Diversity-Ansatz als Handlungsweg ist der Ansatz, Kindern und Jugendlichen in ihrer Diversität anders zu begegnen. Er wird im weiteren Verlauf als Handlungsweg favorisiert. Als Handlungsweg hilft er dabei, einen vielfaltsensiblen Blick auf die Arbeitspraxis zu gewinnen.

Prinzip des Diversity Ansatzes (menschenrechtsorientiert):

- Erkennt die Individualität des Menschen an
- Sieht Gemeinsamkeiten und Unterschiede
- Blickt auf soziale Ungleichheit
- Zielt auf Gleichstellung

Der Diversity-Ansatz ermöglicht es, die eigene Handlungs- und Denkweise gegenüber den betreuten Kindern und Jugendlichen zu hinterfragen und gibt klare Zielsetzungen in der praktischen Handlungsweise vor. Eine diversitätsbewusste Perspektive umfasst die Antidiskriminierung, Mehrfachzugehörigkeit und den Blick auf soziale Gerechtigkeit und Chancengleichheit. Gesellschaftlich besteht Ungleichheit u. a. durch sozioökonomische Unterschiede (Einkommen, Bildungszugänge) oder rassistische Markierung. Daher ist es so wichtig, unterschiedliche Biografien und Lebenswelten nicht als Abweichung zu behandeln oder zu besprechen. Dies bedeutet, die eigene Kombination der Vielfaltsdimensionen nicht als „Maß" für alle zu nehmen und zur Normalität zu erklären („Das was ich habe und erlebe, haben und erleben alle in Deutschland"). Das ist ein Irrglaube, der die Relevanz von Diskriminierungsmechanismen, die alle gesellschaftlichen Bereiche durchziehen, vergisst zu betrachten.

Der Diversity-Ansatz und die Menschenrechte als Handlungsorientierung bieten einen Weg, um die Menschenrechte der Kinder zu beachten und gleichzeitig bestehende Ungleichheiten (durch Rassismus und Diskriminierung) in den Fokus der Arbeit zu nehmen. Es hilft, eine klare antirassistische Haltung einzunehmen.

Dieser Ansatz ist dabei kein Handwerkszeug, wie man „die anderen" behandeln soll. Er ist vielmehr als allgemeine Kompetenz zu verstehen, Menschen (Kinder) nicht als Vetreter_innen einer Gruppe zu behandeln, sondern als Individuen ernst- und wahrzunehmen.

Mein Credo als Diversity-Trainerin ist: Als Individuum kann ich alles sein, wovon du noch nichts weißt. Darum schätze ich Unterschiede und möchte, dass ich mehr über dich als andere Person kennenlernen kann – ohne den Anspruch zu haben schon Dinge vorauszusetzen zu müssen, um mich wohl zu fühlen. Ich setze so wenig wie möglich voraus und vermeide zu denken, ich wüsste schon alles und freue mich, wenn ich sehe, wie viel Variationen von Menschen es gibt. Audre Lorde (Lyrikerin und Aktivistin 1934–1992) sagte dazu, wie wir mit Diversität umgehen, Folgendes:

> „Es sind nicht unsere Unterschiede, die uns trennen.
> Es ist unsere Unfähigkeit diese zu erkennen, zu akzeptieren und zu zelebrieren".[12]

Dazu möchte ich Sie in diesem Buch einladen und ermutigen.

Grundlagenwissen: Positionierung, Privilegien und Macht

Die eigene **Positionierung** ist an die eigene Kombination von Vielfaltsdimensionen gebunden. Diese Kombination von Vielfaltsdimensionen ist an ungleich verteilte gesellschaftliche Privilegien (Zugänge), Teilhabe oder

Diskriminierungserfahrungen (Abwertung und Ausschlüsse) gebunden.[13] Für viele der eigenen Dimensionen ist man nicht verantwortlich, weil man sie von Geburt an hat oder durch die Eltern als sozialen Status „erbt". Verbindet man in seiner Person Vielfaltsdimensionen, die als mehrheitlich „normal" angesehen werden, ist man umso weniger von Diskriminierung getroffen.

Privilegien ermöglichen die Erfahrung, nicht von (rassistischer) Diskriminierung betroffen zu sein. Ein Vorteil ist, sich aufgrund der Privilegien häufig nicht mit bestimmten Ausgrenzungen befassen zu müssen, da sie einen selbst nicht betreffen. Diese Erfahrung des wurde von der Autorin Tupoka Ogette (2018) mit der Erfahrung des „Happyland" treffend beschrieben. Als Schwarzer Mensch oder PoC steht einem dieses Privileg nicht zur Verfügung.

Rassismus hat eine Machtkomponente

Grundlegend ist es wichtig zu verstehen, dass Rassismus immer mit Macht zu tun hat. Macht[14] ist zu unterscheiden zwischen:

- Gestaltungs- und Handlungsmacht (Teilhabe und Zugänge, Repräsentanz in Schlüsselpositionen bzw. Wer kann Prozesse mitsteuern?)
- Verfügungsmacht (Zugriff auf Ressourcen: Geld, Einrichtungen, Material, Zeit, Personal)
- Deutungsmacht (Wahl der Narrative und deren Einordnung bzw. Wie wird über andere gesprochen?)
- Definitionsmacht (Wahl der Relevanz, Steuerung der Darstellung von Anderen)

Wie mächtig sind Strukturen und Institutionen? Anhand dieser Übersicht wird Ihnen deutlich, was Macht ist und dass auch Sie unter Umständen viel Macht in Ihrem Arbeitskontext innehaben und Ihnen das gar nicht bewusst ist.

Grada Kilomba, Professorin für Philosophie und Autorin von „Plantation Memories"[15] mit dem Schwerpunkt postkoloniale Theorie stellt fest, dass PoC aus sozialen und politischen Strukturen vielfach ausgegrenzt werden. Sie betont die Rolle von „Macht" im Kontext von Rassismus, um mit der Ideologie in allen gesellschaftlichen Ebenen vertreten zu sein:

Racism instead includes the dimension of power and is revealed through the global differences in the share of access to valued resources such as politic representation, policies, media, employment, education, housing, health etc. Who can see their political interests represented in the national agenda? Who can see their realities portrayed in the media? Who can see their history included in educational programs.(..) The central problem of racism is not the existing of diversity, but the inequality between them."[16]

Wann zeigt sich Macht?

Macht entsteht dann, wenn die gesellschaftliche Gruppe, zu der man sich zugehörig fühlt, politische Entscheidungen und Narrative prägt, über Sichtbarkeit entscheidet, als besser, klüger, überlegener, heldenhafter dargestellt wird. Macht entsteht dann, wenn meine Ausgrenzung nicht kommentiert wird, sondern bestehen darf. Unterdrückungsmacht liegt auf mir, wenn ich Ablehnung und Abwertung aufgrund meiner Zugehörigkeit oder Merkmalen erlebe.

Privilegien

Auf individuelle Ebene übersetzt heißt das, dass Schwarze Menschen oder PoCs z.B. einen Satz wie: „Heute habe ich keine Lust, über Rassismus zu sprechen." nicht sagen können, weil sie aus den rassifizierenden Konstruktionen nicht heraus können. **Das Privileg der Wahl** hat nur eine Person, die nicht vom Umfeld als „anders" gesehen und behandelt wird. Nur wenn man (aus rassistischer Sicht) innerhalb der Norm ist, ist das so. Hier einige Beispiele, wie *weiße* Menschen unbemerkt Privilegien erfahren anhand von Grunderfahrungen[17]:

- Ich werde nie gefragt, für alle Leute meiner „Hautfarbe"/„Herkunft" zu sprechen.
- Ich kann in der Öffentlichkeit zu einer Gruppe mächtiger Männer sprechen, ohne dass meine „Hautfarbe"/„Herkunft" angesprochen wird.
- Ich kann bei einem Treffen zu spät kommen, ohne dass meine Verspätung meiner „Hautfarbe"/„Herkunft" zugeschrieben wird.
- Ich werde wegen meiner Hautfarbe nicht verdächtigt oder von der Polizei kontrolliert (Racial Profiling).

Was bedeutet Positionierung für empowerment-orientierte Arbeit?

Wir haben gelernt, dass sich aus der Stellung in der Gesellschaft aufgrund von meinen eigenen Vielfaltskombinationen (z. B. *weiß* gelesen mit deutscher Herkunft oder Muslima oder ghanaischer Herkunft mit dunkler Hautfarbe etc.) die Positionierung ergibt. Und: dass an bestimmte Kombinationen Privilegien durch selbstverständliche Zugänge gebunden sind. Macht spielt in diesen Zusammen hang durch Repräsentanzen, eigene Nicht-Erfahrungen und Wahlmöglichkeiten eine Rolle. Wenn ich diese Ausgrenzungserfahrungen gar nicht kenne und ich (aus rassistischer Perspektive) daher eine privilegierte Person bin, kann das dazu führen, dass mir dies als Alltagserfahrung nicht bewusst ist und ich Zugänge als normal voraussetze. Vor allem wenn ich in einem Umfeld lebe mit Menschen derselben Positionierung. **Unbehelligt (von rassistischer Diskriminierung) zu sein und Zugänge zu haben ist aber nicht „normal".**

Wenn Sie eine privilegierte Person (in Bezug auf Rassismus) sind, sind Sie nicht daran schuld und dennoch ist es automatisch so, dass Ihnen bestimmte Probleme nicht begegnen. Daher ist ein Bewusstsein für die eigene Positionierung nötig. Es ist nötig, um zu verstehen, dass es diese Einseitigkeit der Erfahrungen gebunden an Vielfaltsdimensionen gibt, und es schwierig ist, die eigenen Erfahrungen auf Kinder und Jugendliche mit ihren vielfältigen Herkunftsländern, Familienkulturen und Sprachen zu übertragen. Sie haben teilweise andere Erfahrungen aufgrund anderer Positionierungen. Rassismuserfahrungen emphatisch aus eigenen biografischen Erfahrungen nachvollziehen zu können, wird später in Empowerment-Räumen relevant (vgl. Kapitel 6). Mehr zur Wahrnehmung von rassistischer Ausgrenzung und der eigenen Positionierung siehe Schritt 6 „Eigene Zuschreibungsprozesse entlarven und rassismuskritisch denken" in diesem Kapitel.

Grundlagenwissen: Selbstbezeichnung von Menschen, die von Rassismus betroffen sind

Eine Selbstbezeichnung ist, wie Communities oder Menschen sich selbst benennen. Dieser Vorgang ist Teil des Empowerment-Prozesses. Er beinhaltet eine Form der Selbstermächtigung und der Emanzipation von Fremdzuschreibungen. Die Entscheidung liegt bei der Person selbst, wie sie sich identifiziert und benennen möchte. Zwei von mehreren Selbstbezeichnungen von Menschen, die von Rassismus betroffen sind, sind Person of Color und Schwarz mit großgeschriebenem „S“. Die Positionierung *weiß* wird in diesem Kontext kursiv geschrieben, um darzustellen, dass es eine Positionierung (gesellschaftlich-politische Stellung) und keine Hautfarbe beschreibt. In diesem Zusammenhang spielt es auch eine Rolle wie man „gelesen“ wird, weil davon (nicht der faktischen Zugehörigkeit) das Verhalten des Umfeldes beeinflusst wird. Als **Person of Color (PoC)** bezeichnen sich Menschen, die aufgrund ausgrenzender und rassistischer Zuschreibungen alltäglichen wie auch strukturellen Formen des Rassismus ausgesetzt sind. Dies gilt u. a. für Menschen mit Migrationsgeschichte. Die Hautfarbe wird jedoch nicht zentral gesehen, sondern die Erfahrung rassifiziert zu werden. Der politische Begriff „People of Color“ hat seinen Ursprung genau in dieser Übereinstimmung, aufgrund äußerer Merkmale diskriminiert zu werden. Der Begriff People of Color wurde in der Kolonialzeit durch den Ausdruck „free people of color“ vorgeprägt.[18] Black Person of Color (**BiPoC**) erweitert die Selbstbezeichnung aus Schwarz sein.[19] In Deutschland findet er immer mehr Anwendung. PoC ist ein solidarischer Begriff, unter dem weitere Selbstbezeichnungen zu finden sind.

„Schwarz“ mit großem „S“ ist eine weitere politische Selbstbezeichnung, die nicht die Hautfarbe beschreibt. Es ist ein Begriff, der an Widerstandskämpfe und Dekolonisierungsbewegungen gebunden ist. Die Selbstbezeichnung war Teil des Empowerment-Prozesses, eigenständige Schwarze Räume zu schaffen und die Selbstorganisation Schwarzer Communities zu gestalten. Beide Selbstbezeichnungen bestehen unabhängig von Hautfarbe, Geburtsort und Ort der Sozialisation. Sie markieren eine gesellschaftliche Position, in der man individuellen und strukturellen Rassismus erlebt.[20]

Die Selbstbezeichnung **„Afrodeutsche_r“** wurde mit der Veröffentlichung des Buches „Farbe bekennen – Afrodeutsche Frauen auf den Spuren ihrer Geschichte“ von May Opitz, Katharina Oguntoye und Dagmar Schultz Mitte der 80er-Jahren erstmals eingeführt. Ihr Buch war ein Ausdruck der Selbstermächtigung, um eigene Erfahrungen und Sichtweisen als Schwarze Deutsche sichtbar zu machen und sich u. a. von dem deutschen Sprachgebrauch des abwertenden N-Wortes zu emanzipieren und zu distanzieren. Es gibt aber keine Verbindlichkeit, sich selbst als „afrodeutsch“ zu definieren.

Meine Empfehlung ist nicht davon auszugehen, wie andere sich sehen, sondern nachzufragen. „Als was siehst du dich?“ Und dann jede Antwort anzunehmen und nicht zu bewerten, wenn die Antwort nicht zu den eigenen Erwartungen passt. Wenn die Antwort „Berlinerin“ ist, sollte das richtig und in Ordnung sein.

Fazit zu Punkt 1 „Grundlagen zur Migrationsgesellschaft und Diversität"

- Die Kombinationen meiner Vielfaltsdimensionen bestimmen meine Erfahrungen von Zugängen und Diskriminierungen in der Gesellschaft.
- Bestimmte Kombinationen an Vielfaltsdimensionen werden als „Norm" definiert. Wer nicht innerhalb der „Norm" in Bezug auf Herkunft, Religionszugehörigkeit, Hautfarbe, „Kultur" oder Sprache ist, erlebt vielfach Rassismus (wird rassifiziert).
- Der menschenrechtsorientierte Diversity -Ansatz wird in diesem Buch als Handlungsweg favorisiert, weil er Vielfalt achtet, wertschätzt, fördert und Ungleichheit abbauen will
- Empowerment bedeutet für Betroffene – egal welchen Alters–, der Ohnmacht gegenüber der Verwobenheit von Zuschreibungen und Rassismus in der Gesellschaft, dieser gesellschaftlichen Normalität, etwas entgegensetzen zu müssen.
- Wer der Norm entspricht, genießt Privilegien aufgrund seiner Positionierung und erlebt wenig Diskriminierung und mehr Zugänge.
- Die eigenen Privilegien, Vorurteile und Positionierung sollte in diesem Zusammenhang immer mitgedacht werden
- Rassismus ist die Kombination von Vorurteilen und Macht.
- Selbstbezeichnungen zu beachten und sind Teil des Empowermentprozesses.

2 Ausgrenzungsmechanismen wahrnehmen

Ein weiterer Wissensbestand für Empowerment und einer Empowerment-Orientierung ist Ausgrenzungen und deren Mechanismen zu erkennen.

Empowerment ist eine Gegenerfahrung zu Ausgrenzungsmechanismen (Diskriminierungen), wobei Rassismus eine von mehreren Diskriminierungsformen darstellt (neben Sexismus, Ableismus, Adultismus, Klassismus, Homophobie, Behindertenfeindlichkeit etc.). Rassismus ist ein jahrhundertealtes strukturelles Unterdrückungssystem, welches in seiner heutigen Form unter anderem als Anti-Schwarzer, antimuslimischer und kulturalistischer Rassismus sichtbar wird.

Vorurteile schreiben Menschen bestimmte Eigenschaften zu. Bei der Diskriminierung kommt der Aspekt der Stabilisierung von Machtverhältnissen hinzu: auf der individuellen, der strukturellen und der institutionellen Ebene dienen diese Vorurteile und Ideologien als Legitimierung.

Wir leben mit einer vorgegebenen Norm der Mehrheitsgesellschaft, anhand derer Menschen wahrgenommen und eingeordnet werden. Aufgrund bestimmter, mit Abwertung verbundener Merkmale wird ein Mensch z. B., weil er eine dunkle Hautfarbe hat, von klein auf als „nicht der Norm entsprechend" oder „nicht zugehörig" zur Mehrheit gesehen und es wird als legitim angesehen, diese Person abzuwerten. So entstehen Situationen, in denen faktisch „Muslim-Sein" dazu führt, eine Arbeitsstelle nicht zu erhalten oder der „türkische Name" zu einer schlechteren schulischen Bewertung führt. Das Spektrum beginnt bei Anstarren und geht über Sprüche, Zuschreibung negativer Eigenschaften und Benachteiligung bis hin zu rassistischen Gewalttaten.

Studien zur Vorurteilsforschung belegen, dass phänotypische (sichtbare) Merkmale für die Erfahrung von Diskriminierung eine große Rolle spielen. Gerade Menschen, bei denen ihre ausländische Herkunft und islamische Religionszugehörigkeit (Hautfarbe oder Kopftuch) sichtbar sind, beschreiben weitaus häufiger, von Diskriminierung betroffen zu sein. Laut Integrationsbarometer 2016 liegt der Wert der Diskriminierungserfahrung bei denen, die keinen sichtbaren Migrationshintergrund haben bei 17 %, während er bei Befragten mit sichtbarem Migrationshintergrund bei 48 % liegt. Mit Akzent zu sprechen, erhöhte den Wert auf 59 %[21]. Das bedeutet, Muslim oder Muslima zu sein (oder so wahrgenommen zu werden) oder Person of Color oder Schwarzer Mensch zu sein reicht aus, um geringere Akzeptanz und mehr Diskriminierung zu erleben. In meiner qualitativen Studie zu herkunftsbezogenem Stress waren physische Angriffe Teil der biografischen Erfahrungen der afrodeutschen

Befragtengruppe. Dort gab es Erfahrungen von Akzeptanz und Freundschaften, aber auch Teilnehmende, die erzählten, dass sie als Schüler_in regelmäßig auf dem Weg zur Schule verprügelt und in der Schule gemobbt werden.[22] Die vermeintliche Norm ist ausschlaggebend, ob Rassismus einen betrifft oder nicht, was wichtig ist um die Verletzungserfahrung nachvollziehen zu können. Die Anerkennung von Diskriminierung und Rassismus als Alltagserfahrung ist notwendig, um empowerment-orientiertes Arbeiten für die eigene professionelle Arbeit ernst zu nehmen.

Empowerment-Strategien erlernen müssen

> „Es gibt ein Ungleichgewicht zwischen denjenigen, die das in Form von Ausgrenzung, Benachteiligung und verbalen/körperlichen Angriffen erfahren, und denjenigen, die zur Norm gehören, das Privileg genießen es nicht zu erleben und Nutznießer_innen des Systems zu sein. Hintergrund ist, dass Ressourcen von Gesundheit, Wohnen, Arbeit und Grundrechte ungleich verteilt werden. Weiterhin sehe ich Empowerment als einen starken Prozess der Bewusstwerdung von der Rassismus-Erfahrung und anderen -ismen. Vor allem auch die Bewusstwerdung dessen, einen Umgang finden zu wollen und es zu tun – da gibt es eine große Palette von Empowerment-Strategien, die Menschen sich angeeignet haben, erlernen mussten oder durch andere Menschen in der Familie und Kolleg_innen gelernt haben". (Aus Experteninterview Toan Nguyen Empowerment Trainer und Organisationsentwickler)

Empowerment schaut also auf die Bewusstwerdung dieser Mechanismen. Muttersprachler_in in deutscher Sprache zu sein oder eine höhere Bildung mitzubringen, können diese Diskriminierungsmechanismen hemmen, jedoch bestehen sie und bleiben eine Herausforderung. Wichtig sind die Vielfaltsdimensionen auch für die eigenen Identitätskonstruktionen von Menschen. Kinder und Jugendliche sind besonders vulnerabel für gesellschaftliche Zuschreibungspraktiken, da sie sich noch in der Findung ihrer Identität befinden. Erleben sie, dass ihr Merkmal abgewertet wird, kann dies zu Selbstablehnung und Scham führen.[23] Umso achtsamer sollte in pädagogischen Kontexten auf Zuschreibungen und Stereotype verzichtet werden (zu den Folgen siehe Kapitel 2 „Auswirkungen von Rassismuserfahrungen").

Wissen um Unterdrückungsmechanismen

Von Diskriminierung kann man mehrfach betroffen sein. Das heißt, dass die Zugänge oder Ausschlüsse in die wichtigsten Bereiche des Lebens sich „verzahnen“ und überlappen können. Beispiele dafür sind, wenn Diskriminierung aufgrund von Rassismus den Bildungsweg hemmt, man später auf dem Arbeitsmarkt wegen seiner Hautfarbe/oder eines Kopftuchs keine Lehrstelle bekommt (obwohl man eigentlich das Zeug dazu hätte, das Abitur zu machen), um schlussendlich lediglich eine prekäre Arbeitsstelle zu bekommen. Frauen erhalten häufig weniger Lohn als männliche Kollegen. Diese Art von Beschäftigung verhindert, selbst genug Geld zu verdienen, in eine gute Wohngegend zu ziehen oder ein Haus zu kaufen, da man nicht kreditwürdig ist und nur wenig Geld verdient. Die Bildung der Kinder mit Nachhilfestunden zu finanzieren ist mit wenig Einkommen deutlich schwieriger, in Deutschland aber inzwischen gängige Praxis, um das Gymnasium zu schaffen. Das führt dazu, dass sich dies so fortsetzt.

Wichtig ist dabei zu verstehen: Dies ist keine Einzelfallbeschreibung, sondern ein Unterdrückungssystem entlang von bestimmten Merkmalen in verschiedenen Lebensfeldern. Das Beispiel, als Schüler_in aufgrund des türkischen Namens eine schlechtere schulische Bewertung zu erhalten, ist erwiesen. Die Uni Mannheim führte ein fiktives Grundschuldiktat durch, wobei die Lehrer_innen das Diktat von „Murat“ schlechter benoteten als das von „Max“, obwohl es sich um dasselbe Diktat handelte. Der Name „Max“ allein bewirkte eine bessere Bewertung.[24] Diskriminierung muss nicht beabsichtigt sein. Per Definition besteht Diskriminierung auch dann, wenn sie nur die Folge einer Handlung oder von Verfahrensweisen ist, unabhängig von der (guten) Intention dahinter. Oftmals findet sie strukturell statt.

Antidiskriminierungspädagogik als Blickwinkel für empowerment-orientiertes Arbeiten

Denkschulen einer pädagogischen Sicht auf Kinder mit Migrationsgeschichte haben verschiedene Traditionen. Schauen wir, welche Traditionen es gibt, um mit Vielfalt unter Kindern und Jugendlichen umzugehen. Um sich als Sozialarbeiter_in oder Fachkraft der Pädagogik für eine neue Haltung zu entscheiden, ist es spannend sich zunächst mit allgemein angewandten Denkschulen im

Umgang mit Vielfalt von Kindern auseinanderzusetzen. Die Erziehungswissenschaftlerin Mac Naughton (2006) untersuchte international den Umgang mit Vielfalt und identifizierte fünf „Denkschulen“ und Strategien.[25]

1. „Wir sind alle gleich“

Die erste dominante Strategie ist „Wir sind alle gleich“. Sie geht davon aus, dass es Unterschiede nicht gäbe und diese auch nicht berücksichtigt werden müssten. Das hat zur Folge, dass Pädagog_innen (teils unbewusst) auf Anpassung der Kinder an die dominante Kultur setzen. Es besteht die Annahme, dass alle „gleich“ behandelt würden und somit gleiche Chancen zur Selbstentfaltung hätten. Die Probleme bei dieser Denkweise sind: Mit der mangelnden Wahrnehmung von Unterschieden wird auch die implizite Abwertung von Kindern nicht beachtet, die nicht in die „Normalitätsvorstellungen“ fallen (Mittelschicht, weiß, christlich, Muttersprachler_in) sowie die fehlende Unterstützung für Kinder, die diese benötigen z. B. Sprachförderung – wobei Kinder, die mehrere Sprachen sprechen, nicht zwingend eine Förderung brauchen. Durch fehlende Repräsentanzen entsteht die Botschaft „du bist nicht zugehörig und normal“. Außerdem wird bei diesem Ansatz Diskriminierung weniger thematisiert oder abgebaut, sollte dies unter den Kindern stattfinden, aus Angst davor, das harmonische Miteinander zu belasten.

2. Fördermaßnahme-Ansatz

Die zweite Strategie ist der „Fördermaßnahme-Ansatz“, der in Deutschland mit dem dreigliedrigen Schulsystem gilt. Problematisch bei der Empfehlung in weiterführende Schulen nach der Grundschule: Es werden systematisch auch vorurteilsbelastete Annahmen zur Herkunft, beispielsweise sogenannte „Bildungsferne“ der Eltern und Erstsprache benutzt, um Kinder (trotz ausreichender Noten) in eine niedrigere Schulform (Förder- und Hauptschulen) zu verweisen.[26] „Als Nicht-Muttersprachler schafft das Kind es nicht am Gymnasium“ sind übliche, aber diskriminierende Argumente. Ein defizitärer Blick geht häufig mit diesem Ansatz einher. Vergessen wird oft dabei, dass auch Kinder aus der Arbeiterschicht oder nicht-weißer deutscher Herkunft „begabt, intelligent und leistungsfähig“ sind.[27] Besonders grobe Fehleinschätzung zeigten sich bei Kindern mit Migrationshintergrund nach der Grundschule beim Übergang in die weiterführende Schule, welches die Langzeitanalyse des Gesamtschulverbandes zeigt. Laut Erhebung des Gesamtschulverbandes (2020)[28] hatten 79 % aller Abiturient_innen der Gesamtschulen in NRW eine andere Prognose und erreichten entgegen ihren Empfehlungen in Real-, Haupt – oder Sonderschule das Abitur.

Hinter dem Förderansatz treten die Potenziale der Kinder in den Hintergrund. Förderung, wo sie angebracht ist, ist eine gute Ergänzung, jedoch ist der Ansatz in bestimmten Kindern und Jugendlichen aufgrund von Vielfaltsdimensionen primär „Mängel“ und weniger Potenzial zu sehen, defizitär und disempowernd.

3. Kulturelle Begegnung als „Bereicherung“

Die dritte Strategie ist der Ansatz „Du bist anders“ (kulturelle Begegnung als Bereicherung) und ist auch als „Ausländerpädagogik“ bekannt. Die Betonung der Unterschiede wird zum Teil hergestellt, wo sie keine Bedeutung für das Miteinander haben. Als Basis für das Miteinander wirkt der Ansatz zudem kontraproduktiv zu dem Wunsch jedes Kindes, dazuzugehören und kann daher ausgrenzend wirken. Ein weiteres Problem ist die Gefahr einer stereotypen Darstellung, defizitärem Blick und Exotisierung der Kinder als „anders und fremd“ mit den ihnen zugeschriebenen Kulturen. Vorsicht gilt bei der Zuschreibung von Kindern an eine aus Ihrer Sicht fest vorgegebenen Kultur. „Kulturalisierung“ ist eine moderne Form des Rassismus, wobei Personen nicht als Individuen sondern, als Vertreter_innen einer hierarchisch minderwertigen „Kultur“ zugehörig gesehen, abgegrenzt und in einer Hierarchie von Kulturen abgewertet werden.[29]

4. Chancengleichheit

Der vierte Ansatz hat die Strategie, dass jedes Kind die gleichen Chancen bekommen soll, um gerechte Lebenserfolge zu erreichen. Daher sind Zugangsbarrieren, soziale Botschaften und Einflussmöglichkeiten im Blick dieses Ansatzes. In der Strategie der „Chancengleichheit“ versuchen Pädagog_innen gezielt Gleichberechtigung herzustellen und Stereotype im Miteinander und im Lernumfeld abzubauen. Die Schwäche des Ansatzes liegt, so Mac Naughton, darin, dass gleiche Beteiligung nicht nur von gleichem Zugang abhängt, sondern auch von aktiver Mitgestaltung. Es mangelt an der Berücksichtigung und Wertschätzung unterschiedlicher Identifikationen und einer Auseinandersetzung mit Diskriminierung unter den Kindern auf dessen Basis.

5. Antidiskriminierungsansatz, rassismuskritische Migrationspädagogik und Anti-Bias-Ansatz

Die fünfte Strategie ist der „Antidiskriminierungsansatz“, die rassismuskritische Migrationspädagogik und Anti-Bias-Ansatz. Sie können als Ergänzung zum bereits vorgestellten Diversity-Ansatz gesehen werden (siehe „Wissen zu Diversität“). Der Diversity-Ansatz setzt gezielt dort ein, wo ungleiche Behandlung stattfindet. Mit dieser Perspektive sollen immer auch Gemeinsamkeiten entdeckt werden. Kinder und Jugendliche, die sich in ihrer Herkunft oder Religion unterscheiden, können Gemeinsamkeiten in ihrem Geschlecht oder ihren Interessen haben und trotz Sprachhürden wunderbar kommunizieren.

Der Antidiskriminierungsansatz schaut machtkritisch auf die Verteilung von gesellschaftlichen Zugängen, Benachteiligungen und Privilegien und betont die Rolle der Selbstreflexion als Fachkraft. Dafür ist eine Bandbreite an Wissen und Handlungskompetenzen nötig.

Ziele der Antidiskriminierungspädagogik[30]

- Diskriminierungen erkennen und wissen, wie sie auftreten (z. B. durch Auslassungen, abwertende Verallgemeinerungen, geringere Vorannahmen, rassistische Zuschreibungen)
- Kinder und Jugendliche in einem positiven Selbstbild und einem Selbstwertgefühl bestärken: Empowerment-Orientierung und Empowerment-Räume
- Selbstreflexion gesellschaftlicher Machtverhältnisse und der eigenen Positionierung mit Privilegien
- Diskriminierungsfrei mit den Unterschieden der Kinder und Jugendlichen umgehen
- Zu wissen, wann man Unterschiede ansprechen soll und wann sie keine Rolle spielen sollten
- Gegen Diskriminierung vorgehen: Fairness-Regelungen, Thematisieren und ggf. Methoden des Anti-Mobbings

Fokus in der rassismuskritischen Migrationspädagogik

Fokus der rassismuskritischen Migrationspädagogik ist[31], gezielt Machtverhältnisse und Ideologien, die an Merkmale gebunden sind, zu thematisieren. Die rassismuskritische Perspektive berücksichtigt gesellschaftliche Positionierungen und Abwertungsmechanismen. Die Migrationspädagogik blickt auf Fragen, die unter der Bedingung der Migrationsgesellschaft bedeutsam sind. Ein zentraler Inhalt ist, wie „die Anderen" unter den Bedingungen der Migration erzeugt werden. Sie blickt genauer auf die Praxis der Unterscheidung (z. B. die Wahrnehmung und Partizipation von Kindern und Jugendlichen mit Migrationsgeschichte in pädagogischen Kontexten) und hinterfragt diese.[32]

Es wird Wert auf Empowerment gelegt, d. h. die Unterstützung eines positiven Selbstbildes. In der Antidiskriminierungspädagogik und der rassismuskritischen

Migrationspädagogik ist das Ziel, als Pädagog_in auch das Wissen der Kinder über gesellschaftlich hergestellte Unterschiede zu vertiefen und Kompetenzen im respektvollen Umgang zu verbessern.

Fokus Anti-Bias-Ansatz

Der Anti-Bias-Ansatz[33] („Gegen-Voreingenommenheit" engl.) ist in diesem Kontext wichtig zu nennen. Er zielt darauf, eine durch Einseitigkeit und Voreingenommenheit entstandene Schieflage ins Gleichgewicht zu bringen und Diskriminierungen abzubauen. Angestrebt ist eine intensive erfahrungsorientierte und prozessorientierte Auseinandersetzung mit Macht und Diskriminierung sowie das ‚Verlernen' von unterdrückenden und diskriminierenden Kommunikations- und Interaktionsformen. Der Ansatz „Vorurteilsbewusster Bildung und Erziehung"©[34], der auf der Grundlage des Situationsansatzes und des kalifornischen Anti-Bias-Approach entwickelt wurde, gehört auch zur fünften Strategie des Antidiskriminierungsansatzes, bleibt in seiner Gesellschaftskritik jedoch hinter der Vorlage von Louise Derman-Sparks zurück. Die Anti-Bias-Werkstatt[35] hingegen fokussiert in ihren Ausbildungen auf die Auseinandersetzung mit der eigenen Verwobenheit in Machtstrukturen und ist daher sehr zu empfehlen, um sich mit Blick auf Empowerment-Orientierung besser zu reflektieren.

Analyse der Denkschulen Ansätze 1–5: Plädoyer für eine Empowerment-Orientierung in der Pädagogik

Im empowerment-orientierten professionellen Handeln sind die pädagogischen Ansätze 1–3 problematisch. Sie unterstützen Sie nicht darin, Kinder und Jugendliche als Individuen zu sehen und zu stärken. Vielmehr werden, die Kinder erneut in Kategorien und Zuschreibungen verhaftet wahrgenommen und homogene Normalitätsvorstellungen werden weitergeführt, was ein Othering impliziert. Es setzt immer ein Form der Konstruktion der „Anderen" voraus. Der Ansatz 4 hat zwar Ungleichheiten im Blick, erreicht aber vom Verständnis her keine faktische Gleichberechtigung. Außerdem bieten alle diese vier Ansätze keinen sicheren Diskriminierungsschutz, welcher aus rassismuskritischer Sicht unabdingbar ist, um Minderwertigkeitsgefühle zu verhindern.

Der 5. Antidiskriminierungsansatz und die rassismuskritische Migrationspädagogik sowie der Diversity-Ansatz werden in diesem Buch favorisiert, da sie die Lebenswelten und Erfahrungen der Kinder in den pädagogischen Auftrag einbeziehen und auch für das eigene Rollenverständnis berücksichtigen. Gerade weil

Kinder und Jugendliche vulnerabel sind und Erfahrungen der Abwertung in ihr Selbstkonzept übernehmen und verinnerlichen, ist die Antidiskriminierungspädagogik eine zeitgemäße Weiterführung der Migrationspädagogik mit einem deutlichen Fokus auf selbstreflexive Haltungskompetenz als professionelle Fachkraft. Bei diesem Ansatz wird der Diskriminierungsschutz immer im Blick behalten. Außerdem zielt die Antidiskriminierungspädagogik darauf ab, sich in der Profession als Pädagog_in, Sozialarbeiter_in, Erzieher_in „auf einen Prozess einzulassen, dessen Zielvorgabe es ist, nichtdiskriminierende, vorurteilsbewusste Einstellungen und Handlungskompetenzen zu entwickeln und zu leben".[36] Im Hinblick auf Empowerment-Orientierung bietet sie die beste Grundlage, um selbstwert-schwächende Verhaltensweisen in Ihrem Arbeitskontext abzubauen. In der Empowerment-Orientierung gehört sie zum festen Bestandteil des Handelns.

Unter diesem Punkt 2 ging es darum, mehr über Ausgrenzungsmechanismen zu wissen. Im folgenden Abschnitt wird es darum gehen zu erklären, was Rassismus eigentlich ist. Dadurch wird es leichter, ihn identifizieren zu können und ihn wiederum nicht zu reproduzieren (anwenden und weitergeben). Die Wissenskompetenzen 2–6 sind eng an die o. g. Ziele der Antidiskriminierungspädagogik gebunden: Ein Verständnis für die verletzenden Wirkungsweisen von Rassismus zu bekommen, diskriminierungsarm mit Unterschieden umzugehen und sich selbst in seinen Vorannahmen zu reflektieren (ggf. sprachsensibler zu sein), vervollständigt die Voraussetzungen.

Schema 2: Miteinander verwobene Ansätze der Empowerment- Orientierung.

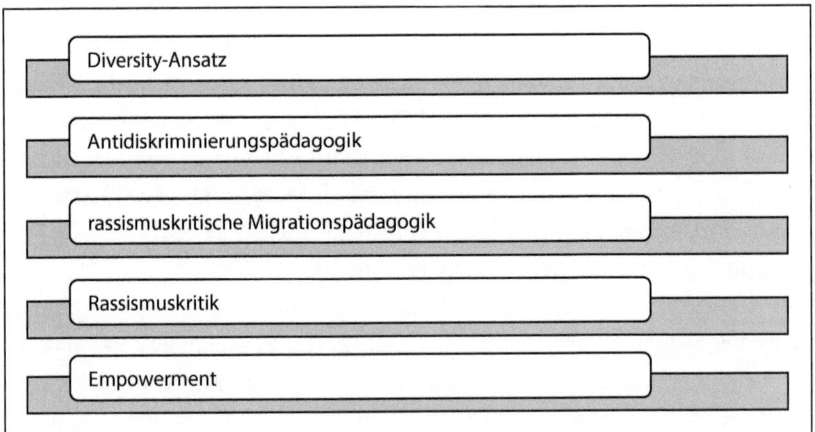

Quelle: Eigene Darstellung.

Fazit zu Punkt 2 „Ausgrenzungsmechanismen wahrnehmen"

- Ausgrenzungsmechanismen gehören zum Alltag von Kindern, vor allem mit phänotypischen Merkmalen (sichtbarer nicht-deutscher Herkunft und nicht-christlicher Religionszugehörigkeit)
- Diskriminierung muss nicht intendiert sein, um wirksam zu sein
- Die traditionellen pädagogischen Ansätze reduzieren Kinder auf ein Merkmal, setzen sie unter Druck in homogene Vorstellungen zu passen und sehen keinen Diskriminierungsschutz vor
- Die Antidiskriminierungspädagogik, rassismuskritische Migrationspädagogik und der Diversity-Ansatz als Handlungsweg bieten eine Alternative, um mit Unterschieden zwischen den Kindern identitätsstärkend umzugehen und Antidiskriminierung als Teil Ihrer Aufgabe zu beachten. Ausbildungen der Anti-Bias-Werkstatt helfen dabei, sich über eigene Vorurteile zu reflektieren. All das kommt beim empowerment-orientierten Arbeiten zusammen.

3 Rassismus erkennen

Wissen darüber, was Rassismus und rassistische Denkweisen sind, ist eine weitere Quelle für Empowerment und eine Empowerment-Orientierung.

Rassismus ist eine Form der Diskriminierung. Andere Formen sind zum Beispiel Sexismus, Klassismus oder Ableismus. Bei dem rassistischen Prinzip geht es darum, dass Menschen zu „Anderen" gemacht und abgewertet werden. Menschengruppen werden dabei hierarchisch entlang vermeintlicher biologischer, ethnischer oder kultureller Gruppenbeschreibungen unterteilt und Eigenschaften werden ihnen angedichtet oder abgesprochen. Das Ganze geschieht über ein Zugehörigkeitsmanagement, das die einen als Zugehörig „wir" und die Anderen als Außenstehende „die Anderen" einteilt. Dabei sichern sich die Mehrheitsangehörigen das Privileg in der „Norm" zu leben, sich selbst mit positiven Attributen zu versehen und ihre Normalität zu definieren. Rassismus zeigt seine Machtkomponente in struktureller Ausgrenzung und Benachteiligung bei Zugängen in gesellschaftliche Ebenen und Ressourcen. Auch die Möglichkeit, die eigenen Realitäten, Geschichten und Perspektiven nicht verzerrt repräsentieren zu können und in Bildung, Politik, Medien berücksichtigt zu sein, geht auf fehlende Macht zurück.[37]

Nach Start Hall[38] handelt es sich bei Rassismus um:

- die Markierung von Unterschieden,
- die man dazu benutzt, um sich gegenüber anderen abzugrenzen,
- vorausgesetzt diese Markierungen dienen dazu, soziale, politische und wirtschaftliche Handlungen zu begründen,
- die bestimmte Gruppen vom Zugang zu materiellen und symbolischen Ressourcen ausschließen
- und dadurch der ausschließenden Gruppe einen privilegierten Zugang sichern.

Wie zeigt sich Rassismus?

Rassismus behandelt Menschen nicht wie Individuen, sondern als Angehörige einer Gruppe und unterstellt, dass dieser Gruppenzugehörigkeit unveränderliche Eigenschaften, Fähigkeiten oder Charakterzüge zugehörig sind. Rassismus zeigt sich beispielsweise als „Exotisierung" („Schön, mal ein exotisches Gesicht zu sehen"), „Othering" („Du hast dich gut integriert", „Du sprichst aber gutes Deutsch" zu einer Muttersprachlerin zu sagen), biologischer Rassismus („Schwarze Menschen haben Rhythmus im Blut", „sind besonders gute Läufer", „Black Beauty" oder aber „Geh zurück in deinen Stamm", „Ein richtiger Deutscher hat weiße Haut und deutsche Vorfahren"), Affengeräusche machen oder Spiele spielen, in denen Schwarze Menschen abgewertet werden (wie z. B. „Wer hat Angst vorm schwarzen Mann"). Offene Abwertungen, soziale Ausgrenzungen, verdeckte Diskriminierung und strukturelle Diskriminierung (Wohnungsmarkt, Arbeitsmarkt, Bildungsweg) bis hin zu physischen Angriffen sind das Spektrum, wie er sich zeigen kann.

Anti-Schwarzen Rassismus gibt es auf der ganzen Welt. Was zu Rassismuserfahrungen von Schwarzen Menschen und ihren Kindern gehört, beschreibt Kalsoumy Balde vom empowerment-orientieren Verein, Total Plural (Berlin):

> „Schwarze Personen erfahren Rassismus in der Bahn, auf der Straße, im Park, in Kitas, Schulen, im Supermarkt und überall sonst. Das sind Blicke, Anstarren, Kommentare und Fragen – und das sehr oft von fremden Menschen. Schwarze Menschen grundsätzlich auf Englisch anzusprechen, ist auch Rassismus. Denn es suggeriert, dass sie nicht Deutsche sein können. Das alles sind die so genannten Mikroaggressionen. Sie fühlen sich wie kleine Mückenstiche an, sehr nervig und verletzend, aber gleichzeitig sehr subtil und dadurch für viele Nichtbetroffene unsichtbar. Aber es bleibt nicht nur bei diesen Mikroaggressionen. Auch (Polizei-)Gewalt findet in Pankow statt, vor allem im Norden. Viele Schwarze Menschen, auch ich, meiden Ortsteile wie Buch- und Weißensee aus Angst vor Gewalt."[39]

In der Rassismusforschung[40] gibt es unterschiedliche Strömungen und Ansätze. Mehrheitlich wird unterschieden zwischen einem biologistischen Rassismus, Kulturrassismus, Alltagsrassismus und institutionellem Rassismus. Die wissenschaftlich widerlegte Einteilung von Menschen in „Rassen" im 18. Jahrhundert mit den „Rassentheorien" waren nicht der Anfang.[41] Historiker wie Prof. Christian Geulen (2007) sehen diese bereits in der Antike mit der Sklavenhaltung, und der damaligen Selbst- und Fremdwahrnehmung von sich und anderen. Der moderne Neorassismus oder Kulturrassismus argumentiert nicht mehr mit der „Überlegenheit der weißen Rasse“ sondern mit der Kategorie „minderwertiger“ Kulturen, Herkunft und nicht-christlicher Religion und einer Bedrohung, die davon ausgehen würde. Im weiteren Verlauf beschäftige ich mich mit den Dimensionen „Herkunft“, „zugeschriebene Kultur“, „Religion“ und „Hautfarbe“, da diesen im modernen Rassismus (Neorassismus) eine besondere machtvolle Rolle zukommt. In meinen Workshops war eine der Unsicherheiten bei den Teilnehmenden, Rassismus zu erkennen, um ihn benennen zu können. Man sollte hellhörig werden, wenn jemand verallgemeinernd abwertende Eigenschaften an Menschen mit Vielfaltsdimensionen (wie Herkunft, Zugehörigkeit der Religion) verknüpft.

Beim Rassismus geht es darum zu verstehen, dass alle in der Gesellschaft diesem System der sozialen Zuordnungen ausgesetzt sind: die eine Gruppe lernt es und profitiert (ohne Zutun), die definierten Anderen werden auf dessen Basis Zuschreibungen ausgesetzt und ggf. diskriminiert. „Ausländer sein“, „Migrationshintergrund“ oder „Muslim sein“ sind hierbei eine soziale Konstruktion und das Ergebnis von pauschalen Zuschreibungsprozessen („weniger gebildet“, „gewaltbereiter“, „unterwürfig“, „machohafter“), um dann Verhaltensweisen zu legitimieren, die es den Betroffenen erschweren, sich gesellschaftliche Ressourcen anzueignen (z. B. schlechtere Benotung, kein Ausbildungsplatz mit Kopftuch). Rassismus ist nicht dasselbe wie „Ausländerfeindlichkeit“, denn Rassismus ist die soziale Konstruktion einer Menschengruppe, die durch Verknüpfung physischer Merkmale mit Lebensweisen als „natural“ zugeordnet werden. Dabei spielt es eine Rolle, wie mit Stereotypen von sogenannten „minderwertigen“ und Gruppen gearbeitet wird.[42] Eine weiße Französin kennt keinen Rassismus. Sie erlebt nicht was ein Schwarzer Kongolese in Deutschland erlebt.

Das an einer Norm von Muttersprachlern und Mittelschichtskindern festgehalten wird, wird ebenfalls in dem Bericht der Antidiskriminierungsstelle des Bundes kritisiert.

Leider wird bis heute nicht darauf verzichtet, Zuschreibungen und Stereotype zu reproduzieren, und in vielen Denkweisen erkennt man, dass diese auf rassistische Verhältnisse zurückgehen. Im weiteren Verlauf werde ich immer wieder auf die Wirkung von Zuschreibungen, Vorannahmen und Botschaften über Andere eingehen. Diese Wirkungen sollen in der Empowerment-Orientierung umgekehrt werden.

Wer gehört nicht zu „uns"?

Folgende Ausführungen zur Geschichte des Rassismus bis in die heutige Zeit sind insofern wichtig, als sie zeigen, wie tief Rassismus im sozialen Wissen verankert ist.

Warum erscheinen rassistische Denkweisen als „normal"? Die Geschichte dieses Denksystems zu verstehen hilft, die gegenwärtigen Verhältnisse besser zu verstehen. Der Blick in die Geschichte zeigt auch, wie wichtig es ist, diese Kontinuität durch das eigene Tun aufzubrechen. Es stellt sich die Frage: Welche Denkweise über Wertigkeit von Menschen wollen wir an unsere Kinder weitergeben?

Danach möchte ich exemplarisch Anti-Schwarzen Rassismus und Antimuslimischen Rassismus gegenüber Jugendlichen vorstellen.

Historie des Anti-Schwarzen Rassismus

Frühe Formen des Rassismus zeigten sich schon im antiken Griechenland, im römischen Reich oder im indischen Kastenwesen. Die Geschichte der afrikanischen Minderheit in Deutschland beginnt bereits lange vor dem Zweiten Weltkrieg. May Ayim, Aktivistin und Lyrikerin gehörte zu den ersten, die Schwarze deutsche Geschichte aufgearbeitet hat, u.a. mit dem Aufsatz „Die afrodeutsche Minderheit in Deutschland" im Jahr 1995. Ayim war eine der Wegbereiterinnen afrodeutscher Geschichtsschreibung, die nach wie vor noch unvollständig untersucht ist.[43] Schwarze Menschen aus afrikanischen Ländern gehören zu den „älteren" Minderheiten, die im 15. Jahrhundert erstmals nach Deutschland einwanderten.[44] Ihre Geschichte ist gekennzeichnet durch eine Chronologie der Verfolgung, Unterdrückung und Ermordung in der Kolonialzeit, der Weimarer Republik und im Nationalsozialismus Deutschlands. Mit dem Kolonialismus und dem politischen Mehrwert begann die Idee des Rassismus mehr Anerkennung zu bekommen. Mitte des 18. Jahrhunderts versuchten Forscher weltweit, Theorien aufzubauen und die Menschheit in verschiedene Rassen einzuteilen. Bekanntheit erlangten damals vor allem die Überlegungen des Schriftstellers Arthur de Gobineau und in Deutschland Immanuel Kants Rassentheorie (1743). Sie unterteilte Menschen in vier „Rassen", die sich seiner Meinung nach unterschieden in Hinblick auf Fleiß, Vernunftbegabung und die Fähigkeit, Kultur hervorzubringen. Voll ausgeprägt seien diese Kapazitäten nur bei den Weißen. Auf die, in hierarchischer Folge, die Inder und Schwarzen folgten, während die amerikanischen Ureinwohner in der Ordnung ganz unten stünden. Die europäischen Rassentheorien wurden in der Kolonialzeit genutzt, um die Ausbeutung, Entrechtung, Versklavung und Mord zu rechtfertigen.

> „Es ist das Wesen des Rassismus, die Überlegenheit von Weißen und deren Recht auf Privilegien, Diskriminierung und Gewalt zu postulieren. Zu diesem Zweck allein erfanden Europäer*innen im 16. Jahrhundert das ‚Prinzip „Menschenrasse" und dessen Postulat: Weiße seien allen anderen überlegen, die einzigen vollwertigen Menschen.' (Arndt 2020, Die Zeit Interview)

Rassentheoretiker bezeichneten die „weiße Rasse" auch als „arische Ur-Rasse, die zum Herrschen über die anderen bestimmt sei"[45]. Die sogenannte „Rassenhygiene" ging noch weiter mit der Zielsetzung eine „Vermischung" verhindern zu wollen. Der Ansatz entwickelte sich gegen Ende des 18. Jahrhunderts und wurde in Deutschland durch Kants Rassentheorie beeinflusst. Seine bis heute ungetrübte Verehrung, trotz diesem Beitrag zum Rassismus in Deutschland, zeigt die fehlende Bereitschaft zu historischen Aufarbeitung von Rassismus hierzulande. 1923 entstand der erste Lehrstuhl für „Rassenhygiene" in München, welcher bald zum Pflichtfach für damalige Medizinstudenten wurde.[46] Die Rassentheorie wurde vom Nationalsozialismus aufgegriffen, sozial mit Privilegien und positiven Zuschreibungen versehen (wie die Konstruktion des „Ariers"), verankert und wurde zur Grundlage einer rassistischen Gesetzgebung, die zur systematischen Ermordung ganzer Bevölkerungsgruppen führte. In Deutschland findet der Rassismus insofern einen Nährboden, weil es diese tiefsitzende Historie von kolonialem Rassismus über die sogenannte Überlegenheit der „weißen Rasse" gibt und das Thema seit Jahrhunderten weitergegeben, in der Nazizeit gelebt und nach dem Zweiten Weltkrieg in der Entnazifizierung der 50er-Jahre nicht in Bildung, Institutionen, Politik, Arbeitsleben und Zivilgesellschaft aufgearbeitet wurde. Schwarze Menschen wurden auch nicht als offiziell verfolgte Gruppe anerkannt, obwohl Hunderte von ihnen in Konzentrationslagern vergast wurden.

Dieser Schwarzen deutschen Geschichte wird in der Geschichtsschreibung oder gar im Geschichtsunterricht wenig Beachtung geschenkt. Neben May Ayim haben die afrodeutschen Historikerinnen Yara-Colette Lemke Muniz de Faria, Marion Kraft und Fatima El-Tayeb[47] hierzu wichtige Grundlagenarbeit geleistet, um Wissen zu erhalten. Sie haben historische Fakten und

Lebensgeschichten aus Schwarzer Perspektive in ihren Büchern gebündelt. Fatima El-Tayeb dokumentiert anschaulich den abwertenden Sprachgebrauch um den Diskurs um „Rasse“ seit 1890 und das damalige Ziel der Rassenhygieniker der Hochzüchtung einer reinen „Arier-Rasse“. Die Vermischung mit „minderwertigen Rassenfremden“ galt gesellschaftlich aus unerwünscht, denn es führe zu einer Degeneration der „Arier-Rasse“. El-Tayeb beschreibt das Bild des Schwarzen Menschen im Kaiserreich, die Stellung als „Schutzgebietsangehöriger“, die Diskussion um die sogenannten „Rassenreinheit“ und „Rheinlandbastarde“, die Sterilisierungsdebatte in der Weimarer Republik und die Verfolgung Schwarzer Deutscher in Nationalsozialismus. Die Zuschreibungen gegenüber Schwarzen Menschen wurden in der Nachkriegszeit nicht wirklich aufgegeben. Sichtbar wurde das an Darstellungen und Geschichten in Kinderbüchern, in Spielen der 50er- und 60er-Jahre, aber vor allem am politischen Umgang mit Kindern von afro-amerikanischen Besatzungssoldaten. Yara-Colette Lemke Muniz de Faria (2002) belegt historisch, wie weiße deutsche Mütter damals unter Druck gesetzt wurden, ihre Kinder von afroamerikanischen Soldaten zur Adoption freizugeben mit der Argumentation „in Deutschland sei ihnen zu heiß“, sie sollten „unter ihresgleichen“ aufwachsen (gemeint war afroamerikanische Familien, in die die Kinder z. T. vermittelt wurden). Auch Marion Kraft (2015) analysiert die Nachkriegszeit aus Schwarzer Perspektive. Beide Autorinnen belegen mit politischen Diskursen und in vielen afroamerikanisch-deutschen Familiengeschichten die Wahrnehmung und den Umgang, den Schwarze Deutsche der Nachkriegsgeneration erlebt haben. Deutschlands Kontinuitäten von rassistischen Denkweisen von der weißen und der schwarzen „Rasse“, der Minderwertigkeitsgedanke der Rassenhygieniker (vgl. zu Tieren, Vorannahmen sie seien weniger intelligent) werden an dem Alltagserleben der Schwarzen Menschen deutlich.

Wichtig zu wissen: Die Rassentheorien des 18. Jahrhunderts haben sich nie bewahrheitet, sondern sind wissenschaftlich widerlegt. Laut Stellungnahme internationaler Wissenschaftler der UNESCO (1996) schließen die molekularbiologischen Erkenntnisse über genetische Vielfalt der Menschen traditionelle Rassenkonzepte aus. Diese folgenreiche Erfindung in Europa hatte zu keinem Zeitpunkt eine biologisch-wissenschaftliche Grundlage. Sie widerspricht zudem der nach dem Zweiten Weltkrieg verfassten UN-Menschenrechtskonvention, wonach alle Menschen gleich sind in der Würde und diese unantastbar ist. Dieser Ansatz einer hierarchischen Einteilung von Menschen wird trotzdem bis heute im Jahr 2023 in Geschichten, Bildern, Werbung und auch Kinderbüchern weitererzählt. Weitere Generationen wachsen mit dieser menschenverachtenden und letztlich falschen Denkweise über die Einteilung von Menschen auf.

Es gab keine umfassende antirassistische Abkehr davon im Bildungssystem und in der Erziehung (vgl. Punkt 4 in diesem Kapitel). Diese Abkehr findet heute in Form von rassismuskritischen Diskursen und Ansätzen der diversitätssensiblen Pädagogik statt und sollte nun in den 2020er Jahren flächendeckend in den Köpfen in seinen Restbeständen (als fachliche Grundlage in Ausbildungsinhalten und Fortbildungen) nachgeholt werden. Heute leben Schwarze Menschen als neu Zugewanderte bis hin zur vierten oder fünften Generation in Deutschland (zum Teil in binationalen Familien).[48] Eine deutsche Identität wird ihnen vielfach aufgrund der Hautfarbe abgesprochen. Niemand bezeichnet sich selbst als „Rassist_in", obwohl rassistische Inhalte Teil der Sozialisation geblieben sind. Sind Menschen, die rassistisch handeln auch Rassisten?

Die Langzeit-Studie „Deutsche Zustände" (als Gruppenbezogene Menschenfeindlichkeit unter Zick bekannt) über Einstellungen der Bevölkerung ermittelt seit 2001 repräsentativ, wie sehr Rassismus als Teil von gruppenbezogener Menschenfeindlichkeit in der Mitte der Gesellschaft über Generationen besteht und weitergegeben wird.[49] Laut „Rassismusmonitor" des Deutschen Zentrums für Integrations- und Migrationsforschung (2022) glaubt fast die Hälfte (49 %) der Bevölkerung noch immer an die Existenz menschlicher ‚Rassen'. Gleichzeitig gibt es ein Bewusstsein dafür, dass es falsch ist, den Begriff ‚Rasse' für Menschen zu verwenden; 65 % der Menschen stimmen dem zu.

Wissenschaftlich belegt ist: Wir Menschen sind zu 99 % genetisch identisch.[50] Seit fast 20 Jahren liegen diese molekularbiologischen Ergebnisse dazu vor. Doch trotz dieser Erkenntnisse und obwohl rassistische Diskriminierung im deutschen Grundgesetz verboten ist, wird sie in rassistischen Denkweisen und Unterscheidungen in Aussagen und Verfahrensweisen in der Literatur, Politik, Medien, auf dem Arbeits- und Wohnungsmarkt, in Bildungsinhalten, in Spielen und Stereotypen weiterproduziert und aktiv praktiziert. Ausgrenzung, Abwertung, Beleidigungen, Diskriminierungen und sogar Gewalt und Mord werden heutzutage mit Rassismus begründet (siehe etwa das Attentat in Hanau 2020). Alltagsrassismus erleben Betroffene tagtäglich von Kindesbeinen an. Die Online Kampagne „„#MeTwo" brachte zutage, wie vielfältig und weitverbreitet das Ausmaß ist.[51]

People of Color und Schwarze Menschen machen in der deutschen Gesellschaft, die zwar demokratischen Grundprinzipen folgt, aber von rassistischen Machtstrukturen und Ausgrenzungspraxen geordnet ist, vielfach spezifische Erfahrungen, die auf diese alten Denkweisen zurückgehen. Dazu Erfahrungen aus dem Empowermentprojekt „YoungStar":

> PoC stehen ihre Identität betreffend wiederholt unter Legitimationszwang. (..) Die Allgegenwärtigkeit von Rassismus und die ihm innewohnende Gewalt haben direkt Auswirkungen auf das Selbstwertgefühl und die Persönlichkeitsentwicklung Schwarzer Menschen. Denn die Art und Weise, wie wir in der Gesellschaft positioniert sind bzw. werden, bestimmt welche Fragen im Leben wichtig sind. Ausgangspunkt der Empowerment-Arbeit bildet daher die Prämisse, dass nicht PoC (...) das Problem darstellen, sondern das rassistische Unterdrückungssystem selbst das Problem darstellt." (Fleary, Göthe & Otoo: Dokumentation des YoungStar-Projektes 2009, S. 8)

Selbstwertgefühl und soziale Akzeptanz

Offene Diskriminierung und Zugehörigkeitsfragen sind entscheidende Faktoren, an denen man spürt, ob man akzeptiert ist oder nicht. Und gerade die Erfahrung sozialer Akzeptanz ist entscheidend, um ein positives Selbstwertgefühl aufzubauen. Die Rolle von Zuwendung und sozialer Akzeptanz bei der Entwicklung eines guten Selbstwertgefühls, die ich in meiner Studie zu Akkulturationsstress von Migrant_innen (2010) herausgearbeitet habe, wird auch durch Erkenntnisse der Kinderpsychologie bestätigt. Kinderpsychologe Remo Largo (2019) betont, dass Menschen jeden Alters auf Anerkennung von Anderen angewiesen sind. Ob man mit sich „im Reinen ist", hängt wesentlich davon ab, ob man sich von Mitmenschen angenommen fühlt. Remo Largo[52] sieht das Selbstwertgefühl sowie das körperliche und psychische Wohlbefinden als Grundvoraussetzungen für eine bestmögliche Entwicklung des Kindes. Das Selbstwertgefühl ist Ausdruck vergangener Erfahrungen sowohl positiver wie negativer. Rassismuserfahrungen wirken sich eher negativ auf das Selbstwertgefühl eines Kindes aus, weil es ihm deutlich macht, dass es weder sozial akzeptiert noch richtig und wertvoll ist, so wie es ist. Diese Wirkung hängt jedoch eng mit den vorhandenen Ressourcen zur Kompensierung und Relativierung des Erfahrenen zusammen.[53]

Ist das Selbstwertgefühl geschwächt, sinken auch die Bereitschaft und das Vertrauen, soziale Bindungen einzugehen. Wenn sich derartige Erfahrungen regelmäßig wiederholen und als unveränderbar verinnerlicht werden, kann die ganze kindliche Persönlichkeitsentwicklung davon mitbestimmt sein. Wenn es keine Unterstützung oder Möglichkeit der Verarbeitung hat, wird es sich bald ausgeliefert fühlen. Folgendes Beispiel ist real so passiert.

„Es tut schrecklich weh und passiert doch jeden Tag …"

Im Kindergarten: Nach einem erfolgreichen Spiel dürfen alle Kinder sich etwas aus der Süßigkeiten Tüte nehmen. Als ein afrodeutscher Junge von 4 Jahren auch reingreifen möchte, sind die anderen Kinder der Gruppe dagegen. Sie sagen er soll nicht hineingreifen, weil sie Angst haben eine Krankheit aus Afrika zu bekommen. Der Junge darf daraufhin nicht in die Tüte greifen. Die Kindergärtnerin klärt die Situation nicht.

Dieses Beispiel wurde von einem afrodeutschen Teenager in einem geschützten Raum erzählt. Die Situation war für den Jungen traumatisch und blieb für ihn all die Jahre im Gedächtnis. Es wird deutlich wie verletzend Rassismus ist und wie immens wichtig eine Sensibilität und eine Handlungskompetenz bei den pädagogischen Fachkräften, Sozialarbeiter_innen oder Lehrkörpern ist. Die richtige Handlungsweise wäre gewesen, den Jungen hineingreifen zu lassen und den Kindern damit zu zeigen, dass es nicht in Ordnung ist, andere Kinder auszugrenzen. Danach wäre es sinnvoll gewesen, mit den Kindern über ihre Vorstellungen von Afrika zu sprechen und sie dorthin zu führen mit gezielten Informationen, dass Krankheiten auch in Deutschland vorkommen, die Hautfarbe eines Menschen nicht für Krankheit steht. Herkunft und Hautfarbe ist nichts, wovor man Angst haben sollte. Durch die Nicht-Reaktion wurde sehr aktiv etwas getan und vermittelt.

Antimuslimischer Rassismus

Antimuslimischer Rassismus richtet sich gegen als Muslim_innen kategorisierte (gelesene) Menschen. Dabei spielt es in der Regel kaum eine Rolle, ob sie tatsächlich muslimisch sind oder sich selbst als gläubig beschreiben. An „die Muslime" werden vorgestellte Bilder über „den Islam" angeheftet. Dieser wird als negatives Gegenüber „des Westens" konstruiert: Er gilt als rückschrittlich, archaisch und gewaltvoll, patriarchal und frauenfeindlich und die Angehörigen werden als restriktiven religiösen Regeln Unterworfene dargestellt.[54]

Rassismuserfahrungen sind für viele Jugendliche, die als Musliminnen oder Muslime kategorisiert werden, eine alltägliche Herausforderung. Auch bei der Entscheidung ein Kopftuch zu tragen, werden diese Erfahrungen häufig einbezogen, da das Kopftuchtragen weitreichende Folgen für ihren Alltag hat. In der Schule und in ihrer Freizeit machen sie die Erfahrung, sich mit verallgemeinernden, herabwürdigenden und diskriminierenden antimuslimischen Zuschreibungen auseinandersetzen zu müssen. Sie werden vielfach von ihrem sozialen Umfeld, Alltag und in Institutionen als nicht-zugehörig, als anders wahrgenommen und ausgegrenzt. Auch wenn rassistische Praktiken nicht immer mit der Intention der Herabwürdigung einhergehen, sondern sich auf „als wahr" geltende soziale Wissensbestände stützen, sind diese für die betroffenen Jugendlichen häufig verletzend und degradierend.

So machen als muslimisch geltende Mädchen* (mit und ohne Kopftuch) oftmals die Erfahrung, dass ihnen keine eigene Meinung zugestanden wird und ihnen nicht zugetraut wird, Entscheidungen selbst zu treffen. Stattdessen werden sie als „unterdrückte Mädchen" angesprochen und wahrgenommen. Schulische Konflikte wegen Verboten von Kopfbedeckungen setzen die Mädchen* vielfach unter Druck, das Tuch in der Schule nicht tragen zu dürfen und damit trotz Religionsfreiheit, ihre Religion nicht ausüben zu können. Erreicht wird dies durch generelle Verbote von Kopfbedeckungen, die in Schulen ursprünglich das Tragen von Baseballkappen einschränken sollten, dann aber auch das religiös getragene Kopftuch mit einbeziehen und vom Lehrpersonal eingefordert werden.

Ängste gegenüber dem Islam

Dass es über fünf Millionen Muslime in Deutschland gibt, die friedlich hier leben, Steuern zahlen und Freunde haben, geht völlig unter, wenn beispielsweise wieder ein Bericht über sogenannte „kriminelle Familienclans" oder Gruppen des IS „Islamisches Staates" in Deutschland erscheint. Jugendliche mit muslimischer Religionszugehörigkeit erleben es, von Erwachsenen (auch von pädagogischen Betreuungspersonen) mit diesen kriminellen und extremistischen Islamisten verglichen zu werden. Dabei sind diese Verallgemeinerungen nicht nur unkritisch, sondern auch unreflektiert, denn es ist unwahrscheinlich, dass die Jugendlichen direkt etwas damit zu tun haben, was die Person gelesen oder gehört hat.

Solche wiederkehrenden Erfahrungen antimuslimischer Zuschreibungen und Benachteiligung sind für Jugendliche bedeutungsvoll. Sie machen etwas mit Jugendlichen, für die die Suche nach Zugehörigkeiten, Orientierung und Anerkennung in der Regel ein zentrales Thema ist. Sie nehmen Einfluss auf ihre Selbst- und Weltverständnisse und schränken ihre Handlungsspielräume ein.

Schublade raus: Was lernen wir als Erwachsene über „Andere"?

Rassistische Denkweisen werden seit Jahrhunderten von Generation zu Generation weitergegeben. Sie sind verwoben in unsere soziale Wirklichkeit. Wir sind also trainiert „Andere" in eine Schublade zu stecken. Das ist ein aktiver Prozess. Vielfalt ist das eigentlich „Normale". Blickt man auf die Statistik, so hat jedes dritte Kind unter sechs Jahren einen Migrationshintergrund. Viel soziales Wissen über „Andere", welches man kennt, ist verzerrt oder geht auf rassistisch-koloniale Wissensbestände zurück. Schauen Sie genauer hin, was Sie an Informationen aus erster Hand haben, wenn es um soziale Gruppen und deren zugeschriebenen Eigenschaften geht (Berichterstattung, soziale Medien, Talkshows). Soziales Wissen wird im öffentlichen Raum, im alltäglichen Sprachgebrauch oder medial immer wieder reproduziert. Können die Betroffenen selbst sprechen und ihre Perspektiven zu den Behauptungen einbringen? Wird hier verallgemeinernd festgestellt wie „DIE" sind? Bleiben Sie differenziert.

Kulturrassistische Denkweisen

Jugendliche mit muslimischer Religionszugehörigkeit machen die wiederkehrende Erfahrung sich mit negativen Äußerungen über den Islam auseinandersetzen zu müssen. Negative Verallgemeinerungen und Empowerment könnten nicht weiter voneinander entfernt sein. Sie werden in der rassismuskritischen Sichtweise generell vermieden. „Die Syrer sind …", „bei den Türken ist es so, dass …". Man tut immer vielen Menschen unrecht, weil diese Aussagen nie tatsächlich für jeden funktionieren können. Sie gehen auf eine kulturrassistische Denkweise zurück.

Eine Erzieherin über einen Jungen mit türkischen Wurzeln: „Kein Wunder, dass der so häufig andere Kinder schlägt, dem werden zu Hause

> als Junge eh keine Grenzen gesetzt, der darf eh alles und viel mehr als seine Schwestern".[55]

Kinder und Jugendliche der heutigen Zeit lernen in der Sozialisation, von dem sozialen Umfeld, aus Büchern, Medien und Erzählungen, was sie über „Andere" wissen. Dies sollten keine Stereotype sein. Deshalb ist es so wichtig, achtsam mit Worten und Zuschreibungen zu sein.

Kinder lernen schon im Kindergartenalter durch offene und verdeckte Botschaften, beispielsweise wer zu welcher Gruppe gehört, oder welche Merkmale von anderen immer wieder angesprochen werden. Die Kinder interpretieren auf ihre Weise ihre eigene Zughörigkeit aus diesen verschiedenen Quellen, wie zum Beispiel Kinderbücher und erwachsene Bezugspersonen. Schon im Kindergartenalter beobachtet man, dass Kinder entlang von Vielfaltsdimensionen wie Hautfarbe entscheiden, ob sie miteinander spielen sollen.

Die Gefühle „abgestempelt zu sein" und regelmäßig Rassismuserfahrungen zu erleben, hinterlassen Spuren. Sie wirken auf das Selbstkonzept und führen u. U. zu tiefsitzenden Minderwertigkeitsgefühlen, Traurigkeit und Wut (ausführlich siehe „Auswirkungen von Rassismuserfahrungen" Kapitel 2).

Fazit zu Punkt 3 „Rassismus erkennen"

- Rassismus ist eine jahrhundertealte Praxis der Ausgrenzung und Unterdrückung. Er zeigt sich u. a. durch Othering und Exotisierung
- Anti-Schwarzer Rassismus, Kulturrassismus, Anti-Asiatischer Rassismus, Gadjé-Rassismus und antimuslimischer Rassismus gehören u. a. zu den Lebensrealitäten von Kindern und Jugendlichen mit dieser Zugehörigkeit
- Das Herunterspielen von rassistischen Handlungen ist leider eine typische Verfahrensweise
- Es ist wichtig, Rassismus in seiner tief sitzenden „Normalität" von sozialen Zuschreibungen zu erkennen, um ihn nicht anzuwenden
- Soziale Akzeptanz ist wichtig für ein positives Selbstwertgefühl und Selbstkonzept der Kinder

Im folgenden Punkt 4 werfe ich einen kritischen Blick in deutsche Kinderbücher, um zu zeigen, was Kindern über Andere in der Sozialisation vermittelt wird. Im weiteren Verlauf zeige ich, wie ich als Fachkraft mit rassistischen Äußerungen umgehen sollte, wie ich Gespräche mit den Kindern führen kann und was rassismuskritische Sprache ist.

4 Wissen über soziale Gruppen und deren Wertigkeit

Eine weitere Wissensgrundlage für Empowerment und Empowerment-Orientierung ist Wissen über soziale Gruppen und die Kommunikation über deren Wertigkeiten.

Frühkindliche Wahrnehmung von Differenzen

Maisha-Maureen Eggers (2005) ermittelte in ihrer Dissertation, dass ein Bewusstsein für rassistisch konstruierte Differenzen und damit verbundene Wertigkeiten von Gruppen bei Schwarzen Kindern ab drei Jahren vorhanden ist. Kinder beziehen Wertigkeiten auf sich selbst und andere und binden diese auch in ihre Identitätskonstruktion ein. Der „Doll Test" zeigt, wie kleine Kinder ihre eigene Hautfarbe als relevantes Unterscheidungsmerkmal wahrnehmen und eindeutig bewerten: weiße Puppen werden als die „gute und schöne" Puppe gewertet, im Vergleich dazu eine schwarze Puppe als „hässlich"[56]. Die Forschung zu frühkindlicher Wahrnehmung und Ausgrenzungsverhalten zu Vielfalt ist in Deutschland sehr gering. Jedoch bestätigen Alltagserfahrungen von hier lebenden Kindern in Deutschland, was in US-amerikanischen Studien zur Wahrnehmung von Vielfalt unter Kindern, wie die von Van Ausdale und Feagin (2002) oder Mac Naughton (2006) in einer Vorschule, belegt wurde. Sie belegten zahlreiche Vorurteile und Ausgrenzungen unter Kindern im Alter von vier bis sechs Jahren. Sowohl Kinder der weißen Mehrheit als auch Schwarze Kinder hatten bereits mit drei Jahren ein eher positives Bild von weißen und ein eher negatives Bild von Schwarzen Menschen.[57] Hautfarbe, andere Sprachen, Nationalitäten oder Religion wurden von Kindern auch als Maßstab für ihr soziales Handeln genutzt z. B. Verweigerung mit einem Kind zu schaukeln oder es generell im Spiel auszugrenzen. Vorurteile in Form von Unbehagen gegenüber bestimmten Diversitäts-Merkmalen werden an solchen Sätzen deutlich wie: „Ich spiele nicht mit Jungen/Mädchen" oder „Manche sagen zu Jenny der ‚Mohrenkopf' und schließen sie im Spiel aus" oder „Il-Young redet so komisch".

Problematische Botschaften in Kinderbüchern

Kinderbücher sind wie Puzzlesteine kindlicher Vorstellungswelten, die sie bis ins Erwachsenenalter tragen. Über Geschichten, die wir vor dem Einschlafen oder in der Kita und Schule lesen, lernen Kinder Wertigkeiten von Gruppen ganz nebenbei. Kinderbücher stellen eine Komponente von mehreren Sozialisationseinflüssen dar, durch die die Kinder lernen, wie soziales Leben funktioniert. So lernen sie auch die Wertigkeit von Merkmalen. Kinder versuchen die Welt zu verstehen und herauszufinden, welche Merkmale ihrer selbst oder der anderen Kinder wesentlich sind. Dies lernen sie besonders darüber wie gesprochen wird und über Geschichten. Bis zum Grundschulalter entwickelt sich ein Grundstock an Vorurteilen und Wissen, wie man selbst wahrgenommen wird.

Leider werden in vielen Kinderbüchern rassistische Inhalte in Wort und Bild dargestellt, Stereotype über Menschen eingeführt und wiederholt. Kinder lernen dort unter anderem, dass das Geschlecht, die Hautfarbe und die Herkunft eine soziale Bedeutung haben. In solchen Büchern werden offen oder subtil Machtbotschaften, Rollenbilder und Bilder von Zugehörigkeiten und Normalitäten vermittelt: z. B. über die klassische Familie (Vater, Mutter, Kind) oder die Rollenbilder von Jungen und Mädchen. Es gibt aber auch Geschichten, in denen behauptet wird, dass weiße Menschen gegenüber schwarzen Menschen überlegen seien. Es sind die Rollenkonstellationen, die dies vielfach vermitteln.

„Margo ist ein Junge, der nur einen Fehler hat: dunkle Hautfarbe". Ein Zitat aus dem Buch „Margo und der große graue Elefant" (von Rudolf Majonica, 2001) über einen adoptierten Schwarzen Jungen. In ihm lernen Kinder, dass afrodeutsche Kinder zu bemitleiden sind und dass sie sich die Sympathie weißer Kinder durch Spielzeuge erkaufen sollten. Kinderbücher wie diese sind problematisch. Es gibt Alternativen.

Kinder beobachten genau und besitzen bereits mit zwei Jahren „die Fähigkeit Geschlechter, Farben und Hautfarben zu unterscheiden".[58] Mit drei Jahren haben sie eine Vorstellung davon was „normal" ist und was nicht und lernen schnell, welche Hierarchien es gibt und welche gesellschaftliche Anerkennung Hautfarben in unsere Gesellschaft haben.

Die Frage nach Rassismus in Kinderbüchern polarisiert. Klassiker, aber auch Neuerscheinungen mit stereotypen Darstellungen oder rassistischen Begriffen werden von der Literaturwelt und Verlagen verteidigt und in Schutz genommen. So ist die Änderung von Begriffen vielfach umstritten. Es gibt jedoch unterschiedliche Verfahrensweisen mit Werken wie „Pippi Langstrumpf" von

Astrid Lindgren oder Ottfried Preußlers „Die kleine Hexe". Während in dem einen Fall erst nach Widerständen der „N-Wort König"[59] zum „Südsee-König" wurde, hat sich der Verlag von Ottfried Preußler ohne langes Zögern für eine Abwandlung entschieden.

Die Autorin Sharon Dodua Otoo findet dazu klare Worte:

> Es gibt verschiedene Grade von Verletzungen, die die Würde des Menschen betreffen und z. B. bei Pippi Langstrumpf wird auch nicht das Wort problematisiert, indem die Menschen gefragt werden, wie sie genannt werden möchten. Die Beschimpfung wird als normale Bezeichnung verwendet."[60]

Die Größenordnung des Themas für den deutschen Buchmarkt ist vor dem Hintergrund rassismuskritischer Analysen immens:

> 95 % aller Bücher, die Kindern zugemutet werden präsentieren eine heile Kinderwelt, rein weiß und monokulturell. In Anbetracht der Tatsache, dass in der Bundesrepublik jedes dritte Kind unter sechs Jahren in einer Familie mit mindestens einer Person of Color (PoC) bzw. eingewanderten Person aufwächst, mutet dies seltsam an" (Wollrad 2011, S. 379).

Auch wenn die Zahl nur zur Hälfte der Realität entspräche, ist es traurig, dass auf diese Weise erzählt wird, man Kinder mit solchen Inhalten sozialisiert und hier in der breiten Masse eine Sensibilität bei den Autor_innen und in den Verlagen fehlt, die Inhalte zu verändern.

„Menschenrassen" in vier Farben?

Jens Mätschke untersuchte 300 deutsche Kinderbücher verschiedener Erscheinungsjahre.[61] Er stellte fest, dass es vielfach gut gemeinte Geschichten sind, die oberflächlich eine humanistische Botschaft haben, jedoch im Subtext rassifizierte Bedeutungen transportieren. Problematisch sieht er auch, dass die im 17. Jahrhundert eingeführten rassifizierten Systematiken von Menschengruppen nach vier Farben – „gelbe Asiat_innen", „schwarze Afrikaner_innen", „weiße Europäer_innen" und „rote Indigene" – nach wie vor in Kinderbüchern verbreitet sind. Die Vorstellung, Kinder seien unbefangen gegenüber dem Aussehen, der Hautfarbe, Herkunft oder Sprache, sie hätten keine Vorurteile, gilt noch vorherrschend in der frühen Pädagogik und der Grundschule. Dies widerspricht aber dem Wissensstand zur Vorurteilsbildung bei Kindern. Heute wissen wir, dass sich Vorurteile gegenüber „Anderen“ im Wesentlichen im Kindergarten und Grundschulalter ausbilden.[62] Kinderbücher haben ihren Anteil daran.

> „Kinderbücher tragen dazu bei, Stereotype zu festigen und Rassismus einzuüben. Dabei sind sie nicht erst dann rassistisch, wenn sie etwa Kinder of Color und ihre Familien herabwürdigend darstellen. Sie sind es auch, wenn sie eine Welt zeichnen, in der nur weiße Menschen einer Kultur vorkommen." (Wollrad 2011, S. 380)

Die Alternative: Diversitätssensible Medien, Bücher und Spielmaterialen als Empowerment

Veröffentlichungen der letzten Jahre (seit 2015) deuten einen gewissen Wandel hin zu diversitätssensibleren Kinderbüchern an. Der Mainstream wurde aber noch nicht erreicht.

Daher bleibt es wichtig in der Gestaltung des Lernraumes, der Medien und Inhalte achtsam zu sein. Unter Pädagog_innen ist es ratsam gut zu überlegen, was für Literatur Sie den Kindern und Jugendlichen vorlegen und auch mit welchem Unterrichtsmaterial in der Schule gearbeitet wird. Um dem oben genannten entgegenzuwirken sind diversitätssensible Materialien, Darstellungen, Medien, Kinderbücher und Spielmaterialien entscheidend. Das Besondere an diversitätssensiblen Medien ist, dass viele Vielfaltsdimensionen sichtbar sind und diese vorurteilsbewusst und wertneutral die Heterogenität unserer Gesellschaft abbilden. Die Sichtbarkeit der eigenen Vielfaltsdimensionen und dies in der Mehrheit der angebotenen Bücher, zeigt den Kindern und Jugendlichen: Deine Zugehörigkeit ist anerkannt, wie die der anderen. Im Anhang habe ich Verweise auf Übersichtslisten für diversitätssensible Kinderbücher aufgeführt. Das gilt ebenso für die Medienauswahl älterer Kinder und Jugendlicher, die den Unterschied sofort wahrnehmen werden, berücksichtigt zu sein oder nicht. Ist man selbst erst sensibilisiert, stößt man immer wieder auf Bücher, die in Text und/oder Bild Personengruppen abwerten, rassistische Vereinfachungen und Rollenzuschreibungen reproduzieren, Stereotype zeigen oder bestehende Vorurteile wiederholen. Sie sollten aussortiert oder kritisch gelesen werden. Oft müssen Menschen, die als „anders" beschrieben werden, in solchen Erzählungen erst etwas großartiges leisten, um anerkannt zu werden, oder sind – trotz aller Demütigungen, die ihnen die Mehrheit zufügt – die besseren Menschen. Kinder möchten sich spiegeln können, und für Jugendliche sind Vorbilder wichtig in der Identitätsentwicklung. Beispielsweise Bücher mit Schwarzen Protagonisten, oder im Jugendhaus „Black Panther" zu sehen, oder eine Moschee zu besuchen, ist eine Aufwertung für die Schwarzen und die muslimischen Kinder.

Umsetzung für die Schulische Praxis

Für den Kontext Schule bietet die Handreichung von LISUM (2018) und das Grundlagenbuch Antidiskriminierungspädagogik von Pates et al. (2010) im Methodenteil diversitätssensible Anregungen für Schule und Unterricht. Auch das Methodenbuch „Diskriminierungskritische Schule" (Foitzik et al. 2018) ist sehr hilfreich für die praktische methodische Umsetzung Themen wie Vorurteile, soziale Ungleichheit, Rassismus und andere Diskriminierungsformen in verschiedenen Fächern einzubinden. Als Beispiel, wie man Englisch- Kunst-, oder Deutsch-Unterricht rassismuskritisch gestalten kann, sind die Veröffentlichungen von Prof. Karim Fereidooni (2020 und 2022) zu nennen. In dem Sammelband zu rassismuskritischen Fachdidaktiken werden Beispiele für verschiedene Unterrichtsfächer und im Aufsatz eine konkreter Unterrichtsablauf vorgestellt. Welche Alternativen es gibt, um nicht durch die Lernmaterialien Stereotype über Schwarze Menschen und Afrika zu reproduzieren, wurde mit dem rassismuskritischen Leitfaden zum Schwarzsein, Afrika und afrikanischer Diaspora vorgestellt, der kostenlos zum Download vorliegt (LEO/Marmer 2015).

Rassistische Botschaften durch Auslassungen

Vielfältige Perspektiven sollten den Kindern auch in Bezug auf Geschichte vermittelt werden: Gab es Schwarze Soldaten im Ersten Weltkrieg, die für Deutschland gekämpft haben? Welche Kolonien hatte Deutschland? Wie wurde mit den Menschen umgegangen? Wie hat die Wirtschaft davon profitiert? Was für Unterschlagungen und Gewinn haben die Kolonialmächte aus dieser Zeit behalten? Wie wirkt es bis heute auf heutige Machtverhältnisse weltweit? Wie groß ist der Anteil der Arbeitsmigranten aus Italien, der Türkei und Griechenland an dem deutschen „Wirtschaftswunder"? Gibt es ein Comic in Deutsch zu Martin Luther King?[63] Interkulturelle Geschichtsschreibung bedeutet, den Kindern und Jugendlichen mit Migrationsgeschichte die Chance zu geben, sich innerhalb der deutschen Geschichte zu verorten.[64] Institutionen wie Kita, Schule und Jugendeinrichtungen bilden oft nur eine Sichtweise ab. Sie nehmen ihnen quasi damit ihre Geschichte. Diese Vielfalt der Sichtweisen und Perspektiven benötigen sie jedoch, um ihre Identität mit ihrem Platz in der Gesellschaft aus einer migrantischen, muslimischen oder Schwarzen Perspektive zu verorten. Dementsprechend findet über Auslassungen und zu einseitigen homogenen Medien eine subtile Abwertung statt. Die Auswahl und die Art der Darstellungen mit den dazugehörigen Merkmalen sind dabei entscheidend. Bildungsreferentin Nadine Golly fasst die Folgen von Auslassungen wie folgt zusammen:

> Rassismus bedeutet nicht nur die Benennungen, sondern auch Ent-Nennungen, also bewusstes Auslassen von Wissen in der Vermittlung (...). Kinder haben ein Recht auf Themen, Umgebungen und Materialien, die Entdeckendes Lernen ermöglichen, welche sie mit ihren Lebensrealitäten verknüpfen können und sie damit unterstützt, Wissenszugänge für ihre spezifische Situation zu eröffnen. Sie alle haben ein Recht auf diversitätsbewusste, gendersensible, gerechtigkeitsorientierte und antirassistische Bildung". (Golly 2015, S. 234)

Besteht jede Familie aus blauäugigen Eltern mit blauäugigen blonden Kindern? Warum können Puppen nicht auch unterschiedliche Hautfarben und Haarstrukturen haben, warum nicht körperliche Einschränkung haben (z.B. Rollstuhl) oder sichtbare religiöse Attribute tragen (wie Kopftuch)? Sprechen Familien immer eine Sprache und haben eine Religion? In einem Kinderbuch sollte sichtbar sein, wie unterschiedlich Familien aussehen, wie unterschiedlich Menschen aussehen und die Rolle der Vielfaltsdimension sollte nicht mit Defiziten behangen sein. Kommt eine Vielfaltsdimension in der Geschichte vor, sollte dieses Kind nicht mehr Leistung oder Geschenke benötigen, um Anerkennung in der Gruppe zu erhalten. Stereotype Geschichten reproduzieren z.B., wer schwach und stark, wer hilfsbedürftig und wer der „Retter" und der „Kompetente" ist. Daher sind Ausmalbücher mit Schwarzen Jungen und Mädchen als „Superhelden" und „Prinzessinnen" so wichtig als Botschaft, wer sie sein können. Ein schönes Beispiel ist auch das Comic über Martin Luther King von Ulrike Albers (vgl. Anhang).

Lernumgebung und ihre identitätsstärkenden Botschaften

In einer empowerment-orientierten Bildungseinrichtung ist der Blick auf identitätsstärkende Inhalte gerichtet. Hier wird eine reflektierte „Kultur der Wertschätzung" von Unterschieden vorgelebt: im Miteinander, in der Innenausstattung, beim gemeinsamen Spielen und in Büchern. Vielfalt kann erlebbar gemacht werden. Wie diversitätssensibel sind Ihre Spiel- und Lernmaterialien, die Ausstattung, Medien, Bilder an den Wänden, die Auswahl der Aktivitäten in Ihrer Einrichtung? Die Lernumgebung und Aktivitäten (Themen) in der Einrichtung geben den Kindern und Jugendlichen permanente Botschaften darüber, wer sichtbar, zugehörig und wertvoll ist und wer mit zugeschrieben Attributen gesehen wird. Daher sollten sie die Vielfältigkeit der Kinder repräsentieren und nicht homogene Normalitäten. Das Buch „Die Lernumgebung vorurteilsbewusst gestalten"[65] aus der Reihe „Inklusion in der Kita-Praxis" zeigt an Beispielen den Zusammenhang auf, wie die Lernumgebung mit ihren Botschaften das Selbstbild des Kindes früh beeinflusst und stärken kann.

Die Identität in der Kita sichtbar stärken kann man beispielsweise über Selbstporträts („Das bin ich") oder wertschätzende Vorstellung der Familie (als wichtigste Bezugsgruppe) oder Spiele zu dem Namen der Kinder. Umgekehrt ist gerade das Hänseln über den Namen eines Kindes sehr persönlich und schmerzhaft.

Auch in der Einrichtung Kinderbücher mit Protagonist_innen zu finden, die so aussehen wie es selbst, gibt dem Kind die Botschaft, dass es in dieser Einrichtung zugehörig und geschätzt ist.

Die Kinder suchen nach Spiegelungen.

> „Für Kinder ist die Lernumgebung also ein Orientierungssystem, in dem die pädagogischen Fachkräfte als Bezugspersonen den Kindern Werte direkt und indirekt vermitteln: Was in der Einrichtung widergespiegelt wird, gilt für die Kinder als maßgebend und enthält Botschaften darüber, was richtig und ‚falsch', anerkannt oder abgelehnt, ‚normal' oder ‚unnormal', wichtig oder unwichtig ist." (Institut für den Situationsansatz/Lernumgebung Band 2 2017, S. 19)

Auch die Kommunikation zeigt den Kindern, was wiederholt über sie als „andere" gesagt wird, welches Merkmal betont und in einer Richtung kommentiert wird. Welchen Umgang gibt es in der Einrichtung bei Abwertungen der

Hautfarbe und Religion zwischen den Kindern? Prüfen Sie selbstkritisch, welchen Kindern gegenüber Sie reduzierte oder erhöhte Erwartungen haben. Es ist wichtig, die Kinder darin zu bestätigen, dass es so richtig ist, wie es ist, und dass Sie selbst und Ihr Team abwertende Sprache und Redewendungen vermeiden.

Identitätsstärkende Jugendeinrichtungen
Für Jugendeinrichtungen bietet der Ansatz der empowerment-orientierung von ju:an in „Ein Gleichheitszauber wirken lassen" (Amadeu Antonio Stiftung, 2016) und „Läuft bei dir" (ebd. 2014b) gute Ansätze dazu, was in Bezug auf Sichtbarkeit und Zuschreibungen für Jugendliche zu berücksichtigen ist.

Rassistische Äußerungen thematisieren und Gespräche unter Kindern anleiten

Aus der Antidiskriminierungspädagogik weiß man: Das unkommentierte „Zusammensein" von Kindern und Jugendlichen unterschiedlicher Merkmale führt nicht automatisch zu „Kooperation" untereinander. Sie verhindert auch nicht die Bildung erster Vorurteile. Es ist wichtig, Unklarheiten und kindliche Vorannahmen der Kinder durch orientierende Gespräche richtigzustellen. Und das gilt auch später im Jugendalter. Fragen zu eigenen Merkmalen und sozialen Gruppenzugehörigkeiten beantworten sich Kinder durch Interpretation expliziter und verdeckter Botschaften in ihrem Umfeld. Sie ziehen dann ihre eigensinnigen Schlüsse im Abgleich mit ihren sozialen Realitäten. Ausgrenzungen sind auch ein Thema in der Jugendgruppe:

> „Ich spiel nicht mit Amina, sie hat dunkle Haut." (Kita)
> „Der Mohammad kann sich mit seinem Bombengürtel verziehen." (Jugendclub)

Rassistische Äußerungen und Verhalten sollten von Fachpersonal thematisiert werden, sagt auch Stefani Boldaz-Hahn, Diplompädagogin und Expertin für Kleinkindpädagogik, vorurteilsbewusste Erziehung und Situationsansatz (2017).[66] Wird ein Kind wegen seiner Hautfarbe unter den Kindern ausgegrenzt oder abgewertet, sollte man als Fachkraft eingreifen:

1. um zu verhindern, dass das betroffene Kind die Botschaft verinnerlicht, es würde wegen seiner Hautfarbe etwas Negatives in der Gesellschaft darstellen,

2. damit die anderen Kinder lernen, wie sie respektvoll mit Vielfalt umgehen können.

Was passiert, wenn Fachpersonal nicht in der Situation reagiert oder sie verharmlost?

1. Kinder lernen, dass es in Ordnung ist, Kinder mit dunkler Hautfarbe/islamischer Zugehörigkeit auszugrenzen.
2. Das betroffene Kind macht die Erfahrung, dass seine Gefühle nicht ernst genommen werden und dass es erlaubt ist, es in der Einrichtung zu diskriminieren. Sie sind mit ihrer Verletzung allein.
3. Die ausgrenzenden Kinder lernen, dass sie aufgrund ihrer weißen Hautfarbe/nicht-muslimischer Zugehörigkeit überlegen sind.

Erst durch orientierende Gespräche und Klarstellungen durch Erzieher_in, Sozialarbeiter_in oder Jugendleiter_in entsteht ein Verständnis von Gleichwertigkeit trotz Unterschieden und durch Anleitung auch ein selbstverständlicher und respektvoller Umgang. Nicht zu handeln ist ebenfalls eine aktive Handlung mit vielen negativen Folgen.

Erziehung zur Vielfalt: Kinder anleiten im Umgang mit Unterschieden

In meinem Buch „Erziehung zur Vielfalt“ (2021) setze ich mich ausführlich mit der Frage auseinander, wie man als Eltern Kindern einen wertschätzenden Umgang mit Unterschieden auf der Basis eines menschenrechtlich-respektvollen Blickes vermitteln kann. Empowerment in der Erziehung von Kindern, die von Diskriminierung betroffen sind, eine antirassistische Erziehung sowie Empathie für andere sind Teile des Buches. Die Grundüberlegung ist: Kinder wachsen in der Welterschließung mit Botschaften einer einseitigen dominanten Kultur (des „Normalen“ und Sichtbaren) voller Auslassungen auf. Darin werden implizit Stereotype, Zuschreibungen und Vorurteile gegenüber „Anderen“ vermittelt.

In Sprache vermitteln wir, was wir über andere denken. Die fehlende Thematisierung durch Fachkräfte und das Zulassen von diskriminierendem Verhalten unter Erwachsenen und unter Kindern sind

Teil des Kreislaufes von Diskriminierungen. Daher ist es wichtig, als Erwachsene_r oder Fachkraft in Gesprächen und Kommentaren keine pauschalen Zuschreibungen und Abwertungen zu äußern und Unterschiede nicht überzubetonen. Die diversitätssensible Erziehung achtet darauf, keine Botschaft der Unter- oder Überlegenheit bestimmter Gruppen zu vermitteln. Solidarität gegen Diskriminierung wird Teil des Erziehungszieles.

Gespräche über Vielfalt

Gespräche mit Kindern sollte man auf eine Weise führen, dass etwaige Vorurteile, die von ihnen geäußert werden, aufgenommen und sachlich erklärt werden. Was man (als Eltern oder Fachkraft) konkret tun kann, stelle ich unter dem Element 3 vor[67]:

- Nehmen Sie sich Zeit und nehmen Sie die Situation ernst.
- In der Situation: Greifen Sie ein und setzen Sie Grenzen, wo etwas verletzend und ungerecht ist.
- Versuchen Sie, den Grund der Aussage oder des Verhaltens herauszufinden.
- Kümmern Sie sich um das ausgegrenzte Kind. Bieten Sie den anderen Kindern respektvolle Alternativen zu abwertenden Redewendungen an.
- Meiden Sie nicht den Austausch mit den Eltern des betroffenen Kindes und folgen Sie auch nicht dem Impuls, das Kind, das sich ausgrenzend verhalten hat, in Schutz zu nehmen.
- Setzen Sie Spielsachen und Bücher ein, um selbstverständlicher mit dem Thema umzugehen.

Vielfalt ist „normal": Botschaften in der Kommunikation, der Lernumgebung und den Inhalten

Durch Kinderbücher, die Ausstattung, die genutzten Medien und die Außendarstellung unterstützen Sie die Kinder und Jugendlichen durch Ihre Auswahl einer Anerkennungskultur, die bewusst nicht homogen ist:

- Haben Sie Bücher, in denen Kinder jeder Hautfarbe, Herkunft und Religion sich spiegeln könnten?
- Was für eine Botschaft wird gesendet, wenn das Kind sich gleichzeitig nur mit dem rosa „Hautfarbenstift" malen soll?

- In der offenen Kinder- und Jugendarbeit in einem Jugendclub: Bieten Sie Comics mit muslimischen Themen und Helden zum Lesen an? Was kommt da an Botschaft rüber?

Botschaften, aus denen sie sich ihren Platz in der Welt erklären, erhalten sie vor allem darüber, wie in der Gruppe bestimmte Kinder und Jugendliche im Miteinander „markiert“ werden sowie aus dem Verhalten von Pädagog_innen, Medien und Bezugspersonen aus ihrem sozialen Umfeld.

Deshalb sind diversitätssensible, mehrsprachige Bücher, die Diversität in den Bildern/Protagonisten zeigen und keine Stereotype eine Botschaft für Kinder und Jugendliche. „Ich bin anders als du – Ich bin wie du“ (Bilderbuch zum Wenden von Kitzing) oder „Das kleine Wir“ (Daniela Kunkel) sind Beispiele dafür. Weitere Bücher stelle ich im Serviceteil des Anhanges vor. Es lohnt sich diese anzubieten und vielfältig in Bildern und Geschichten zu sein. Denn: „Wer sichtbar ist, ist wertvoll und zugehörig“. Dann Lernen alle Kinder: „Vielfalt ist normal“.

Beispiel für ein diversitätssensibles Kinderbuch:

> Das kleine Wir in der Schule" (Daniela Kunkel)

Kinderbücher, wie „Das kleine Wir in der Schule“, sind dazu geeignet, um das Thema „Vielfalt und Diskriminierung“ unter Kindern aufzugreifen. Es thematisiert Gemeinsamkeiten trotz sichtbarer Unterschiede der Schüler_innen einer Klasse. Zudem legt es den Fokus auf die Stärkung der Kinder untereinander durch Freundschaft und Empathie. Dabei werden Bilder verwendet, die mehrere Vielfaltsdimensionen abdeckt. Dort gibt es Kinder unterschiedlicher Hautfarben, körperlichen Fähigkeiten und Religionen. Die Geschichte des Buches handelt von dem „kleinen Wir“, das in der Mitte der Klasse lebt. Es ist ein kleines grünes Wuscheltier. Es ist zufrieden und groß, wenn alle zusammenhalten und schrumpft, als eines der Kinder ausgegrenzt wird.

Machtraum Sprache: Eigene Sprachsensibilität als Fachkraft

Was Sie über die Kinder und Jugendlichen denken, drücken Sie über Worte und Aussagen aus. Über das, was Sie sagen, können die Kinder hören, was Sie allgemein über Menschen, Wertigkeiten und Zugehörigkeiten denken.

Vorstellungen von Realität, Werten und Wissen über Andere werden über Sprache kommuniziert. Sie bewegt sich in einem Machtraum und eine Auswahl an Menschen haben die Deutungsmacht über „Viele“, d.h. Bezeichnungen für soziale Gruppen definieren somit die Mehrheitsgesellschaft und ihre Angehörigen. Soziale Ungleichheit entsteht zunächst im Kopf, hat aber reale Auswirkungen auf die Lebenslagen von Menschen.

Sprache schafft Realitäten: „Das werde ich noch sagen dürfen“. Wie oft hört man diese Aussage. In ihr steckt das Verlangen, frei in der Wahl seiner Worte und Zuschreibungen, seiner assoziierten Bewertungen und darin eigene Denkweisen über andere zum Ausdruck bringen zu können. Dabei nimmt man oft für sich in Anspruch, nicht mit den Reaktionen der verletzten Person konfrontiert werden zu wollen. Es ist tatsächlich so, dass derjenige, der über andere spricht, sich klar darüber sein sollte, welcher Begriffe man sich bedient. Dies gilt vor allem als pädagogische Fachkraft, Erzieher_in oder Sozialarbeiter_in. Aussagen können (unbedacht) rassistische Denkweisen haben oder kulturelle Abwertungen beinhalten. Begriffe haben Geschichte. Beziehen sie sich auf eine Zeit, in der Schwarze Menschen von weißen Menschen unterdrückt wurden (Kolonialzeit), sind es Begriffe, die heute nicht mehr im Umgang mit Kindern benutzt werden sollten.

Rassismuskritische Sprache betrachtet diese Aspekte und ist sensibel, weil sie berücksichtigt, wie machtvoll Sprache verletzen und Menschen kategorisieren kann. Worte haben einen Bezugsrahmen und eine Historie. Gerade wenn es um Bezeichnungen über Schwarze Menschen geht haben sie oft eine negative Konnotation, das heißt der Bezug des Wortes hat oftmals problematische Bedeutungen. Ohne Absicht kann man durch die Wahl der Worte abwerten. Ich sollte mich fragen: Baue ich Assoziationen auf, die auf die Rassentheorie zurückgehen, in der Menschen hierarchisch aufgeteilt waren und die weiße „Rasse“ der schwarzen „Rasse“ als überlegen hingestellt wurde? Benutze ich Begriffe, die aus dem Tierreich entliehen wurden, um über Schwarze Menschen zu sprechen oder beleidige ich sie ganz offen? „Ich bin doch nicht dein N-Wort“. Ich schreibe bewusst „N-Wort“, um nicht das abwertende, verletzende aber weit verbreitete Wort für Schwarze Menschen zu wiederholen. Es ist historisch an die Kolonialzeit gebunden und damit an die Ermordung und Ausbeutung von Schwarzen Menschen. Will man nicht betonen, dass man als weißer Mensch biologisch überlegen ist, ist er als Begriff ebenfalls unpassend. Auch „Farbig“ suggeriert bereits eine Unterscheidung, die für einen weißen Menschen nicht gilt. Selbstzeichnungen sind eine Gegenstrategie im Empowerment.

„People of Colour, Schwarz oder Afro-Deutsch sind Begriffe, die Betroffene für sich selbst gewählt haben und deswegen in ihrer Verwendung sehr zu begrüßen sind. Der Prozess mit diesen Begriffen ist dynamisch, es ändert sich immer wieder mal. (...) Das Ziel ist, dass diese Begriffe irgendwann nicht mehr nötig sind und wir einfach von Menschen sprechen. Das N-Wort oder ‚farbig' sind Begriffe, die in der Sklaven- und Kolonialzeit und in der Apartheid von weißen Menschen entstanden sind. Auch ‚Stamm' ist darunter zu fassen, weil das Wort sofort den Bezug zu ‚primitiv' herstellt. Da sollte man einfach von ‚Ethnie' sprechen".
Kalsoumy Balde, Interview Tagesspiegel, 07.02.2020

Koloniale Begriffe und Begriffe aus dem Tierreich

Zur alltäglichen Macht rassistischer Wörter haben die Autorinnen Arndt und Ofuatey-Alazard (Hrsg.) ein kritisches Nachschlagewerk vorgelegt.[68] In dem 700 Seiten starken Nachschlagewerk werden Begriffe in ihren kolonialen Bezügen, Widerstand in Sprache, Neuschreibungen und eine Übersicht wichtiger, im Kontext von Anti-Schwarzem Rassismus verwendeter, rassistischer Wörter in ihrer Bedeutung vorgestellt.

Ungewollte Abwertungen sind an bestimmte Wörter gebunden. Vor dem Hintergrund, Vertrauen zu den Schwarzen Kindern und Jugendlichen aufbauen zu wollen, werden Sie mit rassistisch konnotierter Sprache unter Umständen das Gegenteil erreichen. Die Kinder werden sich bei einer Bezugsperson, die sich (ob ungewollt oder nicht) abwertend äußert, nicht wohl oder angenommen fühlen. Auch im Glossar zu rassistischer Sprache der Antidiskriminierungsstelle Köln (ADB) finden sich die problematischen Begriffe für die Beschreibung Schwarzer Menschen, mit passenden Alternativen[69]: Eine Sprache, die andere Menschen würdevoll begegnet, schließt diese Sprachwahl ein.

Sprache und Worte sind also nicht neutral und meistens beinhalten sie Frames, d. h. eindeutige Assoziationen oder haben eine Geschichte. Problematisch sind auch Worte und Begriffe wie „bildungsfern" oder „Migrationshintergrund", die in bestimmten Kontexten gesetzt werden, und dann einen Deutungsraum wie „faul", „wenig Potenzial", „arm" oder „Defizit" haben. Sie werden mit bestimmten Eigenschaften in Verbindung gebracht.

Über Sprache werden Menschen- und Rollenbilder geschaffen. Für Betroffene heißt das Leben mit einer Wirklichkeit von **Fremdzuschreibungen und Stereotypen**, die über eine Person gestülpt werden, aber diese nicht widerspiegeln.

Als Kind oder Jugendliche_r befindet man sich dadurch in einer Situation, sich immer wieder beweisen zu müssen, d. h. dazu verhalten zu müssen. Betroffene Kinder und Jugendliche sind diesen Zuschreibungen gegenüber ohnmächtig.[70]

Fazit zu Punkt 4 „Wissen über soziale Gruppen und deren Wertigkeit"

- In der Sozialisation lernen Erwachsene und Kinder rassistische Denkweisen und Stereotype.
- Durch Auslassung und der Darstellung von homogenen, weißen Lebenswelten in Kinderbüchern entsteht eine rassistische Ausgrenzung anderer Vielfaltsdimensionen. Sie werden den Kindern nicht als „Normalität" gezeigt.
- Es ist daher wichtig eine antirassistische Erziehung mit Blick auf menschenrechtliches Miteinander zum Ziel zu haben.
- Diversitätssensible Bücher, Medien und Spielmaterialen zu verwenden, ermöglicht eine Lernumgebung mit Sichtbarkeit verschiedener Lebenswelten, damit alle Kinder/Jugendlichen sich zugehörig fühlen können.
- In der Ausstattung, den Inhalten und der Kommunikation sollte eine Botschaft der Achtung und Wertschätzung von Unterschiedlichkeit sein.
- Nicht auf rassistische Äußerungen in der Gruppe einzugehen, vermittelt die Botschaft an alle Kinder, dass es „o. k." ist auszugrenzen und das betroffene Kind verinnerlicht Abwertung für sich.
- Sensible Sprache: verzichtet wird auf die Verwendung rassistischer Begriffe, Fremdzuschreibungen und Stereotype gegenüber Kindern und Jugendlichen.

Literatur: Wissen über soziale Gruppen und deren Wertigkeit

Madubuko (2021)
Apraku (2021)
Fereidooni (2020 und 2022)
Arndt und Ofuatey-Alazard (2019)
Glossar ABD Köln (2015)

5 Diversitätssensibler Umgang mit Unterschieden

Eine weitere Quelle des Wissens für Empowerment und eine Empowerment-Orientierung ist das Verständnis eines diversitätssensiblen Umgangs mit Unterschieden.

„Othering" – zum „Anderen" gemacht werden

Einerseits ist es grundsätzlich wichtig die Unterschiede der Kinder und Jugendlichen zu sehen. Wenn man sie thematisiert, birgt das allerdings auch die Gefahr in sich, Merkmale überzubetonen und damit Kinder auf einen Platz außerhalb der Gruppe zu verweisen. Was passiert beim „Othering"? Die „Anderen" werden mit vermeintlich typischen Eigenschaften versehen und darauf reduziert. Es entsteht eine Erwartungshaltung. Diese Eigenschaften werden auf alle, die dieser Gruppe zugeordnet werden übertragen (Verallgemeinerung). Wobei die Eigenschaften als außerhalb der Norm oder „anders" als Eigenschaften der eigenen Gruppe definiert sind.

„Für mich sind alle Menschen gleich" erleben Kindern mit unterschiedlicher Hautfarbe so nicht in Einrichtungen. Während sich die einen ihrer Hautfarbe erst gar nicht bewusst sind, wachsen die anderen Kinder mit der Erfahrung auf wiederholt auf ihre Hautfarbe aufmerksam gemacht zu werden, sogar deswegen auf Abwertungen zu stoßen. Auch werden Schwarze Kinder oft als „guter Sänger", „musikalisch" und „sportlich" voreingeschätzt. Es werden Eigenschaften, aber auch Unfähigkeiten, wie „gewaltbereit", auf das Kind projiziert. Auch werden Verhaltensweisen „kulturell bedingt" interpretiert. Diese Vorgänge des „Otherings" sind Ihnen sicher bekannt.

Thematisieren mit Maß, oder Ziel verfehlt?

Unterschiede so zu thematisieren, dass keine Verletzungen und kein Othering stattfinden, macht gewisse Faustregeln zu beachten notwendig. So kann das Ansprechen von Unterschieden an unnötigen Stellen dazu führen, sie zu überhöhen, obwohl es vielleicht positiv intendiert war. Man sollte darauf achten, keine Stereotype (z. B. „afrikanische Kinder essen gern Reis") zu wiederholen, sich nicht nur oberflächlich mit Unterschieden auseinanderzusetzen oder beim Thematisieren von Unterschieden die Kinder nicht erneut zu „Anderen" zu machen (Othering)[71].

Daher einige Faustregeln:

- Thematisieren von Unterschieden immer mit Wertschätzung und Bezugnahme auf Gemeinsamkeiten, jedoch ohne Zuschreibungen vorzunehmen.
- Unterschiede sollten nicht mit „besser" oder „schlechter" verbunden werden, sondern in Gesprächen nebeneinanderstehen und ihre Berechtigung haben.
- Hat nur ein Kind eine Besonderheit, vermeiden sie diese unnötig zu thematisieren.
- Nicht das Thematisieren von Unterschieden, sondern Erfahrungen von Verletzungen mit Unterschieden wirken sich negativ auf das Wohlbefinden der Kinder aus.

Wenn Sie diese Faustregeln verinnerlichen und dies mit einer sensiblen Sprache beherzigen, wird bei dem Kind/dem Jugendlichen auch nicht der Eindruck entstehen: Ich werde immer nur auf eine Sache reduziert. Verletzender wird es, wenn das Kind nicht nur immer auf ein Merkmal reduziert wird, sondern ihm auch abwertende Zuschreibungen angeheftet werden. Das ist disempowernd – das Gegenteil von individueller ganzheitlicher Sicht auf das Kind und sein Potenzial. „Fatima ist Muslima, sie kann sicher nicht so gut deutsch" – unbedacht gesagt, aber dennoch diskriminierend, wenn das Mädchen in Deutschland geboren ist und das Vorurteil nicht stimmt. Das Mädchen wird sich den Spruch merken und Zuhause davon erzählen, wie wenig sie sich verstanden fühlt. Diese oben genannten Zuschreibungen sind an Erwartungshaltungen der Fachkraft gebunden, gleichzeitig reduzieren sie und schauen mit einem defizitären Blick auf das betroffene Kind/Jugendlichen. Gerade weil hier die eine dominante Mehrheit der Minderheiten sagt „wer sie sind", „was sie „können" und wo sie „hingehören". Seien Sie sehr achtsam, wenn es zu solchen verallgemeinernden Sätzen über das Kind, seiner sozialen Gruppe und zugeschriebenen „Eigenschaften" kommt. Das ist vor allem deshalb problematisch, weil Zuschreibungen und Stereotype im Endeffekt darüber entscheiden können, ob das Kind als zugehörig wahrgenommen wird, mit den anderen Kindern mitspielen darf oder eine faire Note in der Schule bekommt. Als Erzieher_in ein Schwarzes Kind in der Gruppe wiederholt als „Schokokeks" zu bezeichnen, mag für sie eine leckere Assoziation wecken, birgt aber eine Reduktion auf die Hautfarbe und wird von dem Kind oftmals deswegen als unangenehm empfunden.

Einen Rat, den ich Ihnen nach vielen Gesprächen mit Betroffenen geben möchte: Sprechen Sie das besondere Merkmal nicht an, wenn es nicht nötig ist, besonders nicht innerhalb einer Gruppensituation. Gehen Sie zu Beginn offen auf das Kind und seine Familie zu und fragen Sie, wie bei allen anderen Familien, was den Eltern für ihr Kind wichtig ist (ganz allgemein). So finden Sie einen respektvollen Weg zu dem Kind mit bewusstem Verzicht auf verallgemeinernde Äußerungen Ihrerseits. Diskriminierung innerhalb der Gruppe sollten Sie jedoch unbedingt nachgehen.

Immer auf ein Merkmal angesprochen werden

Immer wieder auf ein Merkmal angesprochen und reduziert zu werden, hat mehrere unangenehme Effekte für das Kind. Es erhält eine Außenseiterrolle, obwohl es doch lieber dazugehören möchte. Oft empfinden sie es als unangenehme Trennung. Scham kann entstehen oder sie gewöhnen sich daran ausgegrenzt zu werden. Bei genauer Betrachtung im Hinblick auf Vielfalt, werden Sie feststellen, dass es nur wenige Situationen gibt, bei der die Herkunft, Religion oder Hautfarbe des Kindes wichtig ist, um in der Gruppe thematisiert zu werden. Wenn es Sinn macht, ist es sicher richtig. Zum Beispiel, wenn es beim Ausflug Hackbällchen mit Schweinefleisch gäbe, sollte es auch thematisiert werden, indem man eine Alternative mitbringt. Die muslimische Religionszugehörigkeit und das Kopftuch des Kindes spielen nur selten in einer Situation eine Rolle beim Lernen oder Spielen von Kindern oder bei Aktivitäten einer Gruppe. Es kann ignoriert werden und das Kind wird es genießen, nicht darauf angesprochen zu werden, weil es das im Alltag immer wieder erlebt (Alltagsrassismus). Wenn ein Kind nicht fließend Deutsch spricht, braucht es eine Unterstützung, um alles zu verstehen, aber Kinder lernen schnell und die anderen Kinder können die Chance nutzen, auch einige Wörter in Russisch oder Chinesisch zu lernen. Es ist also nicht unbedingt nur ein „Problem“, sondern ein „Mehrwert“. Vielleicht lernen sogar Sie ein neues Wort?

Das Individuum sehen und sich auf Gemeinsamkeiten besinnen

Ich empfehle entsprechend dem Diversity-Ansatz sich in offenen Gruppen im Miteinander mit den Kindern und Jugendlichen auf Gemeinsamkeiten zu besinnen und diese immer wieder hervorzuheben. Das steht dem eher verletzenden Othering-Prozess entgegen. Durch die Rückbesinnung auf Gemeinsamkeiten binde ich das Kind oder Jugendlichen immer wieder mit ein.

Menschen verschiedener Nationalitäten können eine Religion teilen, Menschen verschiedener Religion können eine Sprache teilen. Das ist die Sichtweise.

Das Bilderbuch „Ich bin anders als du – Ich bin wie du" (Constanze von Kitzing) nimmt genau diesen Blick ein. In dem Buch sind immer zwei Kinder unterschiedlicher Hautfarben, körperlicher Fähigkeiten oder religiöser Attribute im Bild, die ihre Gemeinsamkeiten erzählen. Dort heißt es „Ich bin wie du, weil wir gern tauchen", „Ich bin wie du, weil wir uns gerne um Tiere kümmern". Äußerlich sehen sie aber sehr unterschiedlich aus.

Jugendalter: Gemeinsamkeiten entdecken

Im Jugendalter sind Projekte, die den Austausch sowie die Selbsterfahrung erweitern, hilfreich, um (1) Gemeinsamkeiten zu entdecken und (2) Lebenswelten neu kennenzulernen und um gegebenenfalls eigene Vorurteile abzubauen und sich (3) gemeinsam gegen Diskriminierung einzusetzen. In Gesprächen mit älteren Kindern und Jugendlichen, die selbst Zuschreibungen machen, sind die Übereinstimmungen von Problemen und Fragen, die Jugendliche jeder Herkunft, Hautfarbe und Religion haben, möglich zu thematisieren.

Alle machen sich Gedanken über Liebe und Freundschaften, über Zugehörigkeit, haben Lieblingslieder oder andere ähnliche Fragen, wie etwa: Wie attraktiv bin ich? Wer sind meine Freunde? Jugendliche machen sich übereinstimmend Gedanken über berufliche Zukunft und suchen nach Orientierung innerhalb der Gesellschaft.

Ein anderer Ansatz wäre, wenn ein Spruch z. B. über Geflüchtete gesagt wird, diesen aufzugreifen:

- Was meinst du damit?
- Was weißt du über diese Menschen?
- Sollen wir uns mal schlau machen über die Lebenssituationen dieses Menschen?
- Austauschraum/Treffen mit einer Selbstorganisation von geflüchteten Jugendlichen initiieren/Aktionen planen

Die Abstimmung von Wahrnehmung und Überbetonen kann über diese Reflexionsfragen stattfinden:

- Wie wertschätzend spreche ich über die Unterschiede der Kinder/Jugendlichen?
- Wann spreche ich doch die Unterschiede an? Ist es in der Situation notwendig oder kann es im Hintergrund bleiben, damit das Kind sich nicht exponiert fühlt?
- Verweise ich immer wieder auch auf Gemeinsamkeiten der Kinder?
- Zeige ich Wertschätzung für einige oder alle Kinder?
- Schreibe ich dem Kind ungefragt Eigenschaften oder Vorlieben zu?

Das Individuum sehen – im Spannungsfeld von Vorurteilen und Über-Thematisierung

Kinder und Jugendlichen möchten keine Repräsentanten von sozialen Gruppen sein, sondern Individuen. Umgekehrt sensibel genug zu sein, nicht den Kindern/Jugendlichen wiederholt zu suggerieren, dass er_sie „anders“ ist und ihm_ihr auf der Basis eigener Zuschreibungen (Vorurteile) Eigenschaften anzudichten oder Fähigkeiten abzusprechen, gehört dazu. Reflexiv eigene Normalitätsvorstellungen aufzubrechen ist ein Prozess, der Schulung und Zeit braucht, aber wichtig ist, um eigene Vorurteile hinterfragen zu lernen, gerade im Hinblick darauf, dass Ihre Interpretationen die Kinder beeinflussen. Stellen Sie sich die Frage: Würde ich das Verhalten von Claudia (Christin, deutsche Herkunft) genauso interpretieren, wenn Fatma (Muslima, türkische Herkunft) dieses Verhalten zeigt? Hier beginnt es spannend zu werden. Vielfältige Handlungsstrategien kennenzulernen, wie man als Fachkraft angemessen auf Diskriminierung im Miteinander der Gruppe, im Kollegium oder unter den Kindern/Jugendlichen umgehen kann, ist eine wichtige Kompetenz für eine chancengerechte Gestaltung des Alltags (mehr unter „Diskriminierung begegnen“ Kapitel 3).

Fazit zu Punkt 5 „Diversitätssensibler Umgang mit Unterschieden"

- Thematisieren Sie Unterschiede mit Maß, vermeiden Sie „Othering".
- Unterschiede sollten berücksichtigt, aber Merkmale nicht unnötig angesprochen werden.
- Kinder/Jugendliche möchten dazugehören und nicht zum anderen gemacht werden.
- Besinnen Sie sich in Gesprächen auf Gemeinsamkeiten und fördern Sie Erfahrungen von anderen Lebensperspektiven.
- Orientierende Gespräche nach ausgrenzenden oder rassistischen Äußerungen sind in der Profession unabdingbar.
- Reflektieren Sie Ihre Normalitätsvorstellungen.

6 Eigene Zuschreibungsprozesse entlarven und rassismuskritisch denken

Letzter und zentraler Wissensbestand für Empowerment und für eine Empowerment-Orientierung sind eigene Zuschreibungsprozesse zu entlarven und rassismuskritisch denken. Wie sollte man den (eigenen) verinnerlichten Rassismus in Denkweisen, Verfahrensweisen und Zuschreibungen begegnen? Es braucht ein rassismuskritisches Denken, weil es Ihnen als Fachkraft hilft, versteckte Rassismen und Ungleichverhältnisse aufzudecken.

Was ist Rassismuskritik?

In der Rassismuskritik wird grundlegend davon ausgegangen, dass es sich bei Rassismus um ein umfassendes, gesamtgesellschaftliches Ungleichheitsverhältnis handelt, in das alle Personen involviert sind. Rassistische Machtverhältnisse sind dadurch gekennzeichnet, dass bestimmte soziale Gruppen systematisch mehr Zugang und mehr Einflussmöglichkeiten als andere haben bzw. ihnen diese vorenthalten werden. Rassismuskritik beinhaltet daher immer eine Analyse gesellschaftlicher Verhältnisse und stellt sich u. a. die Frage, was Rassismus für die jeweiligen Lebenspraxen von Personen, ihre Integrität, ihre Möglichkeit der Selbst- und Mitbestimmung sowie ihren Zugang zu Arbeit, Wohnen oder Bildung bedeutet.[72] Die Rassismuskritik schaut hin. Sie achtet auf rassistische Machtverhältnisse in Settings. Sie vermeidet Reproduktionen von Stereotypen, verallgemeinernde Aussagen, Rassismen und Fremdzuschreibungen. Gleichzeitig nimmt der rassismuskritische Blick immer wahr, wenn Repräsentanzen einseitig sind und Diskurse über die „Anderen" ohne ihre Beteiligung stattfindet. Auch auf ungleiche Verteilung von Einflussmöglichkeiten wird geachtet. So stellt sich immer die Frage: Wer sitzt hier am Tisch und entscheidet über wen? Reden hier weiße deutsche Erwachsene und entscheiden unter sich über Bedarfe von Schwarzen Kindern mit Fluchtgeschichte und kontrollieren dabei die Ressourcen, die Themen und die Ziele, ohne diese Kinder einzubeziehen? Aus dieser Perspektive heraus wäre das eine Schieflage der Machtverteilung.

Die Selbstreflexion ist eine Kernkompetenz

Mehrere Fragen stehen bei der Rassismuskritik im Raum. Eine der wichtigsten ist: Welche verschiedenen sozialen Gruppen mit Zugang zu Ressourcen haben Macht. „Macht“ wird in diesem Zusammenhang als Möglichkeit gedacht, um Einfluss auf die eigenen Lebensverhältnisse und die anderer zu nehmen. Reflektieren Sie die folgenden sieben Punkte: (1) Wie sind Sie als Arbeitsumfeld machtkritisch aufgestellt in Bezug auf Positionierungen? (2) Verwenden Sie eine Sprache mit Rassismen? Wo werden diese in Ihrem Arbeitsumfeld verwendet? (3) Versuchen Sie Fremdzuschreibungen und Verallgemeinerungen zu vermeiden? (4) Gibt es in Ihrem Arbeitsumfeld rassistische Diskurse und unreflektierte Fremdzuschreibungen? Überprüfen Sie die eigenen Verfahrensweisen daraufhin. (5) Wo entdecken Sie in Ihrem Umfeld Schieflagen in Repräsentanzen, fehlende Sichtbarkeit von Perspektiven und Mitspracherecht? (6) Gibt es in Ihrem Arbeitsumfeld rassistisch beeinflusste Handlungsweisen oder Materialien? (7) Wie können Sie das ändern?

Schema 3 Rassismuskritisches Denken

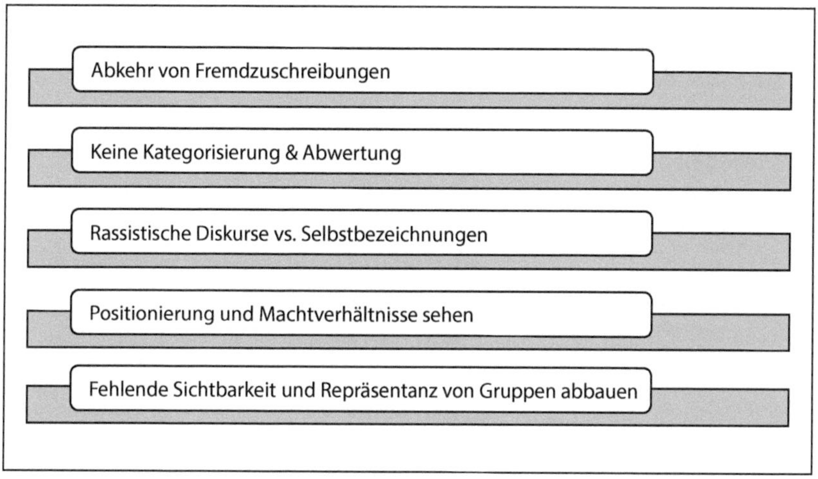

Quelle: Eigene Darstellung.

Selbstbezeichnungen vs. Fremdbezeichnungen

Aufgrund der Erfahrungen von Fremdzuschreibungen ist es demgegenüber wichtig, positive Selbstbezeichnungen, d. h. selbst gewählte Bezeichnungen aus dem Widerstand gegen Rassismus, zu entwickeln. Sie bieten die Möglichkeit, mit selbst gewählten und mit positiven Bezeichnungen zu ihrer Zugehörigkeit zu stehen. Selbstbezeichnungen sollten verwendet und Fremdbezeichnungen vermieden werden.

Die Kritik und Abwehr um die Verwendung des N-Wortes (z. B. auch „Mohr“ in Apotheken- und Straßennamen) gehen darauf zurück, dass Schwarze Menschen mit der negativen Konnotation nicht mehr in Verbindung gebracht werden wollen. Es sind Teil von Dekolonisierungsprozesse, welche als kollektives Empowerment zu verstehen ist.

Verdeckte unbeabsichtigte Formen von Rassismus

Fremdzuschreibungen und Stereotype sind aufgrund ihrer Assoziationen problematische Worte, die benutzt werden, um Begriffe für „Andere“ zu nutzen. Der Begriff „Ausländer“ beispielsweise hat neben der formalen Beschreibung einen nicht-deutschen Pass zu haben viele dazugehörigen Assoziationen wie: arm, ungebildet, sprechen schlechtes Deutsch, sind nicht zuverlässig oder haben Kinder in der Sonderschule etc. Diese Assoziationen sind negative Verallgemeinerungen aber nicht generell wahr. So geprägt wurde der Begriff vor allen in der Phase der Wiedervereinigung um 1990, in der die Feindbild-Politik zu ausländerfeindlichen Übergriffen führte („Deutschland den Deutschen, Ausländer raus“). Ihre Verwendung wurde zum Teil dazu benutzt, um rassistische Stereotype aufzubauen. Sie wirkten schädlich auf plurale Identitäten, die es in Deutschland gibt.

Stereotype geben verzerrte Schablonen (Kombinationen von Merkmalen und Eigenschaften) über andere wieder und beurteilen alle in dieser sozialen Gruppe, ob Kinder, Jugendliche oder Erwachsene. Die Wahrheit bilden sie nicht ab, da kein Raum für Unterschiede oder Individualität bleibt. „Deutsche sind ordentlich“ funktioniert genauso wenig wie „männliche Muslime unterdrücken Frauen“ oder „Afrikaner sind weniger gebildet“. Stereotype werden in Medien, Büchern und im sozialen Wissen reproduziert. Zu Reproduktion von Stereotypen gehört auch, wenn Besonderheiten betont hervorgehoben werden, diese aber völlig unwichtig sind. Professionelles pädagogisches Handeln sollte sich nicht daran beteiligen.

Rassismus zeigt sich auch in verdeckter Form in „nett gemeinten“ Fremdzuschreibungen. Für die Stiftung Wochen gegen Rassismus (2022) fallen nicht nur „bewusst feindliche Handlungen", sondern auch „verdeckte und oft sogar unbeabsichtigte Formen rassistischer Diskriminierung" unter Rassismus. Eine häufige Unterstellung ist beispielsweise gegenüber einem afrodeutschen Kind „Musikalität, weil sie als Schwarze doch den ‚Rhythmus im Blut' habe". Was hier geschieht ist, dass mit der Hautfarbe eine Eigenschaft festgemacht und als angeborene Eigenschaft konstruiert wird. Das ist ein Beispiel für eine Rassenkonstruktion.[73]

Rassistische Zuschreibungen, Kategorien und Verallgemeinerungen

Rassistische Zuschreibungen und Verallgemeinerungen sind weit verbreitet und wenig bekannt als problematisierte diskriminierende Verfahrensweise gegenüber Kindern und Jugendlichen im Alltag, aber auch in Bildungseinrichtungen. Verallgemeinerungen über Kinder als die so genannten „Anderen" zu kommunizieren mit dem Ziel, sie als soziale Gruppe wahrzunehmen und zu verstehen, blendet die Individualität dieser Kinder komplett aus und reduziert sie. Für die betroffenen Kinder führt es zu Ängsten, mit der „Schublade" konfrontiert zu sein und sich immer wieder dazu verhalten zu müssen, oder anderen beweisen zu müssen gar nicht „so" zu sein. Das benötigt zusätzliche Energie, die sie mitunter täglich aufbringen müssen. Rachel Ward arbeitet in ihren Studien zu „Stereotype Thread" die Ängste von Schüler_innen, von ihren Lehrer_innen einseitig wahrgenommen zu werden, heraus.[74] Betroffene Kinder und Jugendliche machen oft die Erfahrungen, ungewollt als Repräsentanten und „Experten" für das Herkunftsland ihrer Eltern behandelt zu werden. Aus rassismuskritischer Perspektive ein typisches Prozedere der Verallgemeinerung, die in pädagogischen Kontexten vermieden werden sollte, zumal die Kinder der zweiten und dritten Generation in Deutschland sich nicht zwingend damit identifizieren oder eigene Migrationserfahrung haben. Noch problematischer wird es dann, wenn pädagogisches Personal eigene rassistische Denkweisen den Kindern gegenüber anwendet.

Anschauliche Beispiele für alltägliche rassistische Ausdrucksformen, sind auch, wenn:

- „Hasan als einziger aus seiner Clique von der Polizei kontrolliert wird,
- er nach dem Sport im Supermarkt eine Cola kaufen will und die Kassiererin ihn grundlos auffordert, den Inhalt seiner Sporttasche aufs Band zu legen,

- der Biologielehrer vor der ganzen Klasse behauptet ‚Afrikaner haben kleinere Gehirne',
- der Sportlehrer von Hasan behauptet, die Unterschrift der Eltern auf der Entschuldigung sei ‚getürkt'".[75]

Rassismus ist eine wirkungsmächtige soziale Konstruktion. Sie manifestiert sich in unserem Denken und Handeln und zeigt sich auf struktureller Ebene durch institutionelle Formen der Ausgrenzung.[76]

Insbesondere in der Pädagogik, der Jugend- und Sozialen Arbeit, aber auch als Erzieher_in besteht die Gefahr, Rassismus nicht zu erkennen, wenn er „nett gemeint" ist und ihn als ein individuelles Problem Einzelner zu verstehen. Wichtiger ist es, Rassismus als System der Verfahrens- und Sichtweise auf andere zu erkennen, von dem man *sich selbst oftmals nicht ausnehmen kann.* Sie selbst sind in dem System aufgewachsen, haben höchstwahrscheinlich rassistische Denkweisen von „Normalität" in der Sozialisation verinnerlicht und wenden sie an. Sie müssen nur lernen, es zu bemerken und zu reflektieren, um es nicht anzuwenden. Hier beginnt ihr spannender Prozess der Veränderung.

Rassistische Vorannahmen und daran gekoppelte Handlungsweisen

Gesetzte Vorstellungen von „Normalität", in die rassistisch markierte Kinder und Jugendliche nicht hineinpassen, lassen sich so zusammenfassen: weiß, heterosexuell, christlich, deutsche Muttersprachler sowie „deutsche Wurzeln". Achten Sie auf Ihr Arbeitsumfeld und prüfen Sie es mit dieser „Brille". Kinder außerhalb der gesetzten „Normalität" erleben, dass sie sich immer wieder als zugehörig rechtfertigen müssen, vor allem wenn sie eine deutsche Identität haben, weil sie ihnen suggestiv immer wieder abgesprochen wird. Eine sensible Sprache ist letztendlich eine emphatische und freundliche Sprache, die berücksichtigt, welche Effekte man nicht auslösen möchte. In einer diversitätssensiblen Perspektive will die Pädagogik und Soziale Arbeit Kinder als Individuen in ihren Kompetenzen stärken und Entwicklungen unterstützend begleiten, statt jungen Menschen ihren Selbstwert zu nehmen oder Fähigkeiten abzusprechen. Weil dem so ist, sollte rassismuskritische Pädagogik daher nicht mit diesem Normalitätsverständnis oder nach dem Prinzip, alle Kinder seien gleich arbeiten, welches ebenfalls von einem homogenen Idealbild ausgeht. Sie sollte den

Anspruch haben, Mechanismen hinter Vorannahmen zu erkennen und das eigene Denken und Handeln daraufhin zu prüfen.

Es passiert immer wieder, dass wir Dinge denken, sagen, fühlen oder etwas tun oder unterlassen, wovon wir vermuten, dass es rassistisch sein könnte:

- „Das Mädchen hat ein Kopftuch, sie braucht sicher Hilfe, um sich von der Familie zu befreien."
- „Der Schwarze Junge sollte lieber in die Sprachfördergruppe." (ohne ihn zu Fragen)
- „Ich möchte lieber nicht mit den muslimischen Jugendlichen arbeiten, die akzeptieren Frauen nicht."

Biologische, kulturelle und religiöse Aspekte werden genutzt, um „Andere" zu konstruieren.

Blick auf die eigene Positionierung und Ungerechtigkeit in der Gesellschaft

Ob eine Person Erfahrungen mit Rassismus macht oder nicht, hängt also mit der eigenen gesellschaftlichen Position und den dahinterstehenden Machtstrukturen ab. Diese Positionen finden sich in unterschiedlichen Rollen/Zugängen im Alltag wieder. Rassismuskritisch zu denken, bedeutet also, sich selbst als in bestimmter Weise im gesellschaftlichen Bedeutungsgefüge positioniert zu begreifen. Bestehende Hemmnisse zur Teilhabe durch Benachteiligung und soziale Ungerechtigkeit sollten identifiziert werden. Dabei sollte es weniger um die rhetorische Feststellung der Zugehörigkeiten gehen, sondern tiefer um eine persönliche Auseinandersetzung mit einem Ungerechtigkeitssystem, in dem man beispielsweise Vorteile genießt. Mehr zu Positionierung siehe unter „Sozialpolitische Dimensionen des Empowerment-Prozesses."

Folgendes Schema fasst die Kernelemente rassismuskritischer Selbstreflexion aus meiner Sicht zusammen. Dieses verstehe ich als Kernkompetenz: Das ständige „hinterfragen", was man an verinnerlichten Vorurteilen, rassistischer Sprache oder abwertenden Vornahmen für die Kinder und Jugendlichen verwendet.

Schema 4 Schritte der Selbstreflexion als rassismuskritische Kernkompetenz

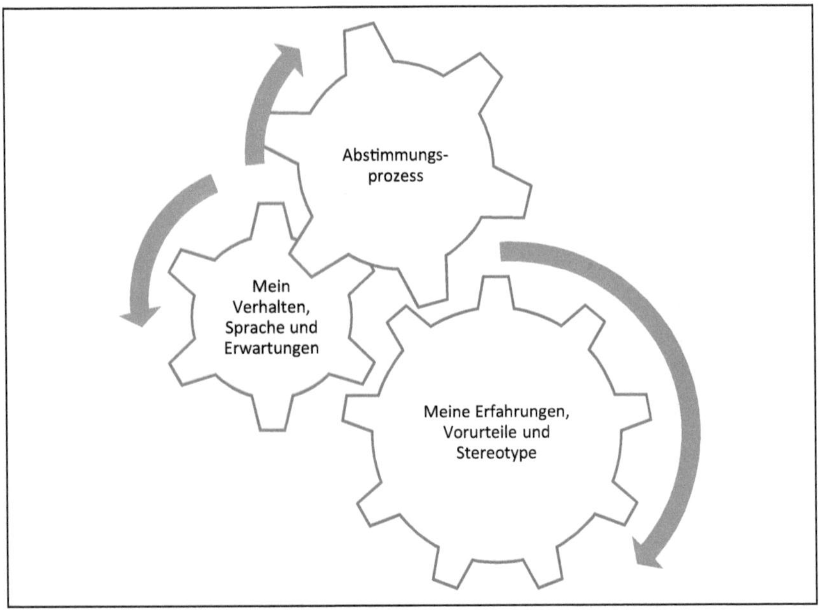

Quelle: Eigene Darstellung.

Ist man sich bewusst, dass man ohne eigenes Zutun rassistisch sozialisiert ist, kann man mit wenigen Fragen mit sich in die Selbstreflexion gehen. Durch Selbstreflexion kann man Rassismus als verinnerlichtes Denk- und Deutungssystem, ob intendiert oder nicht intendiert, in der eigenen pädagogischen Arbeit erkennen und bearbeiten. Das heißt in der Alltagspraxis immer wieder sich diese Fragen zu stellen:

1. Welche (privilegierten) Erfahrungen, Vorurteile und Stereotype habe ich?
2. Wie beeinflusst dies meine Wortwahl, meine Aussagen und meine Erwartungen an die Kinder?
3. Habe ich mich gerade davon beeinflussen lassen?

Es bedeutet, sich stets in Ihrem professionellen Handeln und Sprechen zu hinterfragen und zu überprüfen: Wo mache ich Unterschiede zwischen Menschen, wie argumentiere ich, inwiefern ziehe ich ethnische Herkünfte als Begründung einer Unterscheidung zwischen Menschen heran? Es geht darum, das System zu erkennen und die Folgen von Zuschreibungsprozessen und Abwertungen zu entlarven, bzw. sie selbst nicht mehr zu verwenden oder daran teilzunehmen.

Reflexionsfragen für eine rassismuskritische Denkweise in der pädagogischen und Sozialen Arbeit wären:[77]

- Findet Rassismus in meiner Kita-Gruppe/meiner Jugendgruppe/meinem pädagogischen Raum statt?
- Wie bin ich aufgrund meiner Vielfaltsdimensionen positioniert und wie sind die Kinder und Jugendlichen positioniert, die ich betreue?
- Befördern meine Materialien und mein Umfeld rassistische Wissensbestände?
- Kommt es vor, dass ich Vorurteile, Stereotype oder defizitäre Vorannahmen als Basis für meine Einschätzungen und mein Verhalten nehme?
- Hinterfrage ich koloniale Hintergründe, die an bestimmte Begriffe gebunden sind (z. B. Spiel: „Wer hat Angst vorm schwarzen Mann")?
- Unter Verwendung welcher Folie (z. B. Herkunft, Religion, Geschlecht) beurteile ich das Verhalten der Kinder/Jugendlichen?
- Verwende ich Verallgemeinerungen und beeinflussen sie meine Erwartung an die Kinder meiner Gruppe (Othering)?
- Wo sind in meiner Einrichtung Menschen mit bestimmten Vielfaltsdimensionen in Entscheidungsmacht, Definitionsmacht oder Bewertungsmacht unterrepräsentiert und wie kann ich ihnen Zugänge ermöglichen?

Rassismuskritisch im Arbeitsalltag

Als Fachkraft kommt Ihnen die verantwortungsvolle Rolle zu, Sensibilität für Rassismus an den Tag zu legen. Dazu braucht es die Bereitschaft, sich diversitätssensibel und rassismuskritisch zu verhalten, Vorannahmen zurückzustecken sowie diskriminierende Handlungsweisen bei sich und anderen abzubauen. Diese Aufgabe setzt also viel voraus:

1. Eine Auseinandersetzung mit Diskriminierung und Rassismus, d. h. Rassismus in verschiedenen Lebensbereichen zu thematisieren und über unterschiedliche Ausprägungen, Funktions- und Wirkungsweisen aufzuklären sowie
2. Wissen darüber, wie die Wirkungsweisen sich vermitteln, d. h. konkrete Erfahrungen, Denk- und Handlungsmuster und die damit verbundenen Machtstrukturen zu reflektieren,
3. ein grundsätzlicher Anspruch an sich, Machtstrukturen nicht zu reproduzieren bzw. alternative Handlungsweisen (z. B. in der Sprache) zu entwickeln und

4. Strategien zu entwickeln, um von rassistischer Diskriminierung Betroffene zu stärken.

Ursachen und Gründe dafür, sich nicht als Fachkraft gegen rassistisches Verhalten einzusetzen und Zuschauende_r zu bleiben, sind oft Unsicherheiten und Angst vor Konsequenzen.

Bei einer Haltung gegen rassistisches Verhalten (z. B. im Team) kann es zu Abwehr und Widerstand kommen. Aber der Prozess lohnt sich. Denn nur so können sich rassistische Denkstrukturen in der Zukunft verändern. Einige Fachkräfte sagen auch nichts, da die diversitätssensible Haltung und das Wissen über Rassismus als Belastungserfahrung fehlen nach dem Motto: „Das war doch nicht so dramatisch". Als Leser_in dieses Buches wissen Sie es besser. Die Strategien „Herunterspielen" und „Legitimieren" sind zwei Antworten und Reaktionen, die die Kinder im Schmerz allein lassen, daher sollte man diese nicht verwenden (vgl. Kapitel 3).

Reflexionsfragen in Bezug auf eigene Stereotype und Vorurteile:

- Benutze ich Begriffe, die auf Theorie des Kulturevolutionismus basieren (Konzept, das Kulturen in hierarchisches Wertesystem vermeintlich „höhere" und „minderwertige" Kulturen aufteilt)?
- Werte ich z. B. den Islam und alle Menschen, die dieser Religion angehören, verallgemeinernd ab?

Fazit zu Punkt 6 „Eigene Zuschreibungsprozesse entlarven und rassismuskritisch denken"

- Jeder trägt Vorurteile in sich und hat eine rassistische Sozialisation durchlaufen, die in der Gesellschaft immer wieder reproduziert wird. Man kann sich aber reflexiv damit auseinandersetzen und sie hinterfragen.
- Ziel ist es, ein Bewusstsein über die eigenen erlernten Vorurteile aufzubauen.
- Pädagogik, Jugendarbeit und Soziale Arbeit sollte sich nicht an der Herstellung von Differenz beteiligen.
- Selbstreflexion als Alltagspraxis ist eine Kernkompetenz der Rassismuskritik (RK) und RK ist eine Kernkompetenz empowerment-orientiert zu arbeiten.

- Rassismuskritische Perspektiven helfen dabei, wenn Vorannahmen und Vorurteile im Arbeitsalltag aufkommen, um sie zu hinterfragen sowie Machtverhältnisse und Zuschreibungspraktiken besser zu sehen.
- Soziale Kontexte von Kindern/Jugendlichen (z. B. Migrationsgeschichte) sollten Teil des Alltags in der Einrichtung sein.
- Empfehlung: Bilden Sie sich durch Grundlagentexte, und/oder Fortbildungen weiter, suchen Sie eine diversitätssensible Prozessbegleitung für Ihr Team.

In diesem Kapitel 1 wurden sechs Punkte vorgestellt, die als Wissensbestände für Empowerment und einer Empowerment-Orientierung wichtig sind

1. Grundlagen zur Migrationsgesellschaft und Diversität
2. Ausgrenzungsmechanismen wahrnehmen
3. Rassismus erkennen
4. Wissen über soziale Gruppen und deren Wertigkeit
5. Diversitätssensibler Umgang mit Unterschieden
6. Eigene Zuschreibungsprozesse entlarven und rassismuskritisch denken

Sich empowerment-orientiertes Wissen im Team aneignen

Wenn Sie sich entschieden haben, diese Wissensbestände für sich neu zu erschließen, stellt sich nun die Frage, wie Sie das am besten angehen können. Organisationsentwicklung im Team funktioniert idealerweise mit einem_r Trainer_in. Wenn Sie sich zu dem Thema Rassismuskritik, Diversitätssensibilität und antimuslimischen und Anti-Schwarzen Rassismus schlau machen wollen, lesen Sie die wichtigsten Dossiers und Grundlagenbücher dazu, informieren Sie sich über Broschüren wie „Rassismus in der Kita", Grundlagenbücher zu Migrationspädagogik, Antidiskriminierungspädagogik, Anti-Schwarzem/antimuslimischem Rassismus oder Einführungstexte von der RAA Berlin (Regionale Arbeitsstellen für Bildung, Integration und Demokratie e. V.) zu Rassismus. Im Team sind regelmäßige Treffen und Prozessbegleitungen sinnvoll. Diese sollten mit einer_m Trainer_in umgesetzt werden. Fortbildungen und Trainer_innen sind über Antidiskriminierungsbüros oder Organisationen im Anhang zu finden. Beides ist wichtig: sich selbst Wissen anzueignen und als Leitung Fortbildungen anzubieten. Die Wissensaneignung sollte für alle im Team angedacht und angeboten werden.

Als Fachkraft of Color oder Schwarze Person ist es oft nicht leicht einzige_r in einem weißen, deutsch geprägten Team zu sein. Auch die einzige Person mit Migrationsgeschichte oder muslimische Religionszugehörigkeit zu sein, bedeutet oft eine besondere Rolle zugeschrieben zu bekommen. Oft bekommt diese Fachkraft ungefragt die Rolle der Aufklärungsarbeit für die anderen im Team. Sie werden gefragt, wenn es um „diese Themen" geht. Eine Sonderrolle, die sie dann erfüllen müssen. Eine Fortbildung sollte jedoch extern organisiert werden. Eine PoC-Fachkraft im Team zu haben bedeutet nicht, dass eine Auseinandersetzung mit dem Thema ausreichend stattgefunden hat.

Literatur: Wissensbestände für empowerment-orientiertes Arbeiten

IDA Überblick 2/2020
Demokratiezentrum Baden-Württemberg (2016)
Auma, (2018); Amadeu Antonio Stiftung (2014b)
RAA (2017) und (2018)
Boldaz-Hahn (2017)
IDA Reader Rassismuskritik (2016)
Apraku (2021)
Eggers (2012)
Fachstelle Kinderwelten: Inklusion in der Kitapraxis Band (2017)
Rosenstreich (2009)
Benbrahim (2012)
Fereidooni/El (2017)
Glossar zu Rassismuskritischen Sprache (ADB Köln)
Pates/Schmidt (2010)
Siehe Übersicht diversitätssensible Kinderbücher im Anhang

Kapitel 2
Auswirkungen von Rassismuserfahrungen

„Du kannst nichts, du bist nichts und wirst nie etwas werden.“
Maria Kechaja, Empowerment-Trainerin über die schulischen Erfahrungen von Jugendlichen

„Rassismus ist keine Kleinigkeit, sondern emotionale Gewalt.“
Madubuko 2016

Die Notwendigkeit einer rassismuskritischen, empowerment-orientierten Handlungsweise in der pädagogischen Arbeit wird schnell offensichtlich, wenn man auf die Auswirkungen von Rassismuserfahrungen schaut. Diese möchte ich in diesem Kapitel vorstellen.

Was machen Rassismuserfahrungen mit einem Kind im Alter von vier Jahren? Und was, wenn diese Erfahrungen anhalten? Welche Wirkung haben sie mit sieben Jahren? Wie sieht sich das Kind später selbst als Jugendliche, wenn es das Erfahrene verinnerlicht hat? Praktiker_innen sind sich einig, dass Rassismus eine Gewalterfahrung ist (vgl. Kapitel 6).

1 Auswirkungen auf das Selbstwertgefühl von Kindern und Jugendlichen

Alle folgenden Auswirkungen gelten für Kinder und können auch im Jugendalter präsent sein. Wenn häufig Diskriminierungs- und Ausgrenzungserfahrungen erlebt werden, kann daraus eine ernste Bedrohung für das Selbstwertgefühl und das Selbstkonzept eines betroffenen Kindes und Jugendlichen entstehen. Dem sind schon Kinder im Alter von zwei Jahren ausgesetzt. Dileta Sequeira, Psychotherapeutin und Autorin von „Alltagsrassismus in Deutschland“, fasst den Effekt von Rassismus wie folgt zusammen:

> „Rassismus sollte dabei als Gewaltverhältnis verstanden werden, nicht nur, wenn es zu körperlicher Gewalt kommt. Die ständigen, unausweichlichen Erfahrungen von Rassismus wirken als Mikro-Aggressionen und produzieren viele Mikrotraumatisierungen, die nicht abgebaut werden können. Gewalt findet auch durch die Medien und durch Sprache, Mobbing, Othering, Doublebind, Hänseln, Blicke, Gemieden werden statt."[1]

Erlebt ein Kind schon früh ausgrenzende Erlebnisse im Kindergarten, geht es meistens weiter mit Erlebnissen im schulischen Bereich. Zum Beispiel mit Sprüchen von Mitschüler_innen und Lehrpersonal mit Vorurteilen oder bei der Benotung durch die Zuschreibung „weniger leistungsfähig" zu sein, oder es gibt nett gemeinte Sprüche im Freundeskreis – damit werden diese Erfahrungen zu einer Konstanten. In Kapitel 6 wird z. B. eine Empowerment-Jugendgruppe vorgestellt, die ihre eigenen Rassismuserfahrungen aus der Zeit im Kindergarten mit einem Videoprojekt verarbeitet. Die verletzenden Erinnerungen saßen über viele Jahre tief in ihnen (vgl. Kapitel 6, Marie-Theres C. Aden-Ugbomah).

Im alltäglichen Leben kommen Erlebnisse hinzu, wie beispielsweise beim Bäcker nicht bedient zu werden oder den Eintritt in die Disco verwehrt zu kriegen. Erlebt man also wiederkehrende rassistische Diskriminierung, dann macht das etwas mit einem. Die wiederholte Erfahrung prägt das soziale Verhalten und zunehmend auch die eigene Erwartungshaltung, vor allem wenn sie dominiert. Die Betroffenen werden vorsichtiger und versuchen unbekannte soziale Umfelder zu vermeiden (z. B. als Kind sich nicht bei Ferienspielen anzumelden, wo man niemanden kennt). Immer wieder hat man im Blick: Was passiert als Nächstes? Kommt wieder ein Spruch? Wenn diese Erfahrungen häufig gemacht werden, leidet das Wohlbefinden. Rassismus wird zur sogenannten „Mikrotraumatisierung", die nicht abgebaut werden kann, wenn es an Gegenerfahrungen, Akzeptanz oder Empowerment-Räumen im weitesten Sinne fehlt. Er beeinflusst das Selbsterleben nachhaltig und bestimmt das Verhalten zunehmend. Verinnerlicht kann sich dieses Gefühl, dem Rassismus ausgeliefert zu sein, in der Biografie unter Umständen fortsetzen.

Wissenschaftliche Erkenntnisse zu Auswirkungen von Rassismuserfahrungen

In Deutschland steht die wissenschaftliche Forschung zur Wirkungsweise von Rassismuserfahrungen trotz unzähliger Studien zu Diskriminierung noch am Anfang. Auf die Folgen wird wenig geachtet. Fachartikel von Praktiker_innen und internationale Studien geben aber ein deutliches Bild davon, dass Rassismus Stress ist (Race-Related-Stress-Forschung, siehe unten). Stress aufgrund von „Othering" und Diskriminierung kann die physische Gesundheit von Kindern und Jugendlichen beeinträchtigen. Die Verarbeitung von sozialer Ausgrenzung findet an denselben Stellen im Gehirn statt wie die Verarbeitung von physischen Schmerzen. Neurologische Studien belegen, dass soziale und physiologische Schmerzen ähnliche Auswirkungen haben. Sie können Aggressionen, ein gesteigertes Kontrollbedürfnis und negative Gefühle auslösen.[2]

In Kürze vorab gesagt: Rassismus wirkt nachhaltig auf den Körper, die Psyche und die Selbstwahrnehmung von betroffenen Menschen.[3] Das Selbstwertgefühl wird geschwächt und auch die gesamte Persönlichkeitsentwicklung kann davon betroffen sein. Diskriminierungs- bzw. Rassismuserfahrungen sind eine signifikante Form emotionaler Gewalt und belasten auch den Körper. Das haben Studien aus der Race-Related-Stress-Forschung (USA) und der interkulturellen Pädagogik Psychologie (USA und Kanada) ergeben. Rassistische Diskriminierung kann zu somatischen Beschwerden führen und Depressionen bis hin zur Suizidalität auslösen. Der Übersichtsartikel von Jones und Lewis-Trotter (2004) hat folgende Studienergebnisse an Wirkungen zusammengefasst:[4]

- Stimmungsveränderungen (wie höherer Level von Wut, Abscheu und Angst)
- Verdrängungssymptome (ähnlich wie bei posttraumatischen Stressreaktionen)
- Psychische Marginalisierung durch fehlende Akzeptanz
- Limitierung oder selbstwahrgenommene Zuordnung von geringerem sozialem Status aufgrund der Herkunft
- Kulturelles Misstrauen gegenüber Mitgliedern der Mehrheitsgesellschaft bis hin zu Paranoia und geringem Selbstbewusstsein (Tendenz zur Interpretation von Situationen als rassistisch, Ablehnung interethnischer Beziehungen)
- Gefühl der Machtlosigkeit und erlernte Hilflosigkeit
- Angst vor Stereotypisierung (Angst, dass Fehlverhalten auf kulturelle Unfähigkeit bezogen wird, geringere Lebensqualität, Drogenmissbrauch und Bluthochdruck).

In ihrem Sammelband „The Cost of Racism for People of Color" (2002) bündeln die Herausgeber Alvarez, Liang und Neville US-amerikanische Studienerkenntnisse über die Wirkungsweise von Rassismus und unterteilen ihn in die Ebenen: (1) Verhalten, (2) Psyche, (3) Physiologie und (4) Community. Ihre Studienergebnisse im Einzelnen waren: Bluthochdruck, negatives Wohlbefinden, geringere Wahrnehmung von Chancen für sich (Internalisierung rassistischer Zuschreibungen), Depression, geringerer Erfolg bei schulischem und akademischem Werdegang (Diskriminierungsmechanismen entlang der Zugehörigkeit als Schwarzer Schüler/Bewerber) sowie Hürden bei der beruflichen Entwicklung und Diskriminierung bei der konkreten Stellensuche.

Verinnerlichung, „Racial Stress" und regelhafter Alltagsrassismus

Traumata und Stresserleben aufgrund von Rassismus (Race based traumatic stress injury) wurde 2004 von Robert T. Carter ausführlich beschrieben. Die Verinnerlichung von rassistischen Zuschreibungen kann dazu führen, dass die Schwarze Person glaubt, dass sie tatsächlich weniger wert ist und daher die rassistischen Erlebnisse legitim seien. Im Alltag besteht dann ein enormer Erwartungsdruck, dass Rassismus stattfinden wird. Das soziale Umfeld wird als Bedrohung empfunden. Auch ohne den Rassismus verinnerlicht zu haben, kann das Erleben von Rassismus massive Stressreaktionen auslösen und durch wiederholtes Erleben von Alltagsrassismus verstärkt werden. Diese andauernde Stressreaktion kann traumatisch wirken.[5]

In ihrer qualitativen Diplomarbeit (2001) zum Rassismuserleben von afrodeutschen Kindern macht Stefani Boldaz-Hahn, Expertin für Kleinkindpädagogik und vorurteilsbewusste Bildung und Erziehung, deutlich, dass das Rassismuserleben im Kindesalter eine kontinuierliche Form der psychischen Gewalt darstellt, die die ganze Persönlichkeitsentwicklung beeinflussen und sogar zu sozialer Isolation führen kann. Sie erarbeitet spezifische Ausprägungen von Rassismuserleben. Zu den Erfahrungen von afrodeutschen Kindern gehört:

- Auffallen in der Öffentlichkeit, Erfahrung in ständiger Beobachtung zu sein, abwertende Blicke (Umgang damit angestarrt zu werden, zu erleben, nicht als Norm gesehen zu werden, was vielfach mit Wut verbunden ist, aber auch Angst auslösen kann)
- Infragestellen der Heimatzugehörigkeit durch Fragen wie: „Wo kommst du her?" (Umgang mit damit der Heimat „beraubt" zu werden,

Ausgrenzungserfahrung afrodeutscher Kinder mit weißem Elternteil trotz deutscher Identität)

- Erleben von Ablehnung durch Mehrheitsgesellschaft: als „N-Wort" bezeichnet werden, negative Bewertung und Redewendungen sowie Stereotype (emotionale Folgen können permanentes Stressgefühl, Selbstablehnung bis hin zu Selbsthass oder der Versuch, sich perfekt zu verhalten sein)[6]

Welche Folgen rassistische Erfahrungen in der Kindheit für die Psyche und das tägliche Erleben haben, beschreibt die afrodeutsche Teilnehmerin meiner Studie von 2010, Katherina, in ihren eigenen Worten im Interview zu „Akkulturationsstress von Migranten" am Beispiel Schule:

> „Dieses Nicht-Vertrauen in die eigene Leistung, die eigenen Fähigkeiten, die sind sehr früh in der schulischen Entwicklung gelegt worden. Man muss ja nicht nur lernen und dem Leistungsstand entsprechen, sondern man muss sich dann noch zusätzlich gegen Vorurteile wehren. Das heißt, zusätzlich wesentlich mehr Energie aufbringen als alle anderen. Eben mehr Energie, dass man unter Beweis stellen muss, dass man doch die Leistungen erreichen kann. Also Schule ist Stress, permanenter Stress."[7]

Sich in der Schule immer wieder beweisen zu müssen, dass man nicht so defizitär ist, wie das Lehrpersonal denkt, als Kind oder Jugendlicher um Gleichbehandlung kämpfen und mit der Ablehnung umgehen zu müssen, bedeuten zusätzliche emotionale Belastungen während der Identitätsfindung. Sich gegen Vorurteile wehren zu müssen, beschreibt sie als „permanenten Stress". Sie betont in der Studie die wichtige Rolle der sozialen Unterstützung, was sich mit den Aussagen der anderen Teilnehmer_innen der Studie deckte.[8] Wenn dann diese Unterstützung vom Elternhaus nicht da ist, kann man als junger Schwarzer Mensch mit diesen ggf. massiven Diskriminierungen durch Lehrer_innen und Mitschüler_innen allein nicht fertig werden und unter Umständen daran verzweifeln.

Wirkung auf das Selbstkonzept

Welche Erfahrungen ein Kind innerhalb der Familie und im sozialen Umfeld macht, bildet die Grundlage für das Selbstkonzept. Erlebt das Kind wiederholt

Ausgrenzung und Zuschreibung, verinnerlicht es dies in seinem Selbstkonzept (sein sozialer Blick auf sich selbst) und empfindet sich als „Nicht richtig“ und ggf. schämt es sich sogar.[9] Empowerment kann für Kinder und Jugendliche, die darunter leiden, eine große Unterstützung sein. Diskriminierungserfahrungen von der Kindheit an zu erleben, kann zur Selbstablehnung bis hin zur Traumatisierung führen, wenn sie verinnerlicht sind. Bei Dileta Sequeira und auch in meiner Studie waren diese Gefühle beispielhaft so formuliert:

> „Ich habe mich zwar im Spiegel gesehen und habe irgendwie den Unterschied schon wahrgenommen aber trotzdem war, glaub ich, das Bestreben einfach so zu sein wie die Anderen, ein sehr großes. Und für mich selber das auszublenden, dass ich 'ne Hautfarbe habe, bestimmte Bilder provoziere und gleichzeitig, dass immer wieder aufs Brot geschmiert zu bekommen irgendwie so ein Rückschlag zu bekommen, der mir signalisiert: Du bist aber nicht wie alle. Ich habe nach Dingen gesucht, die symbolisieren: ‚Ich bin nicht richtig, so wie ich bin'."[10]

> „Die vielen kleinen und großen Erfahrungen in einem rassistischen Alltag erschüttern das Selbst- und Weltbild. Das wiederholte Erleben von Ausgrenzungen und rassistischer Gewalt, die nicht aufgearbeitet werden können, führen zu Gefühlen wie Scheu, Entfremdung und Scham".[11]

2 Emotionale Belastungen

Rassismuserfahrungen verletzten das Kind/den_die Jugendliche_n auf eine solche Weise, dass es seinen Glauben an sich schwächen kann, sich ablehnen kann oder schämt und unsicherer wird in öffentlichen Räumen. Wie die Erfahrung im Einzelnen verarbeitet wird oder wie sehr es das Kind belastet, kann unterschiedlich verlaufen und hängt von den Ressourcen ab, die dem Kind bei sich und in seiner Umgebung zur Verfügung stehen. Sozial wenig eingebundene, sensible und schüchterne Kinder und Jugendliche leiden oft stärker unter dem Gefühl, nicht zugehörig zu sein. Sich selbst aus dieser Situation herauszuholen und ihre Gefühle zu äußern, fällt diesen Kindern schwerer. In der Verarbeitung ist entscheidend, ob es verständnisvolle Personen zur Aussprache (Eltern, Freunde, betreuende Person) gibt oder es eigene Ressourcen hat, wie z. B. starkes Selbstwertgefühl, Wissen und wirksame Strategien im Umgang. Neben dem Wirken auf das Selbstkonzept und negativen Gefühlen können psychosomatische Beschwerden (Bauchschmerzen, Rückenschmerzen, Kopfschmerz/Migräne) hinzukommen[12].

Zu lernen, sich gegen Diskriminierung zu wehren, kann als Teil eines Empowerment-Prozesses verstanden werden, um sichtbar und nicht mehr sprachlos zu sein. Der Prozess hilft betroffenen Kindern und Jugendlichen dabei, ihre Erfahrung zu artikulieren.[13] Einige verlieren dennoch zunehmend den Glauben an die eigenen Fähigkeiten. Minderwertigkeitsgefühle können entstehen, die sich unter Umständen in Kombination mit Angst vor Stereotypisierung durch Lehrpersonal auch auf die schulischen Leistungen negativ auswirken können. Ist das Selbstwertgefühl geschwächt, sinkt zudem die Bereitschaft und das Vertrauen, soziale Bindungen einzugehen, vor allem zu Angehörigen der Mehrheitsgesellschaft. Damit beginnt ein Prozess sozialer Selektion entlang der möglichen Verletzungen durch andere. Manche Kinder entwickeln soziale Rückzugsmechanismen als Vermeidungsstrategie, verkleinern den Freundeskreis oder wählen z. B. nur noch Schwarze Menschen für engere soziale Kontakte. Andere ertragen den Schmerz und blenden ihn mit einer Strategie des Leugnens aus. Ist das Erleben wie beschrieben, kann die ganze kindliche Persönlichkeitsentwicklung beeinflusst werden – vorausgesetzt, die Erfahrungen werden regelhaft erlebt und es besteht keinerlei Zugang zu sozialer Unterstützung, selbstheilenden Strategien und empowerment-orientierten Räumen. Unterstützende Ressourcen sind sozialer Rückhalt (Familie, Freunde) und Gegenerfahrungen durch Akzeptanz. Wenn es keine Unterstützung, Schutzräume oder die Möglichkeit der Verarbeitung hat, kann sich das Kind zunehmend ausgeliefert fühlen und diese Situation als unveränderbar verinnerlichen.[14]

Wirkungen von Othering

Othering zeigt sich u. a. durch Zuschreibungen des Fachpersonals wie „weniger konzentriert", „emotionaler" oder „neigen dazu, mit Fäusten zu reagieren". Sie haben eine Wirkung auf die Betroffenen: Sie machen unter Umständen ohnmächtig, da die Kinder keinen Einfluss haben, sich aber im Kontrast dazu wünschen, ohne Zuschreibungen als Individuen gesehen zu werden.

Nicht ernst genommen werden: Wiederholung und Traumatisierung

Die Erfahrung, bei rassistischen Zuschreibungen vom Umfeld nicht ernst genommen zu werden, wird häufig gemacht und führt zu einer Verschlimmerung der Lage.[15] Die Aufarbeitung der rassistischen Erfahrung ist erschwert und die Gefahr von Traumatisierung erhöht sich, wenn (1) das „zum Anderen gemacht" werden – Othering – sich häufig wiederholt, (2) wenn sich es sich um intensive Gewalterfahrungen handelt, (3) wenn diese von wichtigen und notwenige Personen ausgehen wie von Lehrer_innen oder Freund_innen, (4) das soziale Umfeld wegschaut oder nicht unterstützt (bzw. nicht unterstützen kann), und (5) die Selbstregulation, die Identität und das Selbstwertgefühl beeinträchtigt sind.

Hinzu kommt, so Sequeira, dass die Reaktionen (1) „Flucht" nicht zur Verfügung steht, da es keine Möglichkeit gibt aus dem Alltag zu fliehen und (2) „Kampf" mit Angst verbunden ist, da diese häufig mit Restriktionen verbunden sein können (siehe Abschnitt „Die Schwierigkeit, Rassismuserfahrungen anzusprechen").

Empowerment-Trainer Toan Nguyen spricht von einer „Verdopplung des Rassismus" wenn man Rassismus erlebt und zurückgespiegelt bekommt „Das ist eigentlich nicht schlimm" oder „Das ist nicht so dramatisch."

> Es ist eine doppelte Form von Rassismus-Erfahrung: Einerseits das Erleben selbst und andererseits das Negieren dieser Erfahrung. Es hat starke Auswirkungen auf die Person, die das erlebt. Es kratzt das eigene Selbstbild an, die eigene Selbstverständlichkeit mit einem selbst, den eigenen Körper und stellt die eigene Persönlichkeit in Frage. Hat das etwas mit mir zu tun? Wieso passiert das immer mir? Das ist eine Struktur von Rassismus. Es versucht Menschen zu isolieren. Dass sie

mit ihrer Erfahrung alleine stehen. Um nun einen Bogen zu machen: Empowerment-Räume sind sehr speziell, um Wege zu finden mit Rassismus und anderen -ismen umzugehen und ihnen Kraft zu geben, um dem etwas entgegenzusetzen."[16]

Erfahrung von Jugendlichen in der offenen Kinder- und Jugendarbeit: Scham, Resignation, Unsichtbar-Sein

Die Schwierigkeiten, denen sich Jugendliche stellen und wie der pädagogische Umgang mit Diskriminierungserfahrungen in Einrichtungen ist, fasst Empowerment-Trainerin Maria Kechaja wie folgt zusammen:

> „Für viele Jugendliche ist es nicht leicht, sich darüber mitzuteilen. Den meisten fällt es aus unterschiedlichen Gründen schwer, über ihre Diskriminierungserfahrung zu reden: Einige empfinden die gewaltvolle Realität, die ihnen begegnet, als ‚normal'. Andere wollen kein ‚Opfer' oder die ‚Spielverderber_innen' sein. Manche schämen sich, verdrängen die Erfahrung oder wollen einfach nur sein wie alle anderen. Und wieder andere glauben, dass sich eh nichts ändern wird. Dazu kommt, dass Diskriminierung ein Phänomen ist, das nur sehr selten vom pädagogischen Fachpersonal wahrgenommen, thematisiert und reflektiert wird. Ob im Klassenzimmer oder im Jugendhaus – für die Auseinandersetzung mit Diskriminierung finden die Jugendlichen meist keine Ansprechpersonen, die ihre Erfahrungen anerkennen, zuhören und sie ernst nehmen." (Kechaja 2018)

Darüber hinaus stellt sich, selbst wenn die Problematik wahrgenommen wird, das Problem von fehlendem pädagogischem Handwerkszeug, um mit den Diskriminierungserfahrungen umzugehen. Die Jugendlichen bleiben somit mit den vielen schmerzvollen Erlebnissen allein und ungehört, die Erfahrungen „anders" hingestellt zu werden, bleibt.

> „Bei vielen überwiegt die Erfahrung vermeintlich ‚anders' zu sein, nicht dazuzugehören und nicht gebraucht zu werden. Dem gegenüber steht die Suche der Jugendlichen nach Anerkennung ihrer Persönlichkeit, ihrer Wünsche, Visionen und Fähigkeiten." (Kechaja 2018)

Träger für Antidiskriminierung adis e. V., bei dem auch Maria Kechaja tätig ist, bietet im Raum Tübingen Beratungen und Fortbildung für pädagogisches Personal zum Umgang mit Diskriminierungserfahrungen an. Zahlreiche Empowerment-Gruppen haben sich durch Unterstützung von adis e. V. gegründet. (Mehr zu Fortbildungsmöglichkeiten siehe Anhang).

Ohnmachtsgefühl: „Mit mir kann man es machen"

Negative Zuschreibungen gegenüber rassistisch markierten Kindern und Jugendlichen wirken enorm und auf vielfältige Weise. Sie müssen nicht nur die Zuschreibungen, denen sie unterliegen, konstruktiv verarbeiten, was bedeutet, die Zuschreibungen als solche verstehen und ablehnen zu lernen. Sie fühlen sich darüber hinaus auch oft auf ein Merkmal reduziert, können dem aber wenig (argumentativ gegenüber Erwachsenen) entgegensetzen oder sich zur Wehr setzen. Sie spüren eine große Machtlosigkeit gegenüber Erwachsenen, die sie so behandeln und nicht ihre Individualität erkennen wollen. Als Repräsentant_in für eine Gruppe zu leben, ist eine Überforderung und verbraucht zusätzliche Energie, weil man gleichzeitig nicht „so" ist. Einige finden sich mit dem Schmerz ab und verinnerlichen es als unveränderbare Realität. Das Gefühl „mit mir kann man es machen" bleibt zurück. Die beschriebene Wirkungsweise auf das Selbstkonzept wird von pädagogischem Fachpersonal oft nicht gesehen. Mit diesem Wissen über die Wirkungsweise kann sich das aber ändern.

3 Die Schwierigkeit, Rassismuserfahrungen anzusprechen

Vor allem ältere Kinder und Jugendliche haben eher negative Erfahrungen gemacht, wenn sie Rassismus angesprochen haben. „Bei uns gibt es so etwas nicht" – Zitat einer Schulleitung über die eigene Schule, ohne ernsthafte Versuche, eine Befragung der Schüler_innen durchzuführen. Solche Aussagen bilden die Grundlage für das weitere Bestehen von rassistischen Ausgrenzungen unter Kindern. Pädagogisches Personal mit einer klaren rassismuskritischen Haltung thematisiert Vorkommnisse unter den Kindern/Jugendlichen, korrigiert Situationen der Ausgrenzung oder erklärt mehr zu den beiden Themen. Durch Fokussierung auf Gemeinsamkeiten in der Aufarbeitung wird die Ausgrenzung als soziales No-Go vermittelt. Gerade der Umstand des Verleugnens auf Erwachsenenebene führt zu einer erhöhten Problemlage für betroffene junge Menschen a) etwas anzusprechen, was „nicht da ist" und b) damit als „überempfindlich" hingestellt zu werden von jemanden, der die Kinder eigentlich unterstützen und betreuen sollte. Umgekehrt entzieht sich der_die Fachkraft hier seiner_ihrer Aufgabe dafür zu sorgen, dass alle betreuten Kinder in ihrer Identität geschützt und wertgeschätzt aufwachsen bzw. lernen können.

Der Vorwurf des Rassismus

Welche Erlebnisse und Reaktionen Jugendliche erleben, wenn sie auf Rassismus aufmerksam machen, wurde im Rahmen der Studie von Wiebke Scharathow illustriert.[17] Jedes Thematisieren von Rassismuserfahrungen impliziert auch den schwerwiegenden Vorwurf, die angesprochene Fachkraft, Mitschüler_in, das angesprochene Kind der Gruppe sei ein Rassist, was die Jugendlichen oft vermeiden wollen. Tun sie es trotzdem, müssen sie befürchten skandalisiert zu werden. Sie erleben Reaktionen der Abwehr, mit denen sie umgehen müssen. Es geht dann allein darum, den Vorwurf des Rassismus abzuwehren („Rassisten-Vorwurf"), nicht das Verhalten mit seinen rassistischen und ausgrenzenden Effekten zu besprechen. Stattdessen wird eine Umkehr vollzogen: das Opfer einer rassistischen Handlung wird zum Täter gemacht. Dies führt bei den Jugendlichen wiederum dazu, sich im Zweifelsfall gar nicht mehr zu äußern. Die Möglichkeit es anzusprechen wird noch weniger gesehen. Die

Abwehr der angesprochenen Person führt also dazu, dass das Problem nicht angeschaut, sondern ggf. wiederholt wird.

Besser wäre es, zuzuhören, zu reflektieren und sich auch ggf. zu entschuldigen. Tatsächlich hat der Rassismus nichts mit dem moralischen Empfinden einer Person zu tun, vielmehr handelt es sich um eine gewaltvolle Struktur mit einer historischen Verflechtung. Der Weg, es als einen moralischen persönlichen Angriff anzusehen, bewirkt letztendlich sein Totschweigen und seine Weiterführung als „normal".

Chancen gehört und nicht abgewiesen zu werden

Neben der Angst zum Täter gemacht zu werden, wenn man Rassismus anspricht, kommt vielfach die Situation hinzu, der oder die Einzige_r zu sein, die oder der davon betroffen ist. Ist man beispielsweise der_die einzige_r Schwarze Schüler_in, oder mit muslimischen Glauben in der Gruppe/Klasse, entsteht ein Ungleichverhältnis zwischen dem, was man selbst als verletzend empfindet und dem, was von der Mehrheit der anderen in der Gruppe als „normal" kommuniziert wird. Die Hoffnung der betroffenen Person auf Solidarität sinkt. Die Rolle als Außenseiter_in in der Gruppe möchten Kinder und Jugendlichen nicht gern annehmen. Der Wunsch selbst nicht der_die „Andere" zu sein ist sehr groß, denn sie stehen in der Gruppe als „schwach", „übersensibel" oder sogar als „Opfer" da.

Es ist ein Grundbedürfnis eines jeden Menschen, dazuzugehören und sozial anerkannt zu sein. In der Identitätsentwicklung ist es sogar eine wichtige Erfahrung, um sich selbst positiv anzunehmen. Kinder und Jugendliche entscheiden daher, je nach Selbsteinschätzung des Raumes, des Settings der Machtverhältnisse, der Verteilung von Unterstützer_innen und möglicher Abwehrreaktionen, ob sie über ihre Rassismuserfahrungen sprechen wollen. Sich in einem zweiten Schritt sogar zu wehren wird demensprechend umso schwieriger, da schon das Thematisieren mit diesen Ängsten verbunden ist.

Gemeinschaftsgefühl und Akzeptanz in der Clique

Wie bereits beschrieben ist soziale Akzeptanz ein Grundbedürfnis jedes Menschen. In der Identitätsentwicklung bildet die Erfahrung sozialer Akzeptanz ohne Vorbehalte einen wichtigen Teil für ein positives Selbstkonzept. Die

Peers werden als Jugendliche_r auch wichtiger im Zuge der Ablösung von den Eltern.[18] Als soziales Wesen benötigt jeder einen Ort, an dem er_sie wertgeschätzt und gebraucht wird. Fehlt diese Wertschätzung in der Gesellschaft, wie es beispielsweise muslimische Jugendliche oft erfahren, suchen sie sich diese bewusst im kleineren Kreis, etwa einer Clique, in der sie Akzeptanz, Solidarität und Empathie erfahren. Solche Cliquen bestehen häufig aus Jugendlichen, die denselben kulturellen Hintergrund haben. Dort fühlen sich die Jugendlichen sicher und akzeptiert: „Wir sind eins" und „Ich bin nicht allein". Nach außen hin zeigen sie sich gerne laut und offensiv: „Seht her, wir zeigen euch, dass wir nicht so sind, wie ihr uns seht." Du'A Zeitun, muslimische Streetworkerin und Empowerment-Trainerin, sieht darin eine Art Trotzreaktion auf die gesellschaftliche Haltung in ihrem Umfeld.[19] Die Zuschreibung wird in die Identität integriert, da ihnen kein Raum bleibt dem nicht zu entsprechen. Das ist eine Form der Verarbeitung, zum „Anderen" gemacht zu werden. Die Clique kann aber auch aus Jugendlichen mit unterschiedlichen kulturellen Hintergründen bestehen, die allesamt ausgegrenzt sind und sich zusammenfinden, um dem Alltagsrassismus gemeinsam etwas entgegenzusetzen (z. B. eine eigene Kultur).

„Wer bin ich?" und „Wer darf ich sein?"

Jugendliche suchen gezielt nach Antworten auf die Frage „Wer bin ich?", möchten aber nicht aufgrund einer Vielfaltsdimension als „Opfer" z. B. im Klassenverbund oder der Öffentlichkeit gesehen werden.[20] Erleben die Jugendlichen Rassismus schon seit der frühen Kindheit, ohne wehrhafte Strategien und Unterstützung zu haben, haben sie gegenüber den abwertenden Erfahrungen oftmals schon resigniert und haben den Schmerz als „normal" für sich angenommen – dann sehen sie vielleicht keinen Sinn mehr darin sich zu wehren. Sie fühlen sich bereits ausgeliefert. Sich über eigene Rassismuserfahrungen und in Konflikt- bzw. konfrontativen Diskussionen zu äußern, ist daher schwierig und komplex. Vor allem, wenn diese – was häufig vorkommt – vom sozialen Umfeld wie Kita und Schule nicht ernst genommen werden.

Empowerment-Trainer Toan Nguyen zitiert im Interview mit mir einen Jugendlichen aus seiner Studie zu Rassismuserfahrungen zu dessen Erleben:

> „Du bist eine Projektionsfläche von einer projizierten konstruierten Norm. Du bist dann der/die Wilde usw. – also alles Negative. Sich davon zu entledigen, mit all dem was an Minderwertigkeitsprojektion

drinnen liegt, ist sehr entscheidend. Zu sich zu stehen, wer auch immer du bist, sein willst und werden willst."

Es wird deutlich: Es erfordert große innere Stärke, Wissen über das Phänomen Rassismus, ein klares Selbstverständnis für menschenrechtliche Gleichwertigkeit, Wissen über eigene Rechte und soziale Unterstützung von rassismuserfahrenen Personen sowie Mut überhaupt, um als Betroffene_r eine klare Gegenposition einzunehmen. Empowerment-Räume (Safer Spaces) können hier ein Ausweg sein. In diesen Räumen besteht die Möglichkeit der Selbststärkung, der Abkehr von den Zuschreibungen und die Möglichkeit Handlungsstrategien dagegen zu entwickeln. Zu erleben „Ich bin mit meiner Erfahrung nicht allein" kann etwas Befreiendes sein. Dazu ist es nötig einen geschützteren Raum[21], ohne „normale" rassistische Zuschreibungen zu kreieren. Diese werden vor allem dann wichtig, wenn Minderwertigkeitsgefühle beginnen zu überwiegen. Diese Gefühle von Minderwertigkeit können sich unter Umständen bis ins Erwachsenenalter ziehen.

Schema 5 Auswahl von Gefühlen im Kontext von Rassismuserfahrungen

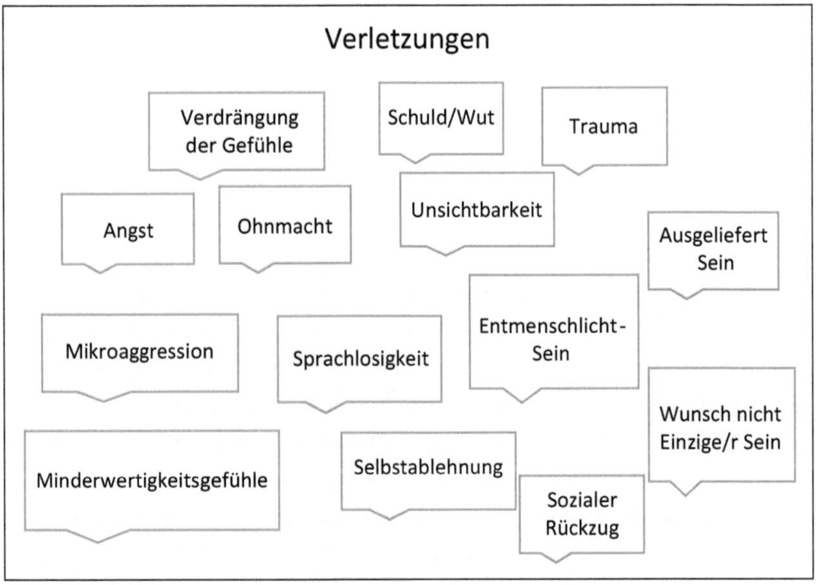

Quelle: Eigene Darstellung.

4 Was können Sie als Fachkraft tun?

Was hat das mit Ihrer pädagogischen Arbeit zu tun? Pädagogische und Soziale Arbeit sollte dieses gesellschaftliche Setting in ihrer Arbeit berücksichtigen und entsprechend im Sinne des menschenrechtlichen Verständnisses diversitätssensibel handeln.

Unsere Gesellschaft handelt oft wenig diversitätssensibel oder rassismuskritisch gegenüber Kindern mit bestimmten Merkmalsdimensionen.[22] In Schulen, Kitas und Jugendeinrichtungen sollte sich dies nicht wiederholen. Es braucht an diesen Orten eine klare Haltung als Voraussetzung dafür, Verletzungen und Folgen für das Selbstkonzept und Selbstwertgefühl zu vermeiden und um stattdessen empowerment-orientiert zu arbeiten. Es ist wichtig betroffene Kinder und Jugendliche vor Diskriminierung und Herabsetzung zu schützen, indem ihre Erfahrungen ernst genommen und geklärt werden – auch im Hinblick auf eine menschenrechtsorientierte Erziehung und Lernchance für alle. Sie sollten in Ihnen eine_n Ansprechpartner_in finden. Generell sollte Wert auf einen zuschreibungsarmen Umgang gelegt werden. Als Individuum gesehen und wertgeschätzt zu werden, ohne in eine Schublade gesteckt zu werden, macht den Weg für die Entfaltung der Persönlichkeit der Kinder und Jugendlichen frei. Dies ist spürbar u. a. über Ihre Haltung gegenüber dem Kind.

Nachdem die Auswirkungen von Rassismuserfahrungen deutlich wurden, halte ich mit dieser Zwischenbilanz fest, welche Möglichkeiten Ihnen hin zu einer empowerment-orientierten Arbeitsweise zur Verfügung stehen:

→ Rassismuserfahrungen der Kinder und Jugendlichen durch eigene Selbstreflexion minimieren (vgl. Kapitel 1)
→ Rassismus sollte besprechbar sein (Kapitel 1)
→ Verarbeitungsräume sollten ermöglicht werden (vgl. Safer Spaces Kapitel 6)
→ Diskriminierungsschutz ernst nehmen (vgl. Kapitel 3)
→ Lebenswelten sichtbar machen und Stereotype loslassen (vgl. Kapitel 1 und 5)
→ Wertschätzung zeigen (vgl. Kapitel 2 und 5)
→ Empowerment-orientierte Inhalte einbinden (vgl. Kapitel 5)

Zu beachten ist immer: Stellt man das Besondere als eine Variante des Allgemeinen dar, entsteht Vielfalt als eine Palette von Möglichkeiten, die die Kinder anregt, Gemeinsamkeiten und Unterschiede wahrzunehmen.

Anknüpfungspunkte anderer in ihrer Besonderheit (Religion, Herkunft) wertschätzend kennenzulernen, erzieht auch hin zu einer Erfahrung von Unterschiedlichkeit als „normal“.

Mit dem Wissen über die Wirkungsweise und emotionalen Folgen von Rassismuserfahrungen aus diesem Kapitel sind Sie gut aufgestellt, um Unterschiede zu sehen, sie wertzuschätzen und zu achten und neue Wege zu gehen. Und das aus gutem Grund. Mit dem Wissen darüber, welche Wirkung Rassismuserfahrungen auf Kinder und Jugendliche haben, ist deutlich geworden, wie entscheidend und wichtig es ist, bei Diskriminierungsfällen zu reagieren und zu handeln. Der diversitätssensible Umgang mit Unterschieden ist ein wichtiger Bereich. Als Fachkraft Unterschiede unter den Kindern nur notwendigerweise zu benennen und nicht überzubetonen, gehört dazu. Weitere Kompetenzen in Kapitel 1 wurden beschrieben: diversitätssensible Sprache, Verallgemeinerungen vermeiden, Individualität vordergründig sehen, rassismuskritisches Denken, Gemeinsamkeiten sehen, Fragen zu Vorurteilen beantworten, Botschaften der Wertschätzung geben u. a. über Vielfalt im Lernumfeld, Sichtbarkeit unterschiedlicher Herkünfte, Religionen und Sprachen herstellen sowie wertschätzend die Vielfalt bei anderen kennenzulernen.

Literatur: Auswirkungen von Rassismuserfahrungen

Yeboah (2017)
Zeitschrift „Trauma und Gewalt“ (2023)
Cuff-Schöttle (2020)
Madubuko (2010, 2016)
Sequeira (2015)
EOTO (2019)
Amadeu Antonio Stiftung (2014b und 2016)
Scharathow (2014)
adis e. V. Antidiskriminierung, Empowerment und Praxisentwicklung (Anhang)
Kechaja (2018 und 2016)

Kapitel 3
Diskriminierung begegnen

„Rassismus ist von Menschen erfunden worden und Menschen sind es, die dazu beitragen können, ihn abzubauen. Das gilt für alle, egal ob wir das als BiPoC Rassismus erfahren oder als weiße *Menschen Privilegien haben, weil es Rassismus gibt. Diese Erkenntnis ist wichtig, denn sie kann uns Mut machen gegen Rassismus einzutreten." Josephine Apraku, 2021*

Diskriminierungsschutz ist ein wesentlicher Bestandteil des empowerment-orientierten Arbeitens. Das eine geht nicht ohne das andere. Dieses Kapitel 3 kann Ihnen dabei helfen, Diskriminierung aktiv(-er) zu begegnen. Das Diskriminierungsverbot ist ein zentrales Element der Menschenrechtsbildung. Jedem Kind in Deutschland steht ein Recht auf Bildung und Diskriminierungsschutz zu.[1] Zu den Bildungszielen gehört die volle Entfaltung der Persönlichkeit.

Das letzte Kapitel hat deutlich gemacht, wie sehr die Kinder und Jugendlichen unter dem Gefühl ausgeliefert und schutzlos zu sein, vielleicht sogar ungerechterweise als „empfindlich" hingestellt zu werden, leiden. Sich zu schämen und weniger Wert zu fühlen, ist oft nur der Anfang. Dieses Kapitel startet, indem ich entlang vorhandener Unsicherheiten unter Fachkräften, Antworten aus der Praxis und Forschung gebe, um diese zu zerstreuen. Mit dem Modell „Verursacher_in-Betroffene_r-Zuschauende" (V-B-Z) biete ich zudem eine neue Blickrichtung darauf, welche Effekte und Gruppen in der Situation mitgedacht werden sollten, um in Diskriminierungssituationen mehr eine Lernchance zu sehen. Das Modell V-B-Z macht in dem Moment der Diskriminierungssituation verschiedene Wirkungsgruppen und -ebenen sichtbarer.[2] Es zeigt, dass der Effekt einer Reaktion vielschichtig und wichtig ist für verschiedene beteiligte Gruppen. Abschließend möchte ich Ihnen noch die Folgen und Botschaften von Passivität aufzeigen. An konkreten Beispielen wird deutlich, was für Möglichkeiten des Handelns zur Verfügung stehen. Grundsätzlich sollte in jeder einzelnen Situation neu bewertet werden, was die sinnvollste Variante an Reaktion ist.

1 Unsicherheiten bei der Haltung im Team

Sich in Diskriminierungssituationen mit einer Haltung zu zeigen, birgt noch einige Unsicherheiten bei Fachkräften. Eva Georg (2021) ermittelte in ihrer Befragung unter pädagogischen Fachkräften folgende Unsicherheiten, die sie daran hindern, eine deutliche Haltung in Diskriminierungssituationen einzunehmen:[3]

1. Was sollte ausgesprochen werden, welche Themen sollten vermieden werden?
2. Was ist meine Aufgabe: Was soll und was darf ich?
3. Wie geht das Kollegium damit um?
4. Einschätzung, es sei nur ein Einzelfall, daher keine Notwendigkeit, einzuschreiten.
5. Fehlende Zeit, hat keine Priorität.
6. Was bringt es Haltung zu zeigen? Hat es einen Effekt?

Was ist Ihre Aufgabe? Was sollten Sie thematisieren?

Zur Frage was an Diskriminierungen angesprochen werden sollte und was man in seiner Rolle tun sollte, gibt das Deutsche Institut für Menschenrechte mit Blick auf aktuelle Veröffentlichungen klare Antworten. Neben ihren Analysen vom Recht auf Bildung ohne Stereotypisierung und Abwertung von Vielfaltsdimensionen in Bildungskontexten (2016) haben die Veröffentlichungen „Schweigen ist nicht neutral“ und „Das Neutralitätsgebot in der Bildung“ noch einmal deutlich herausgearbeitet, dass Lehrpersonen und pädagogisches Personal im Fall von diskriminierenden Äußerungen nicht schweigen dürfen, sondern „ihren menschenrechtlichen Schutzpflichten nachkommen müssen“. Auch kann über das Neutralitätsgebot nicht abgeleitet werden, dass rassistische Äußerungen durch das Recht auf Meinungsäußerung abgedeckt sind.[4] Zur Gesetzeslage von Kinderrechten und zu Antidiskriminierung in Deutschland siehe in Kapitel 4 „Schlüsselrolle rückversichern: Kinder haben Rechte“.

Unsicherheit: „Durch meine Thematisierung entsteht eine Verstärkung“

Unter den Professionellen zeigt sich eine allgemeine Unsicherheit darüber, dass ihre Reaktion auf rassistisches Geschehen die abwertenden Äußerungen verstärken könnte. Wenn ich Ausgrenzung (wegen Hautfarbe, Religion, nicht-deutsch sein) nicht anspreche, verhalten sich die Kinder von allein wieder fairer und es wird kein Thema zwischen den Kindern sein. Die Vorurteilsforschung gibt Ihnen hier nicht Recht (vgl. Kapitel 1). Tatsächlich ist der Effekt genau umgekehrt. Durch die fehlende Besprechung vertieft sich die Botschaft, dass rassistische Äußerungen und Handlungen „o. k." sind. Die Missverständnisse zwischen den Kindern bleiben ungeklärt.

Die Vorstellung, wenn man sich nicht äußert, würde es im Sand verlaufen

Die Angst ist hier, das Thema würde erst durch das Ansprechen des Erwachsenen bei den Kindern wahrgenommen werden. Aus der Vorurteilsforschung weiß man, dass Kinder Unterschiede wahrnehmen und ihre Rollen eigenständig interpretieren. Kinder sind in permanenten Orientierungs- und Lernprozessen auch darüber, welcher Gruppe sie angehören und welche Merkmale an einem Menschen etwas sozial bedeuten. Dabei brauchen diese Kinder Ihre Unterstützung und eben diese würden Sie in diesem Fall nicht anbieten. Ihre Aufgabe den Kindern zu erklären, wie respektvolles Miteinander funktioniert, welche Merkmale keine Rolle im Spiel spielen sollten, findet leider nicht statt. Das ist ein permanenter Prozess. Dabei brauchen sie Erwachsene, die sie unterstützen. Nutzen Sie den Blick des V-B-Z Modells (siehe unten).

Unsicherheit: „Die Eigendynamik der Kinder klärt alles", oder „Die Kinder müssen damit klarkommen, wenn mal ein Spruch kommt"

Der_die Verursacher_in wird bestätigt. Die zuschauende Gruppe lernt wahrscheinlich, dass Solidarität nicht wichtig ist, Herabsetzungen aber „normal". Das betroffene Kind lernt von der betreuenden Fachkraft nicht, dass es sich wehren darf und ihm Unrecht geschieht. Solidarität entsteht nicht allein dadurch, dass die Kinder zusammen sind.

Unsicherheit: Reaktionen im Team

Bei einer rassistischen Äußerung unter Kolleg_innen besteht oft die Angst eine Außenseiterposition im Team zu erhalten und sich unbeliebt zu machen. Als

Leitungsperson einer Einrichtung ist es daher wichtig Rassismus im Team besprechbar zu halten und im eigenen Verhalten selbstkritisch und rassismuskritisch zu sein. Teambesprechungen zu rassistischen Vorkommnissen unter Kindern oder im Team sollten erlaubt und erwünscht sein. Äußerungen oder Verhalten von Kolleg_innen im Team zu thematisieren (ohne moralischen Zeigefinger) ist nötig, um Reflexionsprozesse in Gang zu setzen. Umgekehrt sollte das Herunterspielen von Diskriminierungen über die Leitungsebene als wenig gangbarer Weg kommuniziert sein. Rassismus lebt davon, nicht thematisiert und damit stumm legitimiert zu werden.[5] Als Leitung sollte die Haltung eines Diskriminierungsschutzes unterstützt und im Team gefördert werden. Fortbildungen legen für diesen Prozess eine nachhaltige Basis.

Herunterspielen und nicht annehmen als Problem

„Das war doch gar nicht so schlimm" ist wohl der schwerwiegendste Satz, mit dem ein betroffenes Kind umgehen muss. Er besagt, dass die Gefühle des Kindes, welche verletzt wurden, nicht genug wert sind, um ihnen nachzugehen. Es suggeriert dem Kind, es könnte mit seiner Einschätzung falsch liegen. Es sei selbst das Problem. Betroffene, die diesen Satz über Jahre gehört haben, erzählten mir, an sich und den eigenen Gefühlen gezweifelt zu haben. Für alle anderen ist es kein Problem, also warum für mich? Tatsächlich wurde aber der betroffenen Person Unrecht getan.

2 Das Modell „Verursacher_in-Betroffene_r-Zuschauende" (V-B-Z-Modell)

Diskriminierungssituationen sind eine Lernchance für alle

Diskriminierungen finden in einem gesellschaftlichen Setting statt, in dem Abwertungen bestimmter sozialer Gruppen und rassistische Äußerungen immer offener geäußert werden. Blickt man nun auf eine diskriminierende Situation (in Einrichtungen unter Jugendlichen oder Kindern), sind drei Gruppen zu betrachten: (1) Der_die Verursacher_in, (2) der_die Betroffene und (3) die zuschauenden Kinder/Jugendlichen.

Schema 6 Das Modell „Verursacher_in-Betroffene_r-Zuschauende"

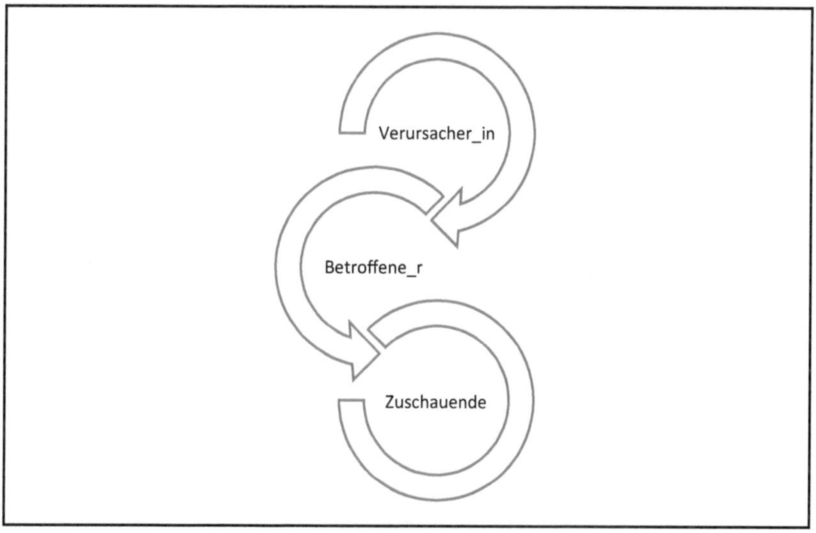

Quelle: Eigene Darstellung. Angelehnt an Täter-Opfer-Zuschauer Modell von Georg 2021.

Verursacher_innen: Sehen sich unterstützt von gesellschaftlich akzeptierten Abwertungen. Sie handeln aus dem Gefühl von Macht und Zugehörigkeitssicherheit (ggf. aus ideologisch gefestigter Überzeugung) heraus.

Betroffene: Sind einer Verletzung ausgesetzt, ihnen wird Unrecht getan und oftmals sind sie ohnmächtig und brauchen Solidarität und die Rückmeldung: das war eine Grenzüberschreitung.

Zuschauende: Beobachten, was gesagt und wie reagiert wird. Sie halten sich vorerst mit ihrer Meinung zurück. Ihnen gilt es generelle Verhaltensregeln zu vermitteln.

Drei Ebenen mitdenken – Reaktionsweise im Sinne des Models

Hat man als Fachkraft die Situation mitbekommen, muss der Blick nicht unbedingt zuerst auf den_die Verursacher_in gerichtet werden (außer die Gewalt muss gestoppt werden), sondern auch die zwei anderen Gruppen müssen beachtet werden: den_die Betroffene_n und die Zuschauenden. Es sollte bei der Intervention/Reaktion die Solidarität für den betroffen Jugendlichen/das Kind und die Lernchance für die dabeistehenden Kinder bedacht werden.

Wichtig ist es hier Handwerkszeug zu erlernen in Diskriminierungssituationen professionell alle Gruppen in den Blick zu nehmen, um (1) den_die Betroffene_n unterstützend zu begleiten, (2) der_dem Verursacher_in nachhaltig zu zeigen, welches Verhalten angemessen ist und (3) der zuschauenden Klasse oder Gruppe zu vermitteln, was respektvoller Umgang ist, über Unsicherheiten aufzuklären und soziale Verhaltensregeln für die Zukunft zu etablieren. Schulungen können hier hilfreich sein.

Was können Zuschauende und Betroffene lernen?

Tatsächlich ist eine diskriminierende Situation eine Lernsituation für alle Kinder, auch für diejenigen, die es nur als Zuschauende mitbekommen. An dem Handeln der Fachkraft erlernen sie, wie ein respektvolles Miteinander aussehen sollte. Die ganze Gruppe lernt anhand Ihrer klaren Haltung und Ihrem Verhalten in solchen Momenten, ob es „okay ist" jemanden auszugrenzen oder abzuwerten oder nicht. Es ist wichtig, jede Ausgrenzung zu unterbinden. Die „Zuschauenden" sind der Teil der Gruppe, der am meisten zu beeinflussen ist, wenn man auf den Effekt schaut. Sie können an Ihrer Haltung ablesen, wo Unrecht bestand und es übernehmen als „Normalität". Sie lernen solidarisch zu sein an Ihrem Beispiel. Es ist ein Teilziel die Kinder/Jugendlichen darin zu stärken solidarisch zu handeln und sich in der Gruppe gegen rassistische Abwertung und Ausgrenzung einzusetzen. An der Haltung und Reaktion der Lehrkraft, Erzieher_in, Sozialarbeiter_in oder Mitarbeiter_in der Jugendeinrichtung ist abzulesen: „Das wird hier nicht toleriert!". Als Fachkraft ist es wichtig in dem

Bewusstsein zu handeln, dass Sie einen Schutzauftrag haben und dass rassistische Denkweisen in der Gesellschaft zwar verbreitet sind, diese aber abgebaut werden sollten. Die nächste Generation sollte dies nicht kommentarlos weiterführen. Die oft gestellte Frage bei rassistischer Diskriminierung durch Kinder und Jugendliche „Woher hat das Kind das?" ist vergleichsweise sekundär zu betrachten, kann aber in Elterngesprächen mit dem_der Verursacher_in später interessant werden.

Betroffene Kinder und Jugendliche lernen, dass sie sich vertrauensvoll an Sie wenden können und ernst genommen werden. Sie lernen, dass sie genauso wertgeschätzt werden, wie die anderen in der Gruppe, ihnen mit dem Handeln Unrecht geschieht und dass dies nicht akzeptiert wird. Die Chance ohne nachhaltige Verletzung aus der Situation zu gehen ist dadurch größer.

Was Sie aus dem Modell lernen können

Es wird deutlich: Sie haben eine Verantwortung gegenüber mehreren Gruppen und alle können etwas lernen. Es „bringt" etwas zu intervenieren, selbst wenn man keine sofortige Meinungsänderung bei der_dem Verursacher_in erreicht. Orientierende Gespräche und Klarstellungen durch Erzieher_in, Fachkraft oder Lehrer_in in der Vorbildfunktion sind die Grundlage für ein menschenrechtliches Verständnis von Gleichwertigkeit in Einrichtungen. Entlang Ihres Verhaltens wird maßgeblich gelernt.

Die Frage, ob etwas „einen Effekt" hat, stellt sich insofern nicht, als dass die Folgen eines passiven, also duldenden Verhaltens deutlich schlimmer sind.

„Diskriminierung ist o. k.!": Folgen stiller Zustimmung

Die Effekte davon, sich als Fachkraft herauszuhalten und nichts zu sagen, sind nicht zu unterschätzen. Man ist sehr aktiv, selbst dann, wenn man nicht auf Situationen reagiert. Die Effekte sind vielschichtig und alle aus empowermentorientierter Sicht unerwünscht: Das lauteste und stärkste Kind kann über die anderen Kinder bestimmen und weiterhin andere Kinder ausgrenzen und beleidigen. Eine machtvolle Gruppendynamik entsteht. Vorurteile festigen sich, da sie von Ihnen nicht aufgelöst werden. „Wir spielen nicht mit Kindern dunkler Hautfarbe", Kindern die „komisch reden", Kindern, die ein Kopftuch tragen, Kindern, die im Rollstuhl sitzen etc.

Diese Haltungen setzen sich durch. Kinder nehmen Merkmale und Unterschiede wahr, unabhängig davon, ob Sie es ansprechen oder nicht. Was Kinder daraus machen, findet unter den Augen Erwachsener statt. Bleibt es dabei, kann ein Klima der Angst für die betroffenen Kinder entstehen und die nicht betroffenen Kinder, die ihnen helfen wollen, haben Angst sie zu unterstützen, um nicht selbst ins „Fadenkreuz“ zu kommen. Die Verhaltensweise kann also weiteren rassistischen Verhaltensweisen eine Art „Rückendeckung“ geben. Durch ihr Schweigen würden Sie Fälle von rassistischer Ausgrenzung unterstützen. Nur indem Sie deutlich machen, dass es nicht akzeptabel ist, lernen die Verursacher_innen, das betroffene Kind und die beistehenden Kinder.

Rassismus allen Kindern erklären

Rassismus besprechbar zu machen ist ein wichtiger Schritt, um Diskriminierung gar nicht erst entstehen zu lassen. Dafür ist es hilfreich zu wissen, wie man als Erwachsener mit Kindern altersgerecht über Erfahrungen sprechen kann und ihnen Rassismus als Ungerechtigkeit erklären kann.

Josephine Apraku ist Expertin für diskriminierungskritische Bildungsarbeit und schon lange Wegbegleiterin meiner Arbeit. Ihr Buch „Wie erkläre ich Kindern Rassismus. Rassismussensible Begleitung und Empowerment von klein auf“ erschien 2021 zeitgleich zu meiner ersten Auflage und ist eine besonders gelungene Publikation für Fachkräfte. Mit-Autor_innen des Buches sind u. a. Saraya Gomis, Stephanie Cuff-Schöttle und Olaolu Fajembola. Für Fachkräfte, Multiplikator_innen und Eltern werden dort nicht nur Grundlagen zu Rassismusformen und ihren Ausprägungen vermittelt. „Wie erkläre ich Kindern Rassismus“ ist eine Anleitung für rassismussensible Begleitung und Empowerment, die ganz bewusst nicht nur weiße Eltern und Fachkräfte ansprechen möchte, sondern auch Eltern, die selbst von Rassismus betroffen sind. Das Buch bietet Beispiele dafür, was Rassismus ist und welche Ausprägungen es von ihm gibt, um dann entlang der verschiedenen Altersgruppen Kindergartenalter, Grundschulalter und Teenageralter genauer zu erklären, wie Rassismus altersspezifisch im Sinne einer antirassistischen Erziehung angesprochen werden kann. Es zeigt, wie man gesellschaftliche Zusammenhänge sichtbar machen, Vielfalt als Normalität im Kinderalltag etablieren und auf Rassismus als Ungerechtigkeit hinweisen kann.

Empowerment und das Sich-Spiegeln-Können, werden darin ebenso thematisiert, wie die Möglichkeiten, Kinder gegenüber einem rassistischen Umfeld zu verteidigen. Die Anleitung ist schön illustriert und für Eltern und interessierte Fachkräfte in einer einfachen und anschaulichen Sprache verfasst.[6]

Die unten gezeigte Illustration von Le Hong stellt dar, wie man als Eltern seinen Kindern durch direktes Ansprechen Unterstützung bietet:

„Kindern helfen, Rassismus in Schulen zu begegnen"

Quelle: Josephine Apraku/Le Hong „Wie erkläre ich Kindern Rassismus? Rassismussensible Begleitung und Empowerment von klein auf", S. 55. Berlin 2021. Illustration © Le Hong mit freundlicher Genehmigung des Familiar Faces Verlags.

3 Menschenrechtliche Schutzpflicht

Ich erachte es als schwierig, dass das Herunterspielen von rassistischen Ausgrenzungen noch eine verbreitete Verfahrensweise in pädagogischen Kontexten ist und hoffe, Ihnen mit dieser Faktenlage Verunsicherungen genommen zu haben. Studien belegen, dass unter Fachkräften noch zu wenig hingesehen und zu häufig heruntergespielt wird. Ein Teilproblem kann in der Ausbildungslücke „Antidiskriminierung", „rassismuskritische Migrationspädagogik" und „Diversitätssensibilität" in den Inhalten liegen. Laut Befragung des Sachverständigenrates deutscher Stiftungen fühlen sich zwei Drittel aller angehenden Lehrkräfte nicht auf die Vielfalt ihrer Klassen vorbereitet.[7] Auch im Studium Sozialer Arbeit oder in den Ausbildungen für Erzieher_innen sind diese Schwerpunkte keine Pflichtthemen, die flächendeckend an Fachhochschulen oder Bildungsinstituten vermittelt werden.

Die Angebote gibt es, jedoch werden sie leider nicht als Grundlagenwissen angesehen. Problematisch in den pädagogischen Professionen und der Sozialen Arbeit ist die oft fehlende Wahrnehmung rassistischer Denkweisen oder von Diskriminierung im Arbeitsalltag und die unangemessenen Reaktionen auf diese Situationen.[8] Vielfach gibt es kein fest verankertes Prozedere im Team, um in jedem Fall zu reagieren. Diese Handlungsunsicherheit und fehlende Sensibilität für das Thema Rassismus im Allgemeinen wirken sich negativ auf die Situation des Kindes aus, welches keine notwendige Unterstützung zu seinem Schutz bekommt. Hier beginnt Ihre Arbeit. Sie ist sehr wichtig, um eine Verinnerlichung von rassistischen Zuschreibungen zu verhindern und empowerment-orientiertes Handeln zu ermöglichen.

Beispiel: Ein afrodeutsches Mädchen erzählt der Betreuerin einer Jugendgruppe, es bekäme von anderen Kindern Sprüche wie „Deine Haut ist Scheiße" oder „Du bist dreckig, wasch dich mal" zu hören. Die Betreuerin der Jugendgruppe sagt daraufhin zu dem Mädchen: „Komm doch zu mir wenn es nochmal passiert". In diesem Augenblick handelt die Betreuerin jedoch nicht. Das Mädchen erhält keine Unterstützung und es findet keine Klarstellung mit den verursachenden Kindern statt. Es geht mit Bauchschmerzen nach Hause.

Dieses Mädchen wird wahrscheinlich nicht noch einmal kommen. Es fühlt sich nicht ernst genommen, was auch der Fall ist. Die Ansammlung von Verletzungen ist für diese Fachkraft „hinnehmbar". Das betroffene Kind fühlt sich allein, denn es hat in dieser Fachkraft keine vertrauensvolle Ansprechpartnerin. Das

Kind ist verletzt und die anderen Kinder nehmen aus den wiederholten Situationen ohne Konsequenz mit, dass rassistische Beschimpfungen akzeptiert sind. Im schlimmsten Fall wird es von den anderen noch als „empfindlich" hingestellt.

Beispiel zur Stärkung des betroffenen Kindes
Sie arbeiten als Erzieher_in einer Kita. Sie erleben im Morgenkreis, dass ein 5-jähriges Kind sich weigert, ein anderes Kind im Kreis anzufassen. Das Kind „begründet" dies mit der Aussage: „Ich mag keine Asylantenkinder."[9] Migrationspädagogik findet im Spannungsfeld von Anerkennung und der „Befragung von Zugehörigkeiten" statt. Eine professionelle Handlung findet hier entlang der eignen Einstellung statt, die immer wieder reflektiert: Findet hier eine Herstellung des Anderen statt? Und wird dieser Andere ausgeschlossen?[10] Wichtig wäre in diesem Beispiel gewesen, die Aufmerksamkeit dem ausgegrenzten Kind zu geben und demonstrativ seine Hand zu nehmen. Erst dann sollte das ausgrenzende Kind angesprochen werden. Die betroffenen Kinder und Jugendlichen brauchen in der Situation Solidarität, um die Verletzung zu minimieren. Nicht selten zeigt sich die lange verinnerlichte Verzweiflung, wenn Kinder nicht mehr in die Kita, Jugendgruppe oder Schule gehen wollen und zum Beispiel über „Bauchschmerzen" bei ihren Eltern klagen. Spätestens bei solchen Warnsignalen sollte das eigene Verhalten und Herunterspielen hinterfragt werden. Nur betroffene Kinder und Jugendliche haben die Hoheit darüber zu entscheiden, ob etwas verletzend war, niemals andere. Sie können es nicht so spüren, wie derjenige, den es getroffen hat. Es ist wichtig dem Kind seine Gefühle nicht abzusprechen. Sie sollten sie ernst nehmen.

Klärung von diskriminierenden Situationen[11]

Wie kann man in der Situation die verschiedenen Gruppen in einer Diskriminierungssituation einbinden? Wie kann ich den Betroffenen unterstützen und welche Umgangsweisen können pädagogische Fachkräfte anwenden? Das Thema Mobbing und Methoden zu Antidiskriminierung ist umfassend und altersspezifisch zu betrachten. Spezifische Methoden sind je nach Alter und Setting sinnvoller als andere. Welche es gibt und wie die Umsetzung in Schritten aussieht, bitte ich in Schulungen für ihr Setting auszuloten beziehungsweise nachzulesen in der „Anti-Mobbing-Fibel" Berlin-Brandenburg (2008). Hier nur einige Grundgedanken.

Grundregeln beim Einschreiten/Intervention

Ein kompetentes Einschreiten bedeutet ein aktiver Stopp in der Situation, Klärung von menschenrechtlichem Miteinander/rassistischem Anteil der Denkweise hinter dem Verhalten und im Nachgang das Unterbinden weiterer Abwertungen. Eine Grundregel bei Klärung einer empowerment-sensiblen Konfrontation ist die Frage: Was braucht das Kind in dem Moment? Es sollte unbedingt vermieden werden das betroffene Kind auf den Präsentierteller zu stellen. Bei einer Absprache in der Gruppe sollte unbedingt vom Kind nicht als „Opfer" geredet werden, sondern allgemein darüber, wie man miteinander umgehen möchte. Überlegen Sie gut wer dabei sein sollte. Eventuell sind es nur die Eltern der Kinder und Sie selbst. Klar muss werden, dass eine Wiederholung des Falls wahrgenommen wird und negative Konsequenzen hat. Wenn dem_der Verursacher_in etwas beigebracht werden sollte, sollte es im kleineren Kreis stattfinden. Unangenehm für die Betroffenen bei der „Klärung" ist der häufige angewendete Beweis, den das betroffene Kind in einer Gegenüberstellung liefern soll. Dies ist eine erneute herabwürdigende Situation für das Kind. Andere Kinder sollten generell einer Gegenüberstellung nicht beiwohnen, um es nicht zu einer Situation der „Demütigung" werden zu lassen. Erfahrungsgemäß wird die emotionale Seite der Betroffenen zu wenig beachtet. Klärungsprozesse können weitere Thematisierung des Themas über einen längeren Zeitraum mit Gesprächen, Projekten, Ausflügen etc. beinhalten. Folgende Schritte bei Diskriminierungssituationen sind unmittelbar in der Situation und auf der Ebene der Träger denkbar (angelehnt an Georg 2021 mit eigenen Anpassungen).[12]

Einschreiten auf der Ebene Klassenzimmer/Kitagruppe/Jugendraum

1 Unmittelbar mit der gesamten Gruppe ins Gespräch gehen, konkret nachfragen und sich positionieren im Beisein der Gruppe.
2 Unmittelbar: Solidarität mit dem betroffenen Kind/Jugendlichen, Zugehörigkeit des Kindes betonen und dabei selbst zeigen, wie man die Sache sieht. Gegenargumente zu den geäußerten Vorurteilen/Rassismen, im Gespräch entkräften: Verweis auf Gemeinsamkeiten Wertschätzung von Vielfalt.
3 Gespräch mit dem_der einzelnen „auffälligen" Verursacher_in (ohne Zuschauer).

4 Zeitversetzt: Einzelgespräch mit Betroffenen, was er/sie braucht, wie es sich anfühlt (sich versichern, dass ein Eindruck von „Rückhalt" zurückbleibt).
5 Eltern des_der Betroffenen und des_der Verursacher_in ggf. einbeziehen.
6 Neue Unterrichtseinheiten/Ausflüge/Treffen vorbereiten für eine nachhaltige Auseinandersetzung.

Auf der Ebene Schule/Träger

1 Austausch mit Kolleg_innen
2 Involvieren der (Schul-)Leitung
3 Externe Unterstützung organisieren (Beratung/Fortbildung)

Politische Meinungsbildung bei Jugendlichen: Thema aufgreifen und vertiefen

Im Setting einer Jugendgruppe ist deren politische Meinungsbildung, die in der Identitätsentwicklung ebenfalls stattfindet, mitzudenken. Jugendliche brauchen einen partizipativen Ansatz, um die Welt zu erforschen. Hier reicht es nicht aus, Verbote zu verhängen und Worte zu verbieten. Bei Jugendlichen entwickelt sich die politische Meinungsbildung im „Try-and-Error-Verfahren". Es sollte daher zwar in der Situation eine Grenze gesetzt werden, jedoch sollte die Behauptung, der Spruch oder die Abwertung zum Anlass genommen werden, um vertiefend darüber zu reden oder Raum zu geben, um neue Erfahrungen zu machen. Es ist hilfreich, Gespräche immer dort zu suchen, wo verzerrte Wissenslücken entstanden sind. Menschenverachtende, rassistische, rechtsextreme oder antisemitische Parolen brauchen einen Raum für Auseinandersetzung, ggf. mit Kompetenzen von externen Angeboten als Unterstützung (z. B. über lokale Demokratiezentren beispielsweise Seminare zu Kinderrechten).

Beispiel „Mojus" muslimische Jugendgruppe[13]
Als die Sozialarbeiterin und Empowerment-Trainerin Du'A Zeitun in ihrer muslimischen Jugendgruppe wiederholt antisemitische Äußerungen und Vorurteile beobachtete, organisierte sie mit dem Rabbiner ihrer Stadt ein gemeinsames Projekt mit der dortigen jüdischen Jugendgruppe. Gemeinsam besprachen

die Jugendlichen, welche Akzeptanz- und Ablehnungserfahrungen sie machen, tauschten sich darüber aus und organisierten eine Poster-Präsentation in ihrer Innenstadt. Die gemeinsame Zeit hat dabei geholfen, Vorurteile über „die Juden" und „die Muslime" auf beiden Seiten abzubauen. Es entstanden sogar Freundschaften.

Methoden bei Mobbing im Klassenverband und Jugendgruppen

Eine umfassende Analyse des Themas mit dazugehörigen Beispielen für Handlungswege bietet die bereits erwähnte „Anti-Mobbing-Fibel" Berlin-Brandenburg (2008) vom dortigen Landesinstitut für Schule und Medien. Sie analysiert, wie Mobbing funktioniert, was dabei geschieht und zeigt klassische Rechtfertigungs- und Handlungsfehler auf. Außerdem werden Wege aufgezeigt, wie sich Akteur_innen in der Schule in akuten Mobbingsituationen für die Opfer ein- und mit den Tätern systematisch auseinandersetzen können. Diese sind teilweise für Jugendgruppen übertragbar.

Die Autor_innen Kaletsch/Rech analysieren in ihrem Buch „Heterogenität im Klassenzimmer"[14] Situationen der Abwertung im Klassensetting und stellen beispielhaft angemessene Umgangsweisen für Pädagog_innen vor. Ausgangspunkt ist: Jede Intervention von Lehrenden hat eine Wirkung bei den Akteursgruppen: den Betroffenen, dem Täter und den „Zuschauern" (Klassenverband). Ein Beispiel für eine souveräne Intervention aus ihrer Sicht ist es, sofort, kurz und präzise zu handeln, indem das Lehrpersonal sich an die gesamte Klasse über eine Ich-Botschaft für ein menschwürdiges und respektvolles Miteinander positioniert, ohne dabei den Akteur oder Betroffenen direkt anzusprechen.

Wichtig ist die eindeutige Haltung für Menschenrechte im Klassenverband – ohne den Betroffenen auf einen „Präsentierteller" zu stellen, was ggf. mit erneutem Stress verbunden ist. So können „Täter_innen" das eigene Handeln überdenken und der Klasse wird positiv vorgelebt, sich gegen Mobbing zu engagieren. Nicht adäquat finden die Autor_innen Betroffene zu nötigen, ihre Gefühle vor allen erzählen zu müssen oder ihnen zu raten, „selbstbewusster zu ihrer Besonderheit zu stehen". Diese Tipps helfen den betroffenen Schüler_innen nicht, da die machtvolle Wirkung von Rassismus als Einzelperson oft nicht auszuhebeln ist. Den_Die Akteur_in mit Du-Anklagen zu verurteilen oder zu fragen „wie es sich wohl anfühlt, wenn man so etwas erlebe", kann erneuten Druck bei der betroffenen Person erzeugen und sogar eine Eskalation herbeiführen.

Unterschätzte Reaktion: Solidarität zeigen

Als Betroffene ist eine Ausgrenzungserfahrung immer schwerer zu ertragen, wenn man allein ist und deutlich leichter, wenn man Solidarität erlebt. Es geht auf der Metaebene immer darum: Was ist in Ordnung in unserer Gesellschaft und gehört Abwertung aufgrund von Merkmalen und zugeschriebener Zugehörigkeiten dazu? Es geht darum: „In was für einer Welt wollen wir leben?"

Wichtig bleibt, sich solidarisch zu zeigen, nicht nur unter Kindern, sondern auch wenn es zu grenzüberschreitende Äußerungen und Verhaltensweisen im Kollegium kommt. Was Sie sagen könnten wäre: „Das geht aber so nicht.", „Ich möchte nicht, dass solche Äußerungen fallen.", „Wie können Sie so etwas sagen?", „Das ist ein Unding von jemanden in Ihrer Position.". Alles das sind Möglichkeiten, um sich in der Situation aktiv zu verhalten. Unter Kindern kann es auch ausreichen, einfach „Stopp" zu sagen, um in brenzligen Situationen einzugreifen. Solidarisch zu sein kann auch bedeuten, aus der Position, die man hat, eine interne Beschwerde zu formulieren und sich dazu Verbündete mit Einfluss dazu zu holen. Es kann auch bedeuten, es in einem relevanten Gremium zum Thema zu machen, um eine nachhaltige Auseinandersetzung und Konsequenzen in Gang zu setzen.

Formen der Unterstützung in öffentlichen Räumen: Den Betroffenen sagen, dass man empört ist und in der Situation Hilfe anbieten. Dies alles sollte aber relativ zeitnah geschehen, damit es nicht in Vergessenheit gerät. Sie zeigen damit den Betroffenen „Du bist nicht allein". Das ist eine immense Erleichterung, wenn es um die spätere Verarbeitung der Erfahrung geht. Betroffene erzählen in meinen Seminaren vielfach, das Gefühl „keiner hat etwas gesagt" nachträglich als Verschlimmerung der Erfahrung verspürt zu haben. Und dass das Gefühl von Schutzlosigkeit sich dadurch verstärkt habe.

Fazit zu „Diskriminierung begegnen":

- Sie sind ein Vorbild und Bezugsperson in Ihrer Rolle als Fachkraft und haben eine menschenrechtliche Schutzplicht. Versuchen Sie dort Bildungsgerechtigkeit herzustellen und Lernprozesse dort anzustoßen, wo sie gebraucht werden.
- Ausgrenzungen und Vorurteile unter Kindern müssen daher direkt angesprochen und kontinuierlich zum Thema gemacht werden, um eine Festigung früh zu verhindern.

- Effekte von Nicht-Handeln sind weitreichend und nicht wünschenswert. Sehen Sie in der Diskriminierungssituation eine Lernchance für alle Kinder/Jugendlichen.
- Als pädagogische Aufsichtsperson haben Sie den Auftrag, *alle* Kinder in ihrer Persönlichkeitsentwicklung zu unterstützen.
- Bei Reaktionen sollte das emotionale Befinden des_r Betroffenen immer mitgedacht und Demütigungen vermieden werden.
- Politische Meinungsbildung braucht eine Begleitung.

Literatur: Diskriminierung begegnen

Madubuko (2016)
Anti-Mobbing-Fibel Berlin-Brandenburg (2008)
Kaletsch/Rech (2015)
Georg (2021)
Amadeu Antonio Stiftung (2018)
Pates/Schmidt/Karawanskij (2010)

Kapitel 4
Diversität als Aufgabe verstehen

„Ein Mensch mit ‚Ubuntu' erkennt den unschätzbaren Wert eines jeden Menschen an. Alles was wir in der dieser Welt lernen und erfahren, basiert auf unseren Beziehungen zu Menschen. Daher gilt es, unser Denken und Handeln nicht nur darauf zu prüfen, ob sie uns dienlich sind, sondern auch wie sie sich auf unsere Mitmenschen auswirken."
Desmond Tutu zur Ubuntu-Lebensphilosophie[1]

1 Ihre Schlüsselrolle annehmen

Rassistische Zuschreibungen und Abwertungen sowie einseitige Normalitätsvorstellungen in Bildungseinrichtungen, wirken negativ auf die Selbstwahrnehmung und das Selbstkonzept betroffener Kinder und Jugendlicher. Sie widersprechen den Rechten der Kinder und Jugendlichen auf Diskriminierungsschutz. Außerdem wirken sie entgegen einer antirassistischen Erziehung, in der es zu keinerlei Überhöhung *weißer* Kinder kommen sollte. Rassismen sollten benannt und Diskriminierungen aktiv begegnet werden. Zur Rückversicherung, warum dies so wichtig ist, braucht es eine diversitätsorientierte und menschenrechtliche Haltung und Wissen über die Wirkungsweise von Diskriminierung auf Betroffene (Kapitel 2). Aber auch das Wissen über die Gesetzeslage zu Diskriminierung in diesem Kapitel 4 stärkt Ihr neues Grundverständnis der eigenen Rolle. Mit Hilfe des Diversity-Ansatzes entwickeln Sie zunehmend einen achtsamen Blick auf alle Benachteiligungsmechanismen, die in der Institution bzw. in eigenen Handlungen (Einschätzungen und Bewertungen) und denen der Kinder untereinander, stattfinden.

Sie als Sozialarbeiter_in, Erzieher_in oder Lehrer_in nehmen eine Schlüsselrolle innerhalb Ihres Wirkungsraums ein. Sie können sich in Ihrer Rolle als betreuende Person/Lernbegleiter_in unterstützend verhalten. Im Miteinander Wertschätzung von Vielfalt vorzuleben ist eine Herausforderung. Die Autoren des Buches zu Antidiskriminierungspädagogik sehen es sogar als „eine der bedeutendsten Herausforderungen der Pädagogik, Kinder und Jugendliche auf die wachsende Heterogenität in einer Gesellschaft vorzubereiten".[2]

Diversity-Ansatz – ein menschenrechtsorientierter Handlungsweg

Der Diversity-Ansatz hilft Ihnen einen vielfaltssensiblen Blick auf die Arbeitspraxis zu gewinnen. Der genannte Antidiskriminierungsansatz (Kapitel 1) lässt sich gut mit dem menschenrechtsorientierten Diversity-Ansatz verbinden. Neben der Sprachsensibilität sind dies wichtige Bestandteile zur empowerment-orientierten Grundhaltung. Der Diversity-Ansatz und die Menschenrechte als Handlungsorientierung bieten einen Weg, um die Menschenrechte der Kinder zu beachten und gleichzeitig bestehende Ungleichheiten (durch Rassismus und Diskriminierung) noch zusätzlich in den Fokus der Arbeit zu nehmen. Es hilft eine klare rassismuskritische Haltung einzunehmen.

Dieser Ansatz ist dabei kein Handwerkszeug, wie man „die Anderen" behandeln soll, er ist vielmehr als allgemeine Kompetenz zu verstehen, um Menschen und Kinder nicht als Vetreter_innen einer Gruppe zu behandeln, sondern als Individuen ernst- und wahrzunehmen.

Fehlende Gleichbehandlung kann sich ändern, wenn man kritisch die eigene Handlungs- und Denkweise gegenüber den betreuten Kindern und Jugendlichen sowie übliche Verfahrensweisen hinterfragt. Der Ansatz gibt klare Zielsetzungen im praktischen Verhalten und in der eigenen Denkweise vor. Eine diversitätsbewusste Perspektive umfasst die der Antidiskriminierung, Intersektionalität und den Blick auf soziale Gerechtigkeit und Chancengleichheit. Gesellschaftlich besteht Ungleichheit u. a. durch sozioökonomische Unterschiede (Einkommen, Bildungszugänge) oder phänotypische Markierung. Daher ist es so wichtig, unterschiedliche Biografien und Lebenswelten nicht als Abweichung zu behandeln oder zu besprechen. Dies bedeutet die eigene Kombination der Vielfaltsdimensionen nicht als „Maß" für alle zu nehmen und zur Normalität zu küren („Das was ich habe und erlebe, haben und erleben alle in Deutschland"). Es gibt viele Wege Wertschätzung über sein Verhalten zu zeigen.

Durch die Schaffung einer diversen, wertschätzenden Umgebung, in der verschiedene Lebenswelten sichtbar sind, kann dies stattfinden. Sichtbarkeit verschiedener Religionen, Sprachen, Familien ist ein Anfang. Wichtig ist, sich dabei keiner Stereotype zu bedienen und ggf. Eltern einzubinden, wie so etwas aussehen könnte.

Beispiel Schule:
Ein afrodeutsches Mädchen wird in der Schule von Mitschüler_innen gehänselt und „Schwarze K.cke" genannt. Das Ganze wiederholt sich fast täglich. Andere

Schüler und Schülerinnen bekommen es mit. Das Kind erzählt der Pausenaufsicht weinend davon. Die Reaktion: „Du bist zu empfindlich. Sie haben das bestimmt nicht böse gemeint."[3]

Reflexionsfragen zur diversitätssensiblen Haltung

Die Gefühlslage des Kindes ist, dass es sich allein gelassen und verletzt fühlt. Es fühlt sich nicht ernst genommen in seinem Schmerz und wird sich wahrscheinlich auch nicht noch ein weiteres Mal um Hilfe suchend an die Aufsichtsperson wenden. Ihm wird nahegelegt, dass es seinen Gefühlen nicht trauen kann, sondern es zu empfindlich ist. Die Folgen: Neben dem Gefühl, nicht in dem Schmerz ernst genommen worden zu sein, kommt noch hinzu, dass das Kind verinnerlicht, dass sein Schmerz keine Bedeutung für andere hat und andere Kinder auf seine Gefühle treten dürfen und dies akzeptiert ist. Um dies zu verhindern ist es wichtig sich zu fragen:

- Wie fühlt sich dieses Kind? Was bräuchte das Kind?
- Welche grundlegende Erfahrung macht das Kind gerade?
- Welche sollte es machen?

Als Pädagog_in, Sozialarbeiter_in, Lehrende_r oder Erzieher_in stellt sich die Frage, wie man als Teil eines Systems, einer Institution oder Organisation diversitätssensibel handeln und ggf. kränkenden, abwertenden oder ausgrenzenden Denk- und Verhaltensweisen bzw. Zuschreibungspraktiken der eigenen Institution entgegenwirken kann. Ein menschenrechtlicher, diversitätssensibler Blick auf die eigene Arbeitspraxis hilft, um die eigene Rolle für sich sichtbar werden zu lassen und Klarheit darüber zu finden, was für eine Haltung man einnehmen möchte.

Reflexionsfragen zur Wahrnehmung eigener und fremder Zuschreibungspraxen

- Wie kann ich abwertenden Denkweisen, Rassismus und Zuschreibungen neu begegnen?
- Wie kann ich die Kinder und Jugendlichen als Individuen wahrnehmen, in ihrer Identität stärken und empowerment-orientiert handeln?

- Wo kann ich ansetzen, um andere Lebenswelten der Kinder besser wahrzunehmen?
- Wie können meine Kategorisierungen durchbrochen werden?
- Wie gelingt es mir, in der Einrichtung Rassismen und Diskriminierung in den Blick zu nehmen und darauf zu reagieren?

Individualität sehen

Tatsächlich sind Ihre Einflussmöglichkeiten auf die Selbstakzeptanz und das Wohlbefinden der Kinder durch Ihre Haltung zu den Kindern enorm. Wenn man dem menschenrechtlichen Blick folgt und diversitätssensibel auf die Kinder zugeht, verlaufen Ihre Einflussmöglichkeiten entlang Ihrer Sprache, Ihrem Verhalten und wie Sie Wertschätzung im Miteinander vermitteln. Dass es sich hierbei um einen Prozess handelt, der idealerweise professionell begleitet werden sollte, muss an dieser Stelle sicher nicht betont werden. Fortbildungsmöglichkeiten sollten Sie im Team mitdenken.

Wie kann der Diversity-Ansatz konkret umgesetzt werden? Durch...

- Sensibilisierung für Schubladen-Denken und Diskriminierungen,
- Anerkennung und Wertschätzung von verschiedenen Identitätskonstruktionen,
- die Fähigkeit zur Selbstreflexion und zum Perspektivwechsel,
- Wahrnehmung von Dominanz- und Unterordnungsstrukturen,
- Erkennen des Ungleichgewichtes verschiedener sozialer Klassifikationen,
- Konfliktfähigkeit (Erwerben von Handlungsmethoden in Diskriminierungsfällen als Fortbildung ist sinnvoll).

Praxisbeispiel aktive Erzieherin: kindlichen Vorurteilen in der Kita begegnen

Der erste Tag in der Kita meiner Tochter (Allyah). Sie spielt intensiv mit einem anderen Mädchen aus der neuen Gruppe. Sie ist blond und blauäugig, meine Tochter hat dunklen Teint und braune Augen. Sie reden über Knete: Das Mädchen fragt: „Hast du auch Knete zuhause?“ Allyah: „Ja.“ Das Mädchen: „Dann könnte ich ja mal zu dir kommen“. Allyah: „Ja gerne.“ Dann überlegt das

Mädchen und schüttelt den Kopf. Sie sagt: „Ich kann nicht zu dir kommen." Sie zeigt auf ihren Arm und streicht sich über die Haut. Sie zeigt ohne Worte damit: Es geht nicht wegen der Hautfarbe. Die Erzieherin mischt sich in den Dialog ein. „Natürlich kannst du zu ihr gehen. Ihr seid in derselben Kitagruppe". Das Mädchen versucht es zu erklären: „Ich bin aber deutsch!" Daraufhin die Erzieherin: „Nein, du bist russisch und du kannst selbstverständlich mit Allyah spielen und sie besuchen" (persönliches Beispiel meiner Tochter bei der Eingewöhnung).

Wie verhindert man Vorurteile bei Kindern bevor sie entstehen?

Deutsch sein, russisch sein, Schwarz sein, weiß sein. Was welche Bedeutung hat, ist den Kindern erst klar geworden, nachdem die Erzieherin es richtigstellt hat. Dieses Beispiel steht für eine bestimme Haltung und Sensibilität: Die Erzieherin hat zugehört und Stellung bezogen als sich Vorurteile im Miteinander der Kinder eingeschlichen haben. Sie hatte das Wissen darüber, dass es Rassismus und Vorurteile zwischen Kindern gibt und sie Teil des Einordnungsprozesse von Kindern sind. Sie nahm ihre Rolle an, zeigte eine aktive Haltung und stellte die Situation klar für beide Seiten.

Das bedeutet konkret: Man sollte Kindern die Rolle von Unterschieden erklären und Vorurteile richtig stellen. Botschaften über soziale Identitäten (meine Merkmale und was sie in der Gruppe bedeuten) lernen Kinder aus der Umwelt und darüber, wie bestimmte Merkmale durch Erwachsene besprochen werden. Das „wie" ist entscheidend darüber, was Kinder über sich selbst und Merkmale anderer Kinder und deren Wertigkeit lernen.

2 Schlüsselrolle rückversichern: Kinder haben Rechte

Die Rechtslage zu Antidiskriminierung ist eindeutig. Diskriminierungen sind in Deutschland verboten und die Aufgabe des deutschen Staates besteht darin, Diskriminierung dort abzubauen, wo sie stattfindet. Das bedeutet für Sie in Ihrer Profession: Sie haben jedes Recht, auf Diskriminierung hinzuweisen und einzufordern, dass diese abzustellen ist. Es ist keine „Überempfindlichkeit", sondern es steht den Kindern zu, sich zu äußern über die erfahrene Diskriminierung. Zum zweiten hat jedes Kind ein Recht auf Gleichbehandlung und muss Benachteiligung (egal von wem) nicht hinnehmen. Seien Sie sich als Fachkraft Ihrer Rolle bewusst und stehen Sie dafür ein, dass die Kinder ihre Rechte bekommen. Die Realität des mangelnden Diskriminierungsschutzes ist eher bedrückend. Studien belegen, dass Diskriminierung von Seiten der Bildungsträger, dem pädagogischen Personal und allgemein unter den Kindern in Bildungsinstitutionen stattfindet.[4]

Rechtslage zu Antidiskriminierung

Wieso ist es wichtig, diese Haltung anzunehmen? Bei dieser Frage lohnt sich ein Blick auf die Rechtslage zu Antidiskriminierung in Deutschland. Es ist geltendes Recht, dass Ungleichbehandlung aufgrund der Herkunft, Religion und sogenannten „Rasse" (die wissenschaftlich widerlegt wurden) verboten ist. Deutschland hat sich als Staat dazu verpflichtet, dieses Recht zu gewährleisten und Verstöße dagegen zu bekämpfen. **Menschenrechte** sind universell, unteilbar, unveräußerlich und bedingen einander. Dies sind Freiheitsrechte, Partizipationsrechte und Gleichheitsrechte.

1948, direkt nach dem Zweiten Weltkrieg, wurde die **Allgemeinen Erklärung der Menschenrechte der Vereinten Nationen**[5] verfasst. Dort heißt es im Artikel 1: „Alle Menschen sind frei und gleich an Würde und Rechten geboren" und in der Präambel „Die Anerkennung der angeborenen Würde und dergleichen und unveräußerlichen Rechte aller Mitglieder der Gemeinschaft der Menschen bildet die Grundlage von Freiheit, Gerechtigkeit und Frieden in der Welt." Die Rechtslage zu Antidiskriminierung ist vor allem geregelt durch nationale Gesetze und internationale Konventionen.[6]

Das **deutsche Grundgesetz** hat diesen Gedanken aufgenommen im Artikel 1 „Die Würde des Menschen ist unantastbar". Artikel 3, Absatz 3 geht darüber hinaus und spricht die Gleichbehandlung an, die es in Deutschland in Zukunft maßgeblich geben soll:

(3) Niemand darf wegen seines Geschlechtes, seiner Abstammung, seiner „Rasse"[7], seiner Sprache, seiner Heimat und Herkunft, seines Glaubens, seiner religiösen oder politischen Anschauungen benachteiligt oder bevorzugt werden. Niemand darf wegen seiner Behinderung benachteiligt werden.

1969 trat Deutschland dem **„Internationalen Übereinkommen zur Beseitigung jeder Form von Rassendiskriminierung"**[8], der ersten völkerrechtlich bindenden Erklärung gegen Diskriminierung, bei.

Dort heißt es in Artikel 2, Absatz 1a

> „Die Vertragsstaaten verurteilen die Rassendiskriminierung und verpflichten sich, mit allen geeigneten Mitteln unverzüglich eine Politik der Beseitigung der Rassendiskriminierung in jeder Form und der Förderung des Verständnisses unter Rassen zu verfolgen; zu diesem Zweck verpflichtet sich jeder Vertragsstaat, Handlungen oder Praktiken der Rassendiskriminierung gegenüber Personen, Personengruppen oder Einrichtungen zu unterlassen und dafür zu sorgen, dass alle staatlichen und örtlichen Behörden und öffentlichen Einrichtungen im Einklang mit dieser Verpflichtung handeln."

Ein Diskriminierungsverbot ist in allen Dokumenten formuliert. Nicht diskriminiert (bzw. gleichbehandelt) zu werden, steht somit jedem Kind ausdrücklich zu.

Kein Kind oder Jugendlicher sollte wegen seiner Sprache, seiner Religion oder seinen kulturellen Werten benachteiligt werden.[9] Ein handlungsleitendes Bildungsziel wurde in die UN-Konventionen aufgenommen. In der von Deutschland unterzeichneten **UN-Kinderrechtskonvention** heißt es im Wortlaut:

> „Die Vertragsstaaten achten die in diesem Übereinkommen festgelegten Rechte und gewährleisten sie jedem ihrer Hoheitsgewalt unterstehenden Kind ohne jede Diskriminierung unabhängig von Rasse, der Hautfarbe, dem Geschlecht, der Sprache, der Religion, der politischen

oder sonstigen Anschauung, der nationalen ethnischen oder sozialen Herkunft, des Vermögens, einer Behinderung, der Geburt oder sonstigen Status des Kindes, seiner Eltern oder seines Vormunds."

Diskriminierungsschutz ist Pflicht für Fachkräfte

Der Staat hat sich verpflichtet Maßnahmen zur Umsetzung dieses Verbotes einzuleiten. Jedem Kind ein Recht auf Bildung zu ermöglichen und auf die Würde des Kindes zu achten, wurde darin beschlossen. Lehrpersonal und Fachkräfte in Bildungs- und Sozialeinrichtungen der Bundesrepublik Deutschland sind im menschenrechtlichen Sinne „Pflichtträger_innen", da sie den staatlichen Bildungsauftrag umsetzen. Das Institut für Menschenrechte (2020) stellt in seiner Analyse „Schweigen ist nicht neutral" daher fest: „als Pflichtträger_innen sind sie dazu verpflichtet, Menschenrechte zu verteidigen und zu fördern. Dies sollte Bestandteil in der Aus- und Weiterbildung sowie das Leitbild von Schulen sein."[10]

Menschenrechtsbildung und **Diskriminierungsschutz** sind also Teile Ihres Bildungsauftrages. Das Neutralitätsgebot bezieht sich darauf, dass Schule (und Bildungseinrichtungen) parteipolitisch neutral sein soll. Wenn es um rassistische oder sonstige Diskriminierung geht, gelten jedoch die menschenrechtlichen Verpflichtungen bezüglich des Diskriminierungsschutzes, dass Menschen gleich hinsichtlich der Würde und der Rechte sein sollen. Eine Intervention ist damit geboten.

Fachkreise betrachten die Umsetzung von Diskriminierungsschutz für Kinder und Jugendliche entsprechend der Rechtslage allerdings mit Besorgnis. Aus dem sechsten Bericht zur Umsetzung der UN-KRK (2019) wird deutlich, dass die Realitäten noch weit davon entfernt sind, Schutz für alle Kinder zu bieten. Dort heißt es:

> „Das Gleichheitsgebot und der Schutz vor Diskriminierung sind Kernelemente des Menschenrechtsschutzes, die ihr Fundament in der Menschenwürde finden, die allen Menschen gleichermaßen zukommt. Kinder und Jugendliche sind jedoch im Alltag von verschiedensten Formen von Diskriminierung, Benachteiligung und Mobbing betroffen. So sind individuelle, einstellungsbedingte Formen der Diskriminierung zu beobachten (zum Beispiel Ageism, Sexismus, Antisemitismus, Rassismus, Behindertenfeindlichkeit).

Der Abbau von Diskriminierung und Barrieren muss jedoch als gesellschaftlicher Wandel begriffen werden: Nicht die Kinder und Jugendlichen, die Diskriminierung erfahren, sind das Problem, sondern individuelle, institutionelle und strukturelle Barrieren, die zu Benachteiligungen und Diskriminierungen führen."[11]

Ergänzend dazu heißt es im Bericht der Antidiskriminierungsstelle des Bundes zu Diskriminierung in frühkindlicher Bildung (2013a):

> „Erkennen Erzieher_innen, die als Vorbild und Bezugspersonen fungieren, Abwertungen, Beleidigungen und Ausgrenzungen nicht und/oder schreiten nicht dagegen ein, so können diese von Kindern als ‚normal' und ‚richtig' angesehen werden. Insbesondere dort, wo ein Kind aufgrund eines Merkmals seiner Person – das auch konstruiert sein kann – ausgegrenzt wird, müssen Erzieher_innen eindeutig werden und intervenieren" (ADS Expert_innen-Interviews).[12]

Die Mahnung ist eindeutig und sie geht an die pädagogischen Professionen. Mitarbeiter_innen und Fach- und Leitungspersonal in Bildungseinrichtungen sind gefragt und verpflichtet, Diskriminierungsschutz zu bieten, Barrieren abzubauen und menschenrechtliche Bildung umzusetzen. Die Gesetzeslage im Sinne eines Rechtes auf Nicht-Diskriminierung für Kinder ist eindeutig, aber die Umsetzung wird vielfach nicht konsequent beachtet. In einzelnen Bundesländern sind auch in Schulgesetzen Diskriminierungsverbote ausgesprochen. Das **Allgemeine Gleichbehandlungsgesetz** (AGG) greift im Beschäftigungsbereich, beim Zugang zu Waren und Dienstleistung inklusive Wohnraum, dem sozialen Leben, Vereinen und auch im Bereich der privaten Bildung. Schüler_innen an öffentlichen Schulen sowie Diskriminierung durch staatliche Institutionen, wie Ämter oder Polizei, sind davon ausgenommen.[13] Eine eindeutige Schutzlücke und somit eine zusätzliche Verantwortung für das Leitungspersonal in pädagogischen Kontexten und Einrichtungen hierfür Sorge tragen.

Ich denke, es ist wichtig sich diese Rechtslage und die daran gebundenen Schutzpflichten noch einmal deutlich zu machen. Diskriminierungsschutz sollte vor Ort in den Professionen ernst genommen werden, weil es Teil Ihres Bildungsauftrages ist. Es ist rechtlich gesehen ein eindeutiges Fehlverhalten, worauf die Betroffenen verweisen könnten. Wenn es darum geht Diskriminierungsfälle in Arbeitskontexten (als Sozialarbeiter_in, Erzieher_in, Schulleitung, Lehrer_in) ohne Konsequenzen zuzulassen, ist dies vor diesem rechtlichen Hintergrund noch weniger zu legitimieren. Indem man Kinder nicht vor Diskriminierung schützt, handelt man faktisch gegen diese Rechtslage und Schutzrichtlinien zu Antidiskriminierung. Strukturen und Verfahrensweisen sollten diesbezüglich geprüft werden.

Wissenskompetenz zu rassismus- und diskriminierungskritischem Handeln

Weil die Umsetzung der rechtlichen Lage für Kinder so prekär ist, brauchen wir pädagogische Einrichtungen, die diese Verfahrensweisen über Haltungs- und Wissenskompetenz ihrer Fachkräfte rassismus- und diskriminierungskritisch umsetzen. Bei der Selbstreflexion ist es wichtig zu beachten, dass man in der Kindheit über die Sozialisation und über gesellschaftliche Diskurse einiges über „die anderen“ gelernt hat. Diese Vorurteile haben sich im Erwachsenenalter gefestigt, aber es ist wichtig vieles davon als Stereotype abzutun und nicht als Basis für eine Bewertungen zu nehmen. Im Hinblick auf Empowerment ist dieser Umstand insofern wichtig, als es eine Abkehr von diesem Normalitätsverständnis braucht, um die Problemlagen der betroffenen Kinder erst einmal wahrzunehmen und deren Lebensrealität kennenzulernen: Ein erreichbarer Schritt, wenn die Haltung klar antirassistisch ist.

3 Fazit: Diskriminierungsschutz und Empowerment-Orientierung in der Pädagogik, Jugendarbeit und Sozialen Arbeit

Als Fachkraft sind Sie in Ihrer Rolle zum Diskriminierungsschutz verpflichtet. Ziel bleibt es, Kindern zu helfen ihre Identität zu erforschen und wertschätzend Unsicherheiten zu der Herkunft, Hautfarbe, Religion ansprechen zu können und dies auch den anderen Kindern zu vermitteln. Niemand soll sich „anders" fühlen, sondern genau „richtig". Diskriminierung wird dort erlernt, wo es keine Reaktionen durch Fachkräfte gibt.

Empowerment-orientierte Pädagogik braucht eine gute Grundlage in der Haltung sowie in den Wissens- und Verhaltenskompetenzen.[14] Grundlagen wurden in den Kapiteln 1 bis 4 zusammengefasst. Es braucht (1) Wissen über diskriminierende und rassistische Zuschreibungspraktiken und (2) deren Einfluss auf die Art, wie mit Kindern gesprochen wird und welche Fähigkeiten und Eigenschaften (teils automatisch) ihnen zu- und abgeschrieben werden. Es braucht (3) das Wissen, dass diese (zum Teil) rassistischen Verletzungen (wenn nicht reagiert und gehandelt wird) zum Dauerstress der betroffenen Kinder, ja zum Trauma werden können, wenn sie kein soziales Umfeld haben, um dies auszugleichen und Akzeptanz zu erleben. (4) Aus dem Wissen um die Wirkungsweise und der Realität von Ungleichheiten heraus, ist die Zielsetzung der Aufklärung und Reaktion in Diskriminierungssituationen, Stärkung der Identitäten durch bewusste Sichtbarmachung, Abkehr von Zuschreibungen und Angebote von Safer Spaces grundlegend.

Mit dem Diversity-Ansatz als Handlungsweg lernen Sie Unterschiede zu sehen und wertzuschätzen, um damit allen deutlich zu machen: Jedes Kind kann sehen, dass es gewünscht wird. Dabei achten Sie darauf diese nicht überzubetonen, wenn sie unwichtig sind. Die Wertschätzung ist übertragbar auf Sichtbarkeit und Berücksichtigung von verschiedenen Religionszugehörigkeiten, Herkünften, sozialen Identitäten, Herkunftssprachen und von Vielfalt in Geschlechterrollen, Familienformen und körperlichen Fähigkeiten der Kinder. Auch Jugendlichen mit ihren Lebenswelten Raum zu geben, gehört dazu.

Zuschreibungsprozesse und Verallgemeinerungen vermitteln sich viel über Sprache und es lohnt sich, sie sensibler zu nutzen. „Leerstellen" und subtile rassistisch begründetet Annahmen, sollten nicht stattfinden. Deutlich ist auch geworden, dass Rassismuserfahrungen eine Form der emotionalen Gewalt sind und wie Diskriminierungssituationen gesehen werden sollten: als „Lernchance für alle“, um Grundlagen im Miteinander festzulegen.

Die Bedeutung von Diskriminierungsschutz für Empowerment könnte nicht höher sein, da durch ihn Verletzungen vermieden werden. Das liegt in Ihrer Hand. Es gehört zu Ihrem Bildungsauftrag, Kindern ihr Recht auf Diskriminierungsschutz in der Einrichtung zu gewährleisten. Rassistische Diskriminierungen haben weitreichende Folgen, die mit den pädagogischen Zielen und denen der Sozialen Arbeit nicht vereinbar sind. Diversitätssensible Haltung ist etwas, was durch Wissen untermauert wird: das Wissen über die Rechtslage zu Antidiskriminierung bei Kindern und Jugendlichen gibt Ihnen die Sicherheit, sich für das Recht der Kinder einzusetzen und es zu schützen.

Das folgende Schema fasst wichtige Elemente der empowerment-orientierten Wissenskompetenzen zusammen. Es bietet Ihnen einen hilfreichen Einstieg, worauf Sie sich im professionellen Handeln fokussieren sollten. Zusammengefasst sind die folgenden Wissenskompetenzen bei einer Empowerment-Orientierung relevant.

Schema 7 Empowerment und empowerment-orientierte Wissenskompetenzen

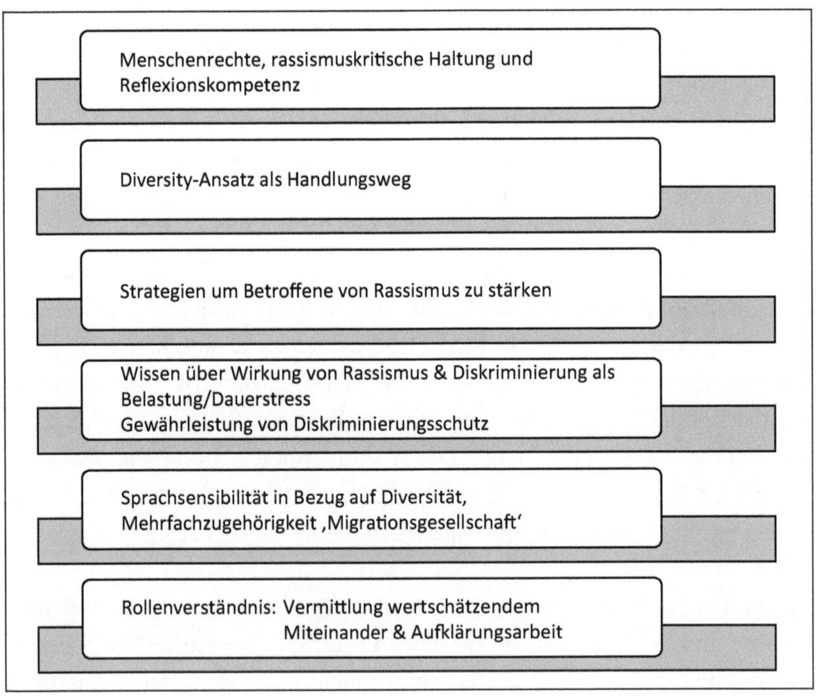

Quelle: Eigene Darstellung.

Literatur: Diversität als Aufgabe verstehen

Polat, Migration und Soziale Arbeit, Kapitel: Rechtslage (2017)
Institut für Menschenrechte/Handbuch Compasito
Institut für Menschenrechte/Cremer (2020)
Klose/Liebscher (2015)
National Coalition Deutschland (2019)
Pates et al. (2010)

Kapitel 5
Empowerment und empowerment-orientiertes professionelles Handeln

„Empowert sein bedeutet die Freiheit, als Selbst existieren zu können, ohne sich von außen herangetragenen Handlungszwängen und Kategorien zu beugen. Es bedeutet, ohne Kategorisierungen existieren zu können."
Nassir-Shahnian, in: Böll 2013

In diesem Buch verfolge ich ein bestimmtes Verständnis des Begriffes „Empowerment", wie ich es Ihnen ganz am Anfang des Buches dargestellt habe. Ich sehe Empowerment als einen wichtigen und notwendigen Teil einer gesellschaftlichen Antwort auf Diskriminierungserfahrungen, in dem die Betroffenen die Aktiven sind. Blickt man auf die Wirkungsweise von Rassismuserfahrungen, so muss jede Form der sozialen und pädagogischen Arbeit, die einen lebensweltlichen Ansatz verfolgt und Kindern gleichberechtigte Teilhabe ermöglichen will, Empowerment (1) als Angebot im *Schutzraum* und (2) als *Orientierung* in der Arbeit mitdenken. Empowerment sehe ich als Befreiungs- und Heilungsprozess von Betroffenen, den diese selbst aktiv mit Inhalt füllen. Mit Visionen und Austausch entstehen Räume, in denen nach wiederholter Erfahrung von Abwertung und rassistischen Verletzungen eine Selbstermächtigung stattfinden kann. Einer meiner Kritikpunkte in der Anwendung des Begriffs von Empowerment gegen Rassismuserfahrungen ist die fehlende Berücksichtigung der eigenen Positionierung. Daher lege ich im weiteren Verlauf Wert darauf.

In diesem Kapitel geht es um Grundlagen von Empowerment gegen Rassismuserfahrungen und die konkrete Umsetzung in verschiedenen Arbeitskontexten. Ich unterscheide dabei zwischen **a) Empowerment-Orientierung in der Arbeitsweise und b) Empowerment in Schutzräumen.**

Fachkräfte der Positionierung mit eigenem biografischen Erfahrungswissen und nicht betroffene Unterstützer_innen bieten **Empowerment-Orientierung** an.

Empowerment findet in Schutzräumen als Safer Spaces statt, geleitet von Trainer_innen oder Fachkräften mit biografischem Erfahrungswissen.

In der **Empowerment-Orientierung** sind somit alle Fachkräfte angesprochen, die sich dem Thema bewusst widmen und sensibel damit umgehen möchten.

Dieses Kapitel steigt mit Grundlagen zu Empowerment gegen Rassismuserfahrungen ein: den sozialpolitischen Dimensionen des Empowerment-Prozesses, um davon ausgehend die Gefühlslage der Betroffenen deutlich zu machen. Weitere verschiedene Aspekte, die beim Empowerment-Prozess gegen Rassismuserfahrungen relevant sind, fasse ich zusammen.

Im zweiten Abschnitt wird Ihr Einflussrahmen als Nicht-Betroffene Fachkraft/Pädagog_in, Sozialarbeiter_in/Lehrkraft[1] in Form der Umsetzung einer Empowerment-Orientierung und dem von mir entwickelten Konzept eines **„Empowerment-Hauses"** vorgestellt. Mir ist bewusst, dass Sie als Leserin oder Leser selbst eine Positionierung mitbringen, daher ist das Konzept des Empowerment-Hauses so wichtig. Und das aus mehreren Gründen:

- In diesem Konzept wird deutlich, dass es zwar Empowerment-Schutzräume geben sollte, in denen Trainer_innen oder Fachkräfte mit eigenen Rassismuserfahrung begleitend Impulse geben. Hier sind rassismuserfahrene Fachkräfte angesprochen.
- Wenn Sie eine nicht von Rassismus betroffene Fachkraft sind, sind Sie auch wichtig. Sie gehören zum Fundament und der Basis-Ebene des Hauses, indem Sie mit Wissen, Haltung und Verhaltensweisen empowerment-orientiert arbeiten. Eine Fachkraft, die diesen Fokus hat, kann dies unabhängig von ihrer Positionierung tun. Jede_r Mitarbeiter_in und die Leitung kann das tun.
- Das Konzept des Empowerment-Hauses soll deutlich machen, dass durch die Haltung, das Wissen und die Kompetenzen alle Fachkräfte maßgeblich dazu beitragen können, empowerment-orientiert zu arbeiten.
- Das Empowerment-Haus macht deutlich, dass Ihre Haltung, Ihr Diskriminierungsschutz und Ihre Verfahrensweisen das Fundament für Empowerment-Erfahrungen sind und es aber auch geschlossen Schutzräume („Safer Spaces") braucht, die diese sinnvoll ergänzen (vgl. Kapitel 6).

Empowerment verstehen

Folgende Grundlagen und bedeutsame Sichtweisen im Kontext von Empowerment gegen Rassismuserfahrung sind weitestgehend übereinstimmend mit dem, was aus rassismuskritischer Sicht für Empowerment in der Bildungsarbeit zu berücksichtigen ist.[2] Daran knüpfe ich an und ergänze es mit meinem Wissen, ohne dass die Zusammenstellung dadurch vollständig und abgeschlossen wäre.

1 Sozialpolitische Dimensionen des Empowerment-Prozesses

Gesellschaftliche Prozesse von Ungleichheit sind eng mit dem, warum Empowerment von Nöten ist, verbunden. Um die Notwendigkeit des Empowerments zu verstehen, sollte man sich ausgrenzende Denksysteme unserer Gesellschaft bewusst machen und versuchen, dem etwas entgegenzusetzen. Mit den eigenen Vielfaltsdimensionen (Hautfarbe, Herkunft, Bildungstand, Geschlecht etc.) entsteht ein Setting an Erfahrungen von Zugängen, Diskriminierungen und Erfahrungen von Auf- oder Abwertung: genannt **Positionierung.** Sich dieser Positionierung bewusst zu sein, bestimmt wiederum im Empowerment-Kontext den Umgang mit Menschen, die mit ihren Vielfaltsdimensionen Rassismus erleben.

Ausgrenzungsmechanismen

- Aufrechterhaltung der Denksysteme über Sozialisierung, Bildungssystem, Institutionen, ausgrenzender Mediendiskurse, politische Diskurse sowie gängige Zuschreibungen an soziale Gruppen (Stereotype)
- Deutungsmacht der Mehrheitsgesellschaft in der Herstellung einer Norm (sich wiederholt wegen der Zugehörigkeit zur Norm zu rechtfertigen)
- Strukturell ungleiche Verteilung von privilegierten Positionen und einseitige Repräsentanz bestimmter sozialer Gruppen
- Vielfalt von Lebensrealitäten bleiben unsichtbar, marginalisiert und deren Erfahrungen entsprechend unbeachtet oder ignoriert (vgl. Diskriminierung)
- Darauf basierend: wiederholte verletzende Erfahrungen von Herabsetzung (bewusst oder unbewusst)
- Sprache als Deutungsraum: Alltägliche Verwendung von Zuschreibungen und Schaffung von Menschenbildern, die wenig Raum für Individualität zulassen
- Darauf basierend: Leben mit Zuschreibungen für Betroffene (biografischer Blick auf eine Dauerbelastung, Entwicklung von Strategien z. B. Minderwertigkeitsgefühle)

Politische Dimension des Empowerments

Aufgrund der beschriebenen Ausgrenzungsmechanismen und den daran geknüpften Denk- und Abwertungssystemen braucht es auch einen politischen Blick auf Empowerment als Selbstermächtigung. Die Kernproblematik ist dabei, die eigenen Bürgerrechte auf Gleichbehandlung einzufordern, zurückzuholen sowie Diskriminierung auf struktureller Ebene und Abwertungsmechanismen zu benennen. All das hat eine politische Ebene und ist Teil des Grundgedankens von Empowerment gegen Rassismus.

Empowerment als kollektive Ermächtigung

Rassismuserfahrungen sind kollektive Erfahrungen, die PoC – People of Color – seit Jahrhunderten machen. Vielfach wird Rassismus individualisiert, wobei vergessen wird, dass es ein Unterdrückungssystem gegenüber bestimmten Menschen ist. Diese kollektiven Erfahrungen von ungleichen Machtzugängen (Zugänge zu Ressourcen wie Arbeit, Wohnung, Bildung, sozialer Teilhabe oder die Erfahrung physischer Gewalt) öffnet den Blick dafür, sich in einem Empowerment-Konzept auch zum Ziel zu setzen, auf diese Verteilungsungerechtigkeiten hinzuweisen und als Kollektiv eigene Forderungen zu stellen.

Halil Can und Nuran Yiğit betonten schon 2006 in ihrem Empowerment-Konzept Hakara die kollektive und politische Dimension. In einem „solidarischen Empowerment“ war es ihr Ziel, durch Begegnung und Austausch von Wissen „alltägliche und politische Handlungs- und Widerstandsstrategien zu entwickeln“. Diese Widerstandstrategien umfassen, so Can, „bewusst auf die Sichtbarmachung, Anerkennung und Etablierung der PoC Perspektive einzuwirken und zugleich auf den gesellschaftspolitischen Diskurs Einfluss zu nehmen.“[3]

Durch „einen Prozess der Heilung bzw. Emanzipation von verinnerlichten Opfer-, und Ohnmächtig-Seins soll Empowerment im Sinne einer Selbstbemächtigung“ stattfinden. Wobei die „Heilungs- Emanzipationsarbeit des/der Einzelnen eng verwoben ist mit gesellschaftlichen Emanzipationsprozessen“.[4]

In pädagogischen Kontexten besteht dennoch die Gefahr, im Umgang mit Rassismus nur auf die Einzelsituation zu schauen und das gesellschaftliche Denksystem dahinter zu übersehen. Das Kollektiv ist allerdings wichtig, wenn es darum geht gemeinsame Ziele des Empowerments gegen Rassismuserfahrungen zu formulieren. Teilziel des Empowerments ist die Veränderung dieser kollektiven Abwertungs- und Ausgrenzungsprozesse und Sichtbarmachung eigener Ziele als Kollektiv auf verschiedenen sozialen und politischen Ebenen. Somatic Empowerment Coach und „Empowerment in Motion"-Trainer_in Pasquale Virginie Rotter erinnert daher im Experteninterview mit mir:

> „Weil unsere Rassismuserfahrungen so individualisiert werden, laufen wir auch immer Gefahr, Bedeutung und Ziele von Empowermentprozessen zu individualisieren.
> Ziel von Empowerment ist, mit Hilfe eines individuellen Wohlbefindens, die (Wieder-)Selbstermächtigung, um politische Verhältnisse herauszufordern, zu stören und zu verändern. Sich zu ermächtigen zu partizipieren und Widerstand zu leisten."

Auch Austen Brandt, Trainer, Gründer von Phoenix e. V. und Mitbegründer von der Initiative Schwarzer Deutscher e. V. (ISD), sieht im Kollektiv einen wichtigen Aspekt des Empowerments. „Empowerment ist Lernen durch Begegnung" schreibt er in Spiegelblicke, Schwarze Perspektiven in Deutschland, dem Buch zum Jubiläum der ISD (2015). Kinder und Jugendliche erleben ihre Rassismuserfahrungen vielfach individuell (als einzige_r Schwarze oder Muslim) und haben wenig Chancen und Räume sie kollektiv zu teilen. Austen Brandt sagt „Wir brauchen das Verständnis, dass wir Teil eines Ganzen sind". Er resümiert:

> „Empowerment ist People of Colour in die Lage zu versetzen sich als ‚WIR' zu empfinden. Ein WIR, welches in der Lage ist, die Widersprüche, die sich auch in der Community entpuppen, aufzulösen und zu einem verstärkten ‚WIR' zu kommen".[5]

Beispiel für Anerkennungskämpfe Schwarzer Menschen in Deutschland

Im deutschen Kontext ist der jahrzehntelange aktivistische Anerkennungskampf von Schwarzen Menschen (Black People of Color und People of Color) in seiner Weiterentwicklung wichtig zu beachten. Selbstorganisationen wie ADEFRA e. V., Initiative Schwarzer Menschen in Deutschland (ISD e. V.), Afrika Positive, Afrikanischer Dachverband Nord, DaMigra, die Initiative Hakara-Empowerment oder Each One Teach One e. V. sind hier beispielhaft zu nennen. Das Spektrum dieser kollektiven politischen Empowerment-Arbeit ist breit:

den „Black History Month" (jährliche Veranstaltungsreihe Schwarzer Perspektiven), Kunst-, Musik- und Info-Veranstaltungen, Empowerment-Seminare im Safer Space für Kinder, Jugendliche und Erwachsene, Pressemitteilungen bei physischen Übergriffen, Mitorganisation der UN-Decade Schwarzer Menschen, historische Aufarbeitung aus der NS-Zeit aus Schwarzer Perspektive, Organisation des Afrozensus (erste repräsentative Erhebung afrikanisch-stämmiger und Schwarzer Menschen in Deutschland). Aufrufe und Demonstrationen bis hin zu Beteiligung an sozialer Aufklärung z. B. über Lesungen, Aufklärung zu Rassismus im Stadtleben Berlins, Sensibilisierungsveranstaltungen von und mit Betroffenen, Kooperationen oder aufklärende Flyer in Bezug auf Racial-Profiling. Bundesweit gibt es an die 20.000 Migrantenselbstorganisationen, die vielfach Empowerment-Arbeit leisten.

In der kollektiven Erfahrung steckt die Chance, sich selbst nicht mehr isoliert mit den eigenen Erfahrungen zu sehen, sondern festzustellen: „Das passiert auch anderen". Aktivistische Geschichte und Vorbilder aus der jetzigen Zeit zu recherchieren birgt die Chance, dass sich Schwarze Kinder und Jugendliche selbst in der deutschen Geschichte verorten können. Aktivistische Arbeit über Jahre zeigt, wie lang diese Form der Auslassung und Abwertung schon stattfindet und was man bereits erreicht hat. Diese Art der Vernetzung mit der eigenen Historie, Auseinandersetzung mit kollektiven Erfahrungen und Impulse setzen z. B. Empowerment-Trainer_innen.

Empowerment auf individueller Ebene

Auf individueller Ebene geht es darum, sich als Person mental von Zuschreibungen zu befreien, sich nicht als weniger Wert wahrzunehmen und Handlungsstrategien zu entwickeln. Durch das Zusammensein mit anderen Menschen, die denselben Zuschreibungen ausgesetzt sind, Verständnis zu finden, angenommen zu sein, ohne reduziert zu werden und durch den Austausch mit anderen zu erkennen, dass man nicht die einzige Person ist, die das erlebt. Das wirkt oft schon befreiend. Dazu Maria Kechaja, Empowerment-Trainerin im Interview:

> ” Bei adis e. V. unterstützen wir zum Beispiel viele Empowerment-Gruppen, Empowerment-Räume. Da reicht es, wenn sich zum Beispiel Trans-Personen einmal im Monat zum Kaffee und Kuchen treffen und in einen Austausch über Ärzte kommen. Das ist für mich auch Empowerment. Das verändert nicht die Welt von heute auf morgen, aber

> es hilft den Menschen erstmal zu überleben, das ist das Wesentliche. Viele von den Leuten leiden unter einer krassen Einsamkeit und Isolation, die uns oft in starke psychische Probleme drängt. Es ist deshalb wesentlich, dass die Menschen Raum haben, wo sie hinkommen können, um erstmal zu überleben. Neues Sein zu kreieren, das jenseits vorformulierter Stereotype besteht."

Empowerment in geschützteren Räumen sollte unter anleitenden Impulsen von Trainer_innen mit biografischem Zugang zu der Person oder dem Kollektiv selbst mit Inhalten gefüllt werden (vgl. Kapitel 6). Dies kann in einer aktivistischen Arbeit münden, in der Kinder und Jugendliche durch gemeinsame Projekte, Aufrufe, Musik, Theater, Filme, Demonstrationen, Feste oder Blogs ihre Fragen verfolgen, eigene Sichtweisen, Widerstände und Wünsche formulieren. Es geht darum sich gemeinsam für Sichtbarkeit und Veränderung einzusetzen. Es kann aber einfach nur ein Raum sein, in dem man sich nicht erklären muss (einmal pro Woche für ein paar Stunden). Sich nicht (wie sonst) isoliert zu erleben und geteilte Erfahrungen im Kollektiv auszutauschen macht es leichter, die Systematik der gesellschaftlichen Abwertungssysteme zu erkennen.

Unterschiedliche Ausgrenzungserfahrungen und Zielgruppen von Empowerment

Empowerment findet von und für Menschen statt, die von unterschiedlichen Formen von Diskriminierungen betroffen sind und auch intersektional betroffen sein können. Demensprechend sollte ein Empowerment-Angebot für eine jeweilige Gruppe abgestimmt und mit dem/der passenden authentischen Trainer_in mit eigenem biografischem Zugang umgesetzt werden. Ziele dabei können sein:

- Sich als Kollektiv für soziale Gerechtigkeit einsetzen und gegen Ungleichbehandlung wehren
- Sich als Kollektiv aktiv für Sichtbarmachung eigener Perspektiven einsetzen/Widerstand gegen abwertende Verallgemeinerungen
- Sich zu spiegeln und im Austausch zu stärken
- Als politisches Subjekt (wieder) handlungsfähig werden und die Gesellschaft aktiv mitgestalten (partizipatives Miteinander)
- Der Fokus und Befreiungskampf kann je nach Ausgrenzungsmerkmal (Geschlecht, Behinderung, Hautfarbe, Religion ...) unterschiedlich sein

2 Gefühlsebene als Ausgangspunkt von Empowerment-Prozessen

Auf die Gefühlsebene von Rassismus-Betroffenen zu sehen, ist der Ausgangspunkt für Empowerment und empowerment-orientiertes Handeln in diesem Buch.

Wir erinnern uns: Rassismuserfahrungen sind keine Kleinigkeiten, sondern Wirken auf die Psyche und das physische Wohlbefinden von Betroffenen. Diese Gefühlslage abzuholen und zu verbessern, soll erreicht werden. Gerade bei Kindern führen Rassismuserfahrungen unter Umständen dazu, dass sie sich selbst nicht mehr positiv wahrnehmen, sich schämen und unsicher werden.

Gesammelte Verletzungen sind: Gefühle von Scham, Resignation gegenüber dem Wunsch dazuzugehören, Ohnmachtsgefühle, das Gefühl unsichtbar und machtlos zu sein, das Gefühl von Trauma und dem Wunsch, dass dies enden soll. Angst und Wut mischt sich mit dem Gefühl entmenschlicht zu sein (durch biologischen Rassismus). Selbstablehnung, Minderwertigkeitsgefühle, Angst, und Selbstzweifel sind vielfach die Folgen. Diese Gefühle können vom Kindesalter bis ins Erwachsenenalter ziehen. Wenn Scham, Minderwertigkeits- und Ohnmachtsgefühle überhandnehmen und man glaubt, man sei ein Mensch zweiter Klasse, werden nicht wenige Betroffene davon krank. Psychosomatische Beschwerden und Depressionen, Misstrauen, Wut, sozialer Rückzug und Opfergefühl angesichts des Gefühls der Unveränderlichkeit von Rassismus kommen unter Umständen hinzu.

Vielfach fehlen sowohl Ansprechpartner_innen mit Verständnis und Repräsentationen als auch die Erfahrung, mit diesen Gefühlen ernst genommen zu werden. Hier können empowerment-orientierte Einrichtungen maßgeblich zur Veränderung beitragen. Die Regel auf Widerstand, Verleugnung oder Desinteresse zu stoßen, wenn man rassistische Fälle anspricht, muss durchbrochen werden (vgl. Kapitel 4). Diese Gefühlslage macht deutlich wie empowerment-orientierte Einrichtungen und ihr Personal mit einer antirassistischen Haltung Veränderungen herstellen könnten. Es gilt diese Gefühle nicht mehr aufkommen zu lassen.

3 Empowerment-Ansatz in diesem Buch (in rassismuskritischer Anlehnung)

Rosenstreich (2009) definiert Empowerment als „die Ausweitung von Machtzugang und damit von Handlungsspielräumen unterdrückter Gruppen auf der Grundlage von Selbstdefinition. Es ist ein Prozess, in dem jede minorisierte Gruppe selbst das eigene Identitätsverständnis, ihre Visionen, Forderungen und Strategien definiert“.[6] Sinnvollerweise fokussieren sich rassismuskritische Empowerment-Angebote daher auf Räume zur Selbstidentifikation, Widerstandsformen und Heilung, sie können aber auch biografisch angelegte Workshops zur Aufarbeitung von verletzenden Erfahrungen sein. Empowerment stellt zudem Machtverhältnisse und Ressourcen infrage, thematisiert ungleiche gesellschaftliche Zugänge oder Abwertungen in öffentlichen Diskursen und fordert eine Veränderung ein. Im schulischen Kontext kann es beispielsweise empowernd sein, wenn sonst nicht wahrgenommene Perspektiven zum Unterrichtsinhalt werden, wie Perspektiven nicht-christlicher Schüler_innen oder verschiedene sexuelle Identitäten ohne Abwertung besprochen werden. Fleary, Otoo, Göthe (2009) fassen ihren Empowerment-Ansatz für Schwarze Menschen in Deutschland wie folgt zusammen:

> „Empowerment als Strategie und Instrument will PoC ermutigen und bestärken, sich gegen Rassismus durchzusetzen, indem sie rassistische Machtstrukturen benennen und aufzeigen, Widerstandsformen und Handlungsstrategien gegen diese entwickeln und somit zu einer Veränderung beitragen. Empowerment beinhaltet Prozesse der Ermächtigung. PoC dazu zu befähigen, rassistische Projektionen nicht mehr als Maßgabe ihrer Identität zu sehen.“[7]

Umkehrprozesse & Entscheidungsräume für sich entdecken …

(1) Neudefinition ohne Zuschreibungen

Ähnlich wie von den Empowerment-Trainer_innen beschrieben geht es darum, die genannten Wirkungen von Ausgrenzungserfahrungen und daran gebundene Gefühle umzukehren, dem etwas entgegenzusetzen. **Maria Kechaja, Empowerment-Trainerin,** (adis e. V.) sagt dazu im Interview:

> „Sich selbstbestimmt zusammenzuschließen, zusammen in so eine Bewegung hineinzugehen, uns zu verändern und gemeinsam die Fremdzuschreibungen und die uns angetane Gewalt, zu thematisieren und zu überwinden. Das ist für mich schon politisch."

Es geht darum zu verstehen, was eigentlich mit einem selbst passiert, um sich emotional distanzieren zu können. Erst dann kann man sich als Betroffene_r selbst auf den Weg begeben, den Schmerz anzusehen, davon zu lösen und sich ohne Zuschreibungen neu definieren zu können.

(2) Akzeptanz und selbstverständliche Zugehörigkeit

Das Erleben von Akzeptanz und selbstverständlicher Zugehörigkeit (was eng an das Gefühl von Wohlbefinden gebunden ist), gehört zu den oft vermissten und selten erlebten Erfahrungen von Kindern und Jugendlichen, die von Rassismus betroffen sind. Die bisherigen stereotypen Botschaften für das Selbstbild umzukehren – wie kann das vonstattengehen? Wichtige andere Erfahrungen in Schutzräumen sind das „Sein-Zu-Können" – und das ohne Zuschreibungen. Zu spüren: hier ist meine Herkunft oder Hautfarbe egal. Sie erleben, was *weiße* Kinder immer leben, dass alle so aussehen wie ich. Sie können neue Identitäten erforschen und sich in der eigenen Geschichte wiederfinden, oder eigenen Fragen nachgehen (siehe Kapitel 5 und 6 Beispiele für Empowerment-Projekte).

(3) Zuschreibungsprozesse durch Selbstbezeichnungen durchbrechen

Zuschreibungsprozesse zu durchbrechen und sich selbstbestimmt zu definieren „Ich sage, wer ich bin" mit einer Selbstbezeichnung, die Anerkennung fordert, ist sowohl auf individueller wie auf kollektiver Ebene ein Emanzipationsprozess. Die eigene Lebensrealität wird durch zu homogene Blicke kontinuierlich unsichtbar gemacht und marginalisiert, sodass das Spannungsfeld zwischen dem, was über „den Islam", „die Türken", „die Afrikaner" in der Schule, dem Fernsehen, Büchern und Magazinen, Nachrichten kommuniziert wird und dem eigenen Leben weit auseinanderklafft. Diese, meine eigene Lebensrealität in meiner Schule, meiner Kita, meiner Jugendgruppe nicht verzerrt wiederzufinden, ist dafür extrem wichtig. Und das kann nur durch partizipative Prozesse stattfinden. Diese Selbstbezeichnungen sollten im Sprachgebrauch angewandt werden. Daran wird das Grundverständnis bei den Betroffen deutlich.

(4) Hinterfragen von rassistischen Abwertungen und Zuschreibungen

Teil des Empowerment-Prozesses ist sich zu fragen, wer darf ich sein und welche Rechtfertigung muss ich ertragen. Eine deutsche Identität zu haben, wenn man nicht weiß, blond und blauäugig ist, wird betroffenen PoC, Schwarzen Menschen und Migrant_innen unterschiedlichster Generation durch viele Rückmeldungen schwer gemacht. Man erlebt als nicht zugehörig wahrgenommen zu werden. Man wird gefragt „Wann man wieder zurück in die Heimat wolle". Dabei haben 37,7 % aller unter 6-Jährigen eine Migrationsgeschichte und jede dritte Familie (31 %) aller in Deutschland lebenden Familien haben eine Migrationsgeschichte.[8] Migration hat die Identität „Deutsch-Sein" pluralisiert. Migration findet seit Jahrhunderten statt und die Generationen reichen bis weit in die letzten Jahrhunderte zurück. Selbst die Einwanderer der Nachkriegszeit (Generation der Arbeitsmigration) sind jetzt Großeltern. Viele Kinder und Jugendliche der dritten oder vierten Generation mit deutscher Identität spüren die genannten Stereotype und sind immer wieder Zugehörigkeitsfragen ausgesetzt. Ihnen steht jedoch die deutsche Identität zu. Beim Empowerment gegen Rassismuserfahrungen spielt es eine wichtige Rolle negative und positive Fremddefinitionen zu erkennen, sich von diesen zu distanzieren und sich selbst zu definieren.

Selbstdefinitionen und Selbstzuschreibungen sind daher ein entscheidender aktiver empowernder Schritt hin zur Befreiung davon für Andere „der Exot", „das süße Schokokind", dem ich ins krause Haar greife oder „die unterwürfige Muslima" zu sein (Madubuko 2019).

(5) Empowerment, Repräsentationen und Vorbilder

Sichtbarkeit ist die Gegenerfahrung von Ohnmacht und Unsichtbarkeit der eigenen Identität. Kinder brauchen Vorbilder. Wer selbst selten in positiven Zusammenhängen repräsentiert ist, braucht Vorbilder umso mehr (vgl. Homogenität und rassistische Botschaften in Kinderbüchern). Vorbilder können Musiker, Helden in Kinderbüchern, Künstler, Schauspielhelden, Schriftsteller, Aktivisten oder auch Bekannte sein, die etwas erreicht haben und dieselben

Merkmale haben wie man selbst. Ein Vorbild für Schwarze Jugendliche ist beispielsweise Samy Deluxe, erfolgreicher afrodeutscher Rapper, der sich in seinen Texten viel mit seinen Erfahrungen mit Zuschreibungen auseinandersetzt.

In Songs wie „MiMiMi" beschreibt er auf Deutsch, wie es ist, mit Zuschreibungen aufgrund der Herkunft umzugehen und im Song „Superheld", einem Kinderlied für seinen Sohn, der aufgrund seiner Hautfarbe keine Helden finden kann, die wie er Schwarz sind.

Im Feld der Politik sind Schwarze Menschen wenig sichtbar. Eine junge Politikerin und Vorbild ist Aminata Touré (Bündnis 90/Die Grünen) Ministerin für Soziales, Jugend, Familie, Senioren, Integration und Gleichstellung in Schleswig-Holstein und damit Deutschlands erste afrodeutsche Ministerin. Sie zeigt dadurch jedem jungen Schwarzen und jungen Frauen und Mädchen: „Auch Du kannst mitreden und etwas erreichen". Auch Bloggerportale wie https://youngmigrants.blog/, in denen junge Migrant_innen ihre Themen selbst posten und sichtbar machen können, haben empowernde Wirkung.

(6) Emanzipation durch Sichtbarkeit von Perspektiven

Sichtbarkeit von Lebenswelten zu fördern sollte als empowerment-orientierter Weg verstanden werden. Die Amadeu Antonio Stiftung hat mit dem Jugendprojekt ju:an wichtige Beiträge zur Aufklärungs- und Bildungsarbeit in Bezug auf Rassismus und Antisemitismus in Deutschland geleistet. In Bezug auf Empowerment entwickelte ju:an ein Konzept in der Offenen Kinder- und Jugendarbeit, welches viele Fragestellungen und Wünsche der als „anders" markierten Jugendlichen emphatisch berücksichtigt.[9] Unsichtbar zu sein ist eine Grunderfahrung, die in einem Empowerment-Prozess verändert werden kann. Die sogenannten „Leerstellen", die sich aus der gesellschaftlich-kulturellen Homogenität in (medialen) Geschichten, Schulmaterial und Repräsentationen zeigen, nehmen die Jugendlichen deutlich wahr. Hinzu kommt, dass mediale Berichterstattung vielfach Stereotype über Migant_innen reproduziert. Dies verändert sich sehr langsam durch migrantische YouTube-Kanäle, welche die Sichtbarkeit anderer Lebensrealitäten demokratisiert haben. Am 29.01.2021 sendete der WDR beispielsweise eine Talkrunde mit fünf weiß positionierten Prominenten, um über Rassismus zu diskutieren. In der Talkrunde „Die letzte Instanz" wurden rassistische Begriffe unbehelligt wiederholt und verteidigt. Nach heftiger Kritik über die Äußerungen und die Einseitigkeit von Repräsentanz reagierte die iranisch-deutsche Komikerin Enissa Amani in ihrem

YouTube-Kanal mit einer Gegendarstellung unter dem Motto „Die beste Instanz", in der von Rassismus betroffene Menschen, u. a. Vertreter von Sinti und Roma, aus ihrer Sichtweise zum Thema diskutierten. Sie erreichte 370.000 Aufrufe innerhalb einer Woche.[10] Ihre Perspektive wurde sichtbar. Tatsächlich ist die Wichtigkeit von Repräsentanz, Vorbildern und Identifikationsfiguren für Jugendliche nicht zu unterschätzen. Nicht-deutsch gelesene, muslimische oder Schwarze Jugendliche können kaum ihre Vertreter_innen in öffentlichen Positionen in deutschen Medien, Wirtschaft, Politik und Bildung finden.

Aktivitäten und Projekte können identitätsstiftend sein oder allen Jugendlichen neue Erfahrungen z. B. in Bezug auf andere Religionen geben. Ihre Sichtweisen können über Kooperation mit Moscheen oder jüdischen Museen, in denen die Jugendlichen eventuell selbst aktive Mitglieder sind, kennengelernt werden.

Beispiel eines empowerment-orientierten Raumes: Verein Total Plural, Berlin

Total Plural ist ein Verbund von (inter-)nationalen Künstler_innen of Colour, Schwarzen und weißen Elternteilen, afrodeutschen/BPoC-Kindern und Pädagog_innen und ist seit 2008 mit Kunst- und Bildungsprojekten unter dem Motto „Empowerment & Kreativität" aktiv.

Ihre Sicht auf Lebenswelten ist multiperspektivisch. Ihre Zielgruppe sind Familien, Kinder und Jugendliche mit Schwarzer Identität. Am Prenzlauer Berg organisiert der Verein das Format „Afro-Deutsche Ateliers", einen monatlichen Treffpunkt mit wechselnden kreativen Angeboten für bi-kulturelle Familien und Neuberliner_innen afrikanischer Herkunft. Ein wichtiger Impuls für die Arbeit ist „parenting is political". Die Organisation spricht nicht für Afro-Deutsche/Schwarze Deutsche/BPoCs, sondern gemeinsam und miteinander, vor allem um zu lernen und um sich zu vernetzen. Total Plural versteht sich als Teil der Community, als Allianz, die Raum schafft. Raum für Kunst und Kultur, Erziehung und Bildung, für Themen, für Austausch und bietet Lobbyarbeit für sogenannte Marginalisierte. Dies wird durch transkulturelle Projekte im Bereich Theater, Musik, Film, Performance sowie durch diskursive Veranstaltungen und Antidiskriminierungs-Workshops umgesetzt. Die Leitungsteams sind von Beginn an divers. Die Handlungsweise ist geprägt von Sprach- und Diskriminierungssensibilität, von Dialog und Empathie. Wie wird Diversität verstanden als Anerkennung vielfältiger, sichtbarer und unsichtbarer, Merkmale und

Unterschiede, ohne sie zu egalisieren. Die Lebensrealität wird so verstanden, dass es Unterschiede von Diskriminierungsarten, vor allem in den Auswirkungen gibt. Im Umgang wird eine Vermeidung des „Othering" von Menschen mit Migrationsrealität angestrebt.

Beispiel für Empowerment durch Sichtbarkeit: „Tuffix" Comics

„Tuffix" ist eine deutsch-tunesische Comic-Zeichnerin. Mit Humor, aber auch dem nötigen Ernst, erzählt die bekannte Zeichnerin Soufeina Hamed unter dem Namen Tuffix in ihren Comics von ihren Erfahrungen mit Vorurteilen.

Ihre Comics basieren sowohl auf eigenen Erfahrungen als auch auf denen ihrer Mitmenschen. Ihr Ziel ist es unter anderem, das alltägliche Leben einer Muslima in Deutschland zu zeigen, von den Banalitäten aber auch von Rassismus zu erzählen. Es geht häufig um Fragen der Identität und um Diskriminierungserfahrungen, aber auch um Solidarität und Empowerment. Sie sagt von sich selbst:

> „Die meisten meiner Comics sind sehr persönlich und enthalten mich als Hauptfigur. Ich will damit auch Normalität zeigen: Ich fahre Fahrrad oder tue Alltagsdinge. Manche suchen darin das ‚Islamische' oder ‚Migrantische', aber genau darum soll es nicht immer explizit gehen. Ich will auf Gemeinsamkeiten hinweisen, auf Probleme in der Gesellschaft, auf das normale Leben meiner Figur in dieser Gesellschaft".[11]

Muslime fühlen sich häufig von Soufeinas Comics angesprochen und sehen in ihnen ein Sprachrohr und ein positives Gegenbild zu dem, was an Mediendarstellungen „der Muslime" vorherrschend ist. Muslime einmal ganz anders sehen: als Individuen, beim Gebet, beim Fasten, beim Serien-Schauen oder Studieren. Soufeina versucht diese alltäglichen Themen mit Leichtigkeit, oft auch mit Humor, aufzugreifen. Dem Thema Kopftuch möchte sie weniger Raum geben. In ihren Comics ist das Kopftuch ein selbstverständlicher Teil ihres gezeichneten Charakters und rückt nur dann in den Vordergrund, wenn der Comic von Diskriminierung handelt. Soufeina Hamed hat nach langjähriger Erfahrung für sich erkannt: Das „Kopftuch" ist in der öffentlichen Debatte überrepräsentiert, es ständig zu thematisieren, zu verteidigen, zu erklären, stärkt nur die Obsession der Gesellschaft damit. Dabei möchte Soufeina die Aufmerksamkeit auf produktive Inhalte und Fragestellungen lenken: Wie können wir eine solidarische Gemeinschaft bilden? Wie kann eine inklusive Gesellschaft aussehen?

Soufeina Hamed bietet regelmäßig Workshops, Ausstellungen und Vorträge um das Thema Rassismus und Empowerment an. Mit interessierten Teilnehmenden erarbeitet sie, wie man Kunst und grafisches Erzählen nutzen kann, um rassistische Erfahrungen und Hatespeech zu verarbeiten. Ihre Comiczeichnung „Stopp! Bitte nicht in Schubladen stecken!", die wir hier abbilden, verdeutlicht schnell, mit welchen Zuschreibungen sie konfrontiert ist und wie wichtig es ist, sich selbstbewusst außerhalb dieser Schubladen zu sehen.

Soufeina Hamed „Bitte nicht in eine Schublade stecken"

Soufeina Hamed hat ihren Master in interkultureller Psychologie abgeschlossen und ist seit 2017 hauptberuflich Illustratorin. Sie nutzt Comic-Zeichnungen zum Aufbau von mehr Empathie für Minderheiten und für den interkulturellen Dialog. Ihre Werke sind bzw. waren unter anderem im Rahmen einer Wanderausstellung der Bundeszentrale für politische Bildung, in einer Online-Ausstellung des International Museum of Women, im Jüdischen Museum Berlin und dem Hamburger Museum für Kunst und Gewerbe ausgestellt. Soufeina Hameds Arbeit erschien mehrfach in internationalen Medien, wie etwa Arte, der Deutschen Welle, der TAZ, der Huffington Post und StepFeed.

(7) Empowerndes Wissen, Community-Arbeit und Gegendarstellungen

Zahlreiche Empowerment-Projekte in der Praxis setzen sich mit der Schieflage auseinander, dass bestimmte Lebenswelten unsichtbar und vergessen sind. Indem die Jugendlichen in ihren Communitys nach alten und neuen Vorbildern recherchieren und diese in ein neues Licht setzen, füllen sie diese Lücken und verorten sich in der Gesellschaft neu.[12]

Die Ausstattung einer Kindertagesstätte kann „empowernd" (im Sinne von identitätsstärkend) sein, wenn explizit dafür Spielmaterial angeboten wird. Zum Beispiel ein Memory mit jüdischen Symbolen, Bilderbücher über Ramadan oder es werden verschiedene Hautfarbenstifte angeboten. So kann eine dunklere Hautfarbe oder muslimisches und jüdisches Leben ein selbstverständlicher Bestandteil ihres Lebens sein ohne gesellschaftliche Abwertung.

In der Empowerment-Arbeit bietet es sich daher an, sich mit Community-Arbeit zu vernetzen. Über Sichtbarkeit der eigenen Erfahrung, neue Identifikationsflächen und Vorbilder, die ihren Lebensrealitäten entsprechen, erfolgt dann die Identifikation. Anknüpfungspunkte können auch Musik, Blogs, Instagram-Seiten, Filme und Literatur sein, die Muslime, PoCs oder andere Schwarze Menschen geschaffen haben. Dies bietet die Möglichkeit Identitätsentwürfe zu sehen, eigene neuzugestalten und sich dadurch von Zuschreibungen zu distanzieren. Comics mit muslimischen Helden in der Bibliothek anzubieten und oder zu besprechen oder Marvel Blockbuster wie „Black Panter" (dessen Hauptfiguren Schwarz sind, die hochmoderne Technik entwickeln) gemeinsam anzuschauen, sind weitere Beispiele dafür.

Ein Beispiel für solch einen Raum ist Each One Teach One (EOTO) e. V., ein community-basiertes Bildungs- und Empowerment-Projekt in Berlin, welches in der Strukturentwicklung zum bundeszentralen Träger für Rassismusprävention und Empowerment Schwarzer Menschen aktiv ist. EOTO bietet intersektionale Jugendarbeit über politische Bildung, Aktivitäten, Sozialarbeit und Netzwerkarbeit an. EOTO setzt beispielsweise auf das Weitergeben von Wissen von Schwarzen Autor_innen, Schwarzer Geschichte in Deutschland und aktivistischer Arbeit der letzten Jahrzehnte. Ihre Bibliothek repräsentiert eine Übersicht an diasporischem Wissen und bildet damit den inhaltlichen Gegenentwurf zu Abwertungen, die in der deutschen Gesellschaft zum Schwarz-Sein existieren. Neuerdings bietet EOTO auch eine Beratungsstelle für Schwarze Jugendliche an, nachdem deutlich wurde, dass für den Empowerment-Prozess von Schwarzen Jugendlichen auch Schwarze Erwachsene Vertrauenspersonen wichtig sind, die bedingungslos Anti-Schwarzen Rassismus als Realität anerkennen. Zum einen bieten sie durch Schwarze Beraterinnen einen Schutzraum, indem sie positive Identifikationsfiguren finden, zum anderen bietet die Beratungsarbeit konkretes Wissen, um als Jugendliche_r selbstständig entscheidungs-, und handlungsfähiger zu werden.

(8) Empowerment, Selfcare Empowerment und Achtsamkeit

Selbstfürsorge in Form einer Achtsamkeit auf das eigene Wohlbefinden und die Verknüpfung zum Körper ist bei den Empowerment-Trainings einiger Trainer_innen (Kapitel 6 Verena Meyer, Pasquale Virginie Rotter, Sebastian Fleary) ein wichtiges Element. In sich hinein zu spüren und zu überlegen, was gerade für mich gut ist, ist ein Weg, um sich nicht dem auszusetzen, was einen verletzt. Sich dann das Recht zu geben, den Impulsen zu folgen und damit die Situationen selbst zu steuern, ist ein entscheidender Weg heraus aus dem Gefühl „ausgeliefert" zu sein.

> „ In den Empowerment-Trainings, die ich gebe, geht es viel um Achtsamkeit. Achtsamkeit in den verschiedenen Bildungskontexten, in denen ich arbeite, genauer hinzuhorchen, was passiert gerade mit mir? Wie geht es mir gerade? Wie fühlt sich mein Körper an? Wo fühle ich mich belastet? Was würde mir gerade helfen entspannter zu sein, aufmerksam zu sein und klar zu bleiben in dem, was ich gerade brauche? Der Blick auf das eigene Bedürfnis, der Blick auf die eigenen Gefühle, die sich auftun, Gefühle der Angst usw. Was ist mein Bedürfnis, was ich gerade habe? Wenn mein Bedürfnis ruft „Ich muss hier raus", dann ist es wichtig, dass der Körper reagiert und rausgeht. Ich sehe die Zwänge, die Strukturen, wenn wir auf den Kontext Schule schauen. Es gibt eine Schulpflicht, eine Anwesenheitspflicht, auch, wenn man Gast ist. Dann aus dem Klassenraum zu gehen, bedeutet nicht die Institution zu verlassen, sondern sich dem zu verweigern, was mit einem passiert und in Hinblick auf Rassismus widerfährt". Aus dem Interview mit Toan Nguyen, Empowerment-Trainer und Organisationsentwickler.

(9) Empowerment-Prozesse brauchen Zeit

Bei Empowerment kann es sich um einzelne Aktionen handeln, grundsätzlich ist es jedoch an Prozesse gebunden und findet idealerweise in einem zeitlichen

Rahmen statt, in der eine Vertrauensebene aufgebaut wurde. Dies gilt insbesondere bei dem Thema Verarbeitung von Rassismuserfahrungen, die sich in tiefen seelischen Verletzungen zeigen können und nicht so leicht abzulegen sind, wenn Jahre verinnerlichter Abwertungen und Scham vorrausgingen. Eine empowerment-orientierte Haltung zu entwickeln wird als Fachkraft nicht über Nacht möglich sein. Es braucht Zeit, um neue (Sprach-)Gewohnheit zu entwickeln und alte zu hinterfragen. Ihnen steht als Fachkraft (mit und ohne eigene Rassismuserfahrungen) die Möglichkeit offen, identitätsstiftende Prozesse zu unterstützen, Raum für geschützte Räume organisatorisch zu ermöglichen, selbst diversitätssensibel und rassismuskritisch zu handeln sowie Partizipation ohne Zuschreibungen zu ermöglichen. Nehmen Sie sich Zeit dafür und besprechen Sie es idealerweise im Team.

Schema 8 Empowerment verstehen – Umkehrprozesse und Entscheidungsräume

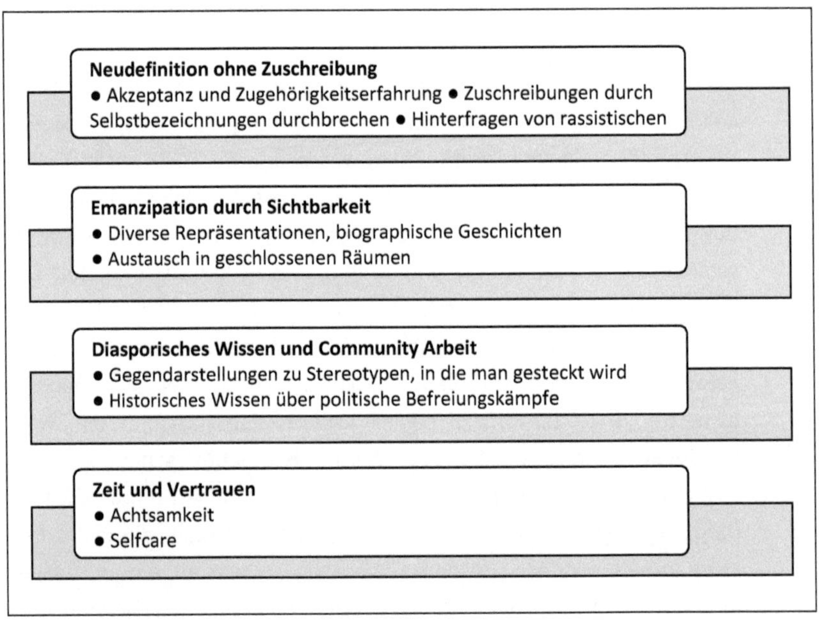

Quelle: Eigene Darstellung.

Umsetzung von empowerment-orientiertem Handeln

Mit dem nun vorhandenen Verständnis, worum es bei den Umkehrprozessen im Empowerment-Prozess geht, möchte ich im folgenden Abschnitt zeigen, wie man den beschriebenen Empowerment-Ansatz (zusammengefasst in Schema 8) in der Praxis umsetzen kann. Was bedeutet das für Ihr professionelles Handeln und wie stehen die Wissens- und Handlungskompetenzen in Beziehung zueinander, wenn Sie selbst keine Rassismuserfahrungen haben? Ich habe im bisherigen Kapitel bereits die „Wissenskompetenzen zu empowerment-orientiertem pädagogischen Handeln" und die entsprechende Haltung erläutert.

Ich formuliere nun, welche Sichtweise sich daraus ergibt und stelle das Empowerment-Haus vor, um zu verdeutlichen, wie die Wissens- und Handlungskompetenzen miteinander in Beziehung stehen **in Abhängigkeit zur eigenen Positionierung**. Das Empowerment-Haus, mein neu entwickeltes Konzept, soll die „Struktur" zwischen Ihrem zukünftigen empowerment-orientierten Handeln und den Empowerment-Räumen (Safer Spaces) aufzeigen. Die geschlossenen Empowerment-Räume bilden dabei die „Spitze" des imaginären Hauses. Das Kapitel endet mit Beispielen einer imaginären empowerment-orientierten Einrichtung für die Bereiche Kita, außerschulische Jugendarbeit und Schule. Ich stelle Ihnen nun vor, was die empowerment-orientierte **Sichtweise** in der Praxis bedeutet.

4 Die empowerment-orientierte Sichtweise und das „Empowerment-Haus“

- Setzt sich kritisch mit Zuschreibungen auseinander und vermeidet sie
- Vermeidet Fremdzuschreibungen und rassistische Abwertungen
- Versucht die Stärkung der Autonomie und Selbstbestimmung (Umverteilung von Macht, gesellschaftliche Zugänge, gleichberechtigte Wahrnehmung)
- Fördert Sichtbarkeit unterschiedlicher Lebenswelten
- Blickt ganzheitlich und biografisch auf Kinder und Jugendliche
- Widmet sich den Diskriminierungserfahrungen durch aktives Eingreifen
- Bietet Raum zur Einordnung der subjektiven Lebenserfahrung in den gesellschaftlichen Kontext
- Unterstützt politisches Empowerment und Abbau von ungerechter Behandlung
- Bietet Zugang zu Wissen aus den Communitys und der Familie als Gegenentwurf zu vermittelten Stereotypen und Abwertungen
- Bietet Empowerment-Räume (Safer Space mit Trainer_innen mit biografischen Erfahrungswissen) an

Das „Empowerment-Haus“: Struktur von Empowerment und empowerment-orientierung nach Positionierung

Mit dem Empowerment-Haus blicken wir wieder genauer auf Ihre Positionierung. Sie sind nun als Fachkräfte unterschiedlicher Positionierung (a) mit biografischem Erfahrungswissen oder (b) als nicht-betroffene Unterstützer_innen angesprochen. Ich stelle Ihnen mein Konzept des **„Empowerment-Hauses“** vor, durch das deutlich werden soll, welche Elemente miteinander in Beziehung stehen und wo Sie selbst Einflussräume haben (bzw. nicht teilnehmen, sondern im Hintergrund unterstützen). Das Konzept Empowerment-Haus soll deutlich machen, dass alle Fachkräfte (mit und ohne Rassismuserfahrungen) durch ihre Haltung, Wissens- und Handlungskompetenzen maßgeblich dazu beitragen können empowerment-orientiert zu arbeiten. Bei der Empowerment-Orientierung als Sichtweise sind alle angesprochen, die sich dem Thema bewusst widmen und sensibel damit umgehen möchten. Die Safer Spaces (Spitze des Hauses) bilden die Räume, in denen die Positionierung und Vorerfahrungen eine Rolle spielen, diese gestalten zu können oder nicht.

Wissenskompetenzen des empowerment-orientierten Arbeitens wurden in Kapitel 1 aufgeführt. Die in den nachfolgenden Kapiteln zu Auswirkungen von Rassismuserfahrungen, Umgang mit Diskriminierung, Haltung, Rechtslage und jeweils vorgeschlagenen Verhaltensweisen und Reflexionen bilden das Rüstzeug von empowerment-orientierten Handeln für von Rassismus betroffenen Kindern und Jugendlichen.

Das von mir entwickelte Modell ist ein Haus, in dem es ein Fundament, eine Basis-Ebene und eine Spitze gibt. Empowerment-orientierung besteht im Fundament und der Basis-Ebene, Empowerment Schutzräume finden in den Safer Spaces statt, der Spitze des Hauses. Das Fundament und die Basis-Ebene unterstützen die Spitze durch ein generelles Setting von diversitätssensiblem Miteinander und Zuschreibungs- und Diskriminierungsschutz.

Die Möglichkeiten Einfluss zu nehmen sind im Bereich des Fundamentes (Haltung) und der Basis-Ebene (Verhalten) immens groß. Sie bilden die Grunderfahrung, die die Kinder und Jugendlichen erleben und damit weniger Verletzungen, mehr Akzeptanz, das Gefühl, als Individuum gesehen zu werden und (im Gegensatz zu Abwertung) Wertschätzung für ihre Lebenswelt erleben. Die geschlossenen Empowerment-Schutzräume bilden die Spitze. Diese Spitze ist wichtig, um Heilungsprozesse in Gang zu bringen und Vertrauensräume anzubieten.

Empowerment in Schutzräumen (Safer Spaces) sollte aufgrund des bestehenden Bedarfs bei markierten Kindern und Jugendlichen Teil des Angebotes einer Einrichtung sein, wenn sie in der Kommunikation, der Haltung und im Verhalten der Fachkräfte bereits empowerment-orientiert eingestellt ist. Als Trainer_innen diese Spitze zu begleiten, ist an bestimmte biografische Zugänge und Kompetenzen gebunden. Ausgebildete Trainer_innen oder Fachkräfte mit biografischem Erfahrungswissen zu Rassismus sind hier eher als Vertrauenspersonen für die Kinder und Jugendlichen geeignet, benötigen aber die Unterstützung im Team (durch Ressourcenumverteilung), um dafür Zeit und Raum zu bekommen.

Schema 9 „Empowerment-Haus": Struktur einer empowerment-orientierten Pädagogik/Sozialen Arbeit auf drei Ebenen

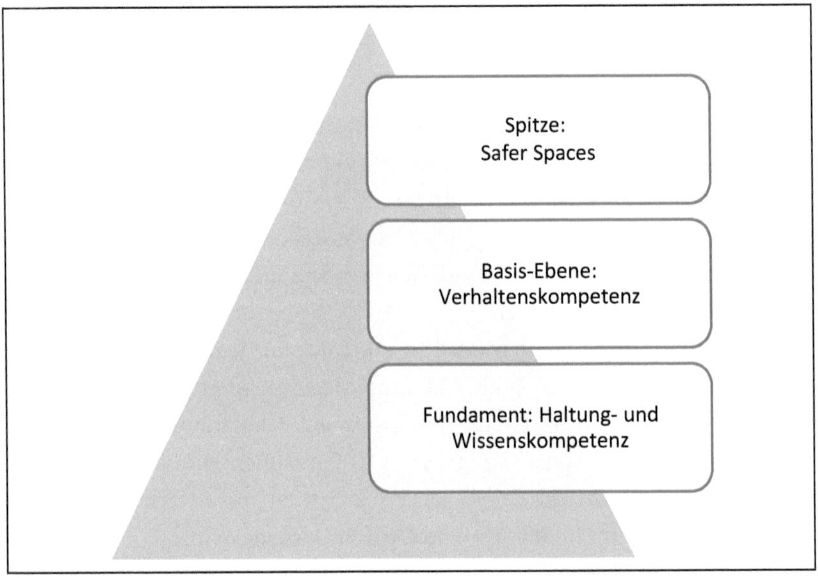

Quelle: Eigene Darstellung.

Das Fundament des Hauses: empowerment-orientierte Wissenskompetenzen

Die Grundlagen sind (angelehnt an Kapitel 1):

- Eine menschenrechtliche, rassismuskritische Haltung und entsprechende Sprache, die nach dem Diversity-Ansatz Gemeinsamkeiten und Unterschiede sieht und Ungleichheiten auszugleichen versucht.
- Unterschiede nur notwendigerweise zu thematisieren, aus dem Wissen heraus Othering zu vermeiden und stattdessen vielfältige Identitäten mitzudenken.
- Wissen über die Wirkungsweise von Rassismus und Diskriminierung hilft Ihnen, eine Sensibilisierung zu dem Thema generell zu haben und nicht dazu zu neigen, diese Erfahrungen auf die leichte Schulter zu nehmen.
- Ein Rollenverständnis in Ihrer Profession, um Menschenrechte, Chancengleichheit und Diskriminierungsschutz für alle zu gewährleisten, kommt hinzu.

Diese diversitätssensible Haltung haben Sie sich über die Gesetzeslage zu Diskriminierungsschutz von Kindern rückversichert. Die Basis-Ebene und die Spitze liegen auf diesem Fundament: Haltung, Sensibilität, Menschenrechte und Wissen.

Die Basis-Ebene des Hauses: empowerment-orientierte Verhaltenskompetenzen

Das Verhalten und die Kommunikation im Miteinander werden von diesem Fundament getragen. Dies umfasst Kompetenzen um Diskriminierungsschutz zu gewährleisten (aktives Eingreifen, Gespräche suchen, Vorbild sein in Bezug auf Zuschreibungen), kein Überbetonen von Unterschieden, sondern primär die Individualität der Kinder zu sehen. Die Reflexion von eigenen Vorurteilen und Stereotypen, Wertschätzung in der Sprache und Vermeiden von Abwertungen in der täglichen Arbeitspraxis. Sie sind ein Vorbild. Dadurch, wie Sie sich zum Kind verhalten und was Sie dem Kind an Eigenschaften zuschreiben, prägen Sie maßgeblich, wie das Kind sich selbst wahrnimmt. Die Chance sich selbst mit den eigenen Merkmalsdimensionen positiv wahrzunehmen, erhöht sich damit deutlich. Ein Setting von Akzeptanz dessen wie man ist, ist sehr empowernd. Die Basis-Ebene umfasst: Rassismuskritische Sprache, Haltung und Vorleben von Wertschätzung, Reflexion eigener Vorurteile und Diskriminierungsschutz im Miteinander.

Die Spitze des Hauses: Empowerment-Schutzräume „Safer Spaces"

Die geschlossenen Empowerment-Schutzräume (Safer Spaces) bieten den Betroffenen je nach Diskriminierungsmerkmal die Chance, sich in Räumen selbst neu zu definieren, die dazu da sind, sich jenseits von Stereotypen neu zu erleben und sich selbst über verschiedene Wege zu stärken. Diese Räume sollten von einer_einem Trainer_in begleitet sein, der_die Wissen zu Empowerment und einen eigenen biografischen Zugang zum Thema mitbringt, sich kritisch damit auseinandergesetzt hat und somit den Betroffenen bietet, unter sich zu sein. In Gruppen, die gemischt zusammengesetzt sind, hat sich gezeigt, dass es doch immer wieder zu Reproduktion von Zuschreibungen kommt und Verletzungen sich (auch ungewollt) wiederholen. Auch entsteht eine völlig andere Vertrauens- und Akzeptanzbasis in geschlossen Räumen (siehe dazu ausführlich „Grundlagen zu Empowerment-Schutzräumen (Safer Spaces): Warum sind geschütztere Räume wichtig?“ im Kapitel 6 „Safer Spaces ‚Empowerment-Schutzräume‘“). Ich, als christlich geprägte, Schwarze Diversity-Trainerin, wäre beispielsweise eher nicht geeignet dazu, muslimischen Jugendlichen einen Schutzraum zu bieten und anzuleiten. Die Vertrauensbasis wäre bei muslimisch geprägten Trainer_innen größer. Eine offen zusammengesetzte Gruppe mit Kindern unterschiedlicher Diskriminierungserfahrungen wäre denkbarer. Fachkräfte ohne eigenem Zugang unterstützen die Empowerment-Schutzräume strukturell. Ausführlich zu den Safer Spaces im nächsten Kapitel (Kapitel 6, „Grundlagen zu Empowerment-Schutzräumen (Safer Spaces): Warum sind geschütztere Räume wichtig?“).

„Safer Spaces“ strukturell unterstützen – nicht durchführen

Als nicht von Rassismus betroffene Fachkraft bietet die Empowerment-Orientierung in ihrer Vielschichtigkeit Ihr Hauptfeld. Sie können darüber hinaus Schutzräume als Angebote planen (als AG-Angebot, Seminar, regelmäßige Treffen mit Anleitung). Dies ist eine bedeutsame Bereicherung in der eigenen Einrichtung, weil es diese Angebote für Kinder und Jugendliche braucht, sie aber selten vorhanden sind (vgl. Kapitel 3 Diskriminierungserfahrungen). Man kann vielleicht als Nicht-Betroffene nicht selbst die „Safer Spaces“ durchführen, aber selbst durch Diskriminierungsschutz, rassismuskritisches Wissen und Reflexion empowerment-orientiert arbeiten und die Rahmenbedingungen für einen Safer Space als Unterstützer_in herstellen.

Im weitesten Sinne wurde deutlich: Fachkräfte mit und ohne Rassismuserfahrungen sind die Hauptakteure im Fundament und in der Basis-Ebene des Empowerment-Hauses.

5 Empowerment-orientierung in Bildungseinrichtungen und pädagogischen Organisationen

Durch diversitätssensible Strukturen ist es möglich, Kindern und Jugendlichen eine Gegenerfahrung zu bieten. Alles in allem sollten empowerment-orientierte Bildungseinrichtungen sich zum Ziel gesetzt haben, eine Gegenerfahrung zu den abwertenden Erfahrungen im Alltag der Kinder zu sein und diversitätssensible Strukturen, rassismuskritische Haltung und respektvolle Kommunikationsregeln durchzuführen.

Konkret bedeutet dies, in Bildungs- und Jugendeinrichtungen Diskriminierungen und Rassismen als Erfahrung ernst zu nehmen. Folgende Punkte und das zusammenfassende Schema können eine Orientierung sein:[13]

- Rassismuskritische Sozialarbeiter_innen/Pädagog_innen, die von den Kindern als Verbündete wahrgenommen werden
- Kind/Jugendliche_r nicht auf ihre Kultur/Herkunft/Hautfarbe reduzieren
- Zivilgesellschaftliches Engagement
- Diversität im Team fördern
- Interne rassismuskritische Auseinandersetzung im Team initiieren
- Klare Haltung gegen rassistische Äußerungen einnehmen
- Normalitäten hinterfragen (z. B. durch Vielfalt in den Spielen, Miteinander sein, Musik, Filme oder Schulbücher, auf stereotype Bücher oder Lernmaterialien verzichten)
- Schwarze, muslimische oder arabische Schriftsteller oder Künstler_innen mitdenken
- Selbstdefinitionen akzeptieren (Nachfragen anstatt Dinge vorwegzunehmen)
- Andere Lebenswelten sichtbar machen (Besuche in der Moschee, Familiengeschichten Raum geben)
- Angebot von Safer Spaces (mit biografisch nahen Trainer_innen)
- Für Jugendliche Partizipation und Teilhabe in allen Entscheidungsbereichen ermöglichen

Schema 10 Die empowerment-orientierte Bildungseinrichtung (Aufbau „Empowerment-Haus")

Angebot eines Safer Space (von und für PoC's, PoC Mädchen, Muslime ...)

Diskriminierungsschutz
- Ernst nehmen von Erfahrungen, aktives Eingreifen bei Rassismus
- Gespräche führen und Vorurteile korrigieren

Sichtbarkeit verschiedener Lebenswelten
- Diverse Lernumgebung und Wertschätzung
- Offenheit für Herkünfte, Sprachen und Religionen

Rassismuskritisches Fachpersonal
- Diskriminierungsbewusst und divers
- Sprachsensibel, Vermeidung von homogener Normalität

Quelle: Eigene Darstellung.

Wie kann das konkret aussehen?

Exemplarisch stelle ich eine Umsetzung für eine Empowerment-Orientierung in der Kita, in der außerschulischen Jugendarbeit und Schule vor.

Die diversitätssensible, empowerment-orientierte Kita

Sie kann dies durch die Auswahl der Spielzeuge mit der bewussten Vermeidung von Stereotypen, verwirklichen. Hier einige Beispiele: Puppen mit verschiedenen Haut- und Haarfarben sowie Augenformen und körperlichen Einschränkungen, verschiedene Haufarbenstifte, wertschätzende Spiele aus anderen Ländern, Sichtbarkeit und vielfältiger Einsatz von Sprachen, Essen aus verschiedenen Kulturen, diversitätssensible Kinderbücher mit verschiedenen

Merkmalsdimensionen in Religionszugehörigkeit, Hautfarbe oder Herkunftsländern. Insgesamt also Vielfalt repräsentierende Spiele und Materialien unter Vermeidung herabsetzender Lieder. Die Vielfalt der Sprachen und Merkmale wird bewusst sichtbar gemacht. Traditionen und deren Lebenswelten werden in den Alltag eingebunden. Wichtig: bei dem Einbezug der Familien werden keinerlei Vorgaben gemacht, sodass im Zweifelsfall Ihre eigenen Erwartungen erfüllt werden müssen.

Die Lernumgebung und Interaktion einer empowerment-orientierten Kita

- Stereotype und einseitige Darstellungen von Menschen haben hier keinen Platz
- Die Ausstattung wird um fehlende Aspekte von Vielfalt ergänzt
- Einseitigkeiten und Diskriminierung werden mit den Kindern thematisiert, auch in der Zusammenarbeit mit Eltern und in der Zusammenarbeit im Team

Empowerment-Orientierung soll Kindern dabei helfen:[14] (1) zu erforschen wer sie sind, (2) ihre Stereotype, Abneigungen und Missverständnisse über Menschen aufzudecken und zu verändern und sie können dabei helfen (3) zu zeigen, wie sie respektvoll und auf angenehme Weise mit anderen Kindern/Menschen sein können und (4) Gemeinsamkeiten zu erkennen und Unterschiede zwar zu sehen, aber im Miteinander nicht als Ausgrenzungsgrund zu verwenden.

Beispiel für Wertschätzung in der Kita: In der Kindergartengruppe werden 12 Sprachen gesprochen. Die Grundhaltung der Erzieherin ist offen. Sie sieht es nicht als ein Problem, sondern bindet die Sprachen in den Kita-Alltag ein. Beim Morgenkreis darf jedes Kind in seiner Sprache sprechen. Die Kinder bringen sich gegenseitig Wörter bei. Kinder und Kindergärtner lernen Lieder in anderen Sprachen. An einem Tag im Monat wird gemeinsam Essen von „Zuhause“ mitgebracht und gegessen. Jeder entscheidet selbst was „Essen von Zuhause“ ist. Es wurde zwar beschrieben, dass bei einigen Erzieher_innen die Überzeugung vorherrscht mit der deutschen Sprache allein gehe es leichter. Jedoch ist der Effekt bei den Kindern, wenn man ihre Erstsprache einbindet, dass sie sich wohl und angenommen fühlen mit der Sprache, die Teil ihrer Identität ist. Geschützte Räume könnten beispielsweise Sprachgruppen in AG-Form sein.

Die Umgebung und Interaktion in einem empowerment-orientierten Jugendclub

In einer Jugendeinrichtungen kann Empowerment-Orientierung bedeuten, Lebenswelten von Jugendlichen mit Migrationsgeschichte in Medien, Spielen und Aktionen zu berücksichtigen, ihre Themen aufzugreifen, ohne die eigene Lebenswelt auf sie übertragen zu wollen (Vorannahmen) und die Jugendlichen selbst über ihre Fragen und Themen entscheiden zu lassen. Eine Auseinandersetzung sollte innerhalb des Teams bezüglich eigener Repräsentation von Vielfaltsdimensionen und ggf. Veränderung von Einseitigkeit erfolgen. Eine Auseinandersetzung mit Diskriminierungen und Ausgrenzungserfahrungen der Jugendlichen zusammen mit Empowerment geschulten Trainer_innen sollte durch das ernst nehmen von Erlebnissen und Räume stattfinden und eine angstfreie Thematisierung ermöglichen. Dabei können auch eine Vielzahl von Themen fallen und Rassismus kann nur eines davon sein. Auf herabsetzende Stereotype, die sich in vorgegebenen Aktivitäten zeigt, sollte verzichtet werden und stattdessen in einem partizipativen Gestaltungsprozess beschlossen werden, um ihren Lebenswelten bewusst Raum zu geben.

Ju:an „Läuft bei dir" – empowerment-orientierte Jugendeinrichtung[15]

Um eine diversitätssensible Einrichtung gestalten zu können, hat das Jugendprojekt ju:an der Amadeu Antonio Stiftung eine Checkliste für Antisemitismus, Rassismus und gruppenbezogener Menschenfeindlichkeit, genannt GMF-sensibler Jugendarbeit herausgeben. In der folgenden Checkliste wird vor allem die Frage der Sichtbarkeit für verschiedene Identitäten mit achtsamer Auswahl der Materialien und Partizipation der Jugendlichen hervorgehoben.

- Ungleichheitsideologien sollten im Blick behalten werden
- Diversity-Kompetenzen und Perspektivenvielfalt bei dem Personal ist erwünscht
- Pädagogische Materialien sollten auf kulturalisierende und stereotypisierende Inhalte geprüft werden
- Expert_innen für die diversen Formen von GMF (Rassismus, Antisemitismus, Homophobie ...) sollten mit einbezogen werden.
- Peer und Young Educators schulen und einsetzen

- Jugendliche in die Planung der Einrichtungsangebote einbeziehen
- Safer Spaces Angebote

Unterschiedliche Angebote von Empowerment-Schutzräumen in der Jugendarbeit

Teil der empowerment-orientierten pädagogischen Jugendarbeit ist das bewusste Herstellen von Räumen, in denen Jugendliche mit Migrationsgeschichte und/oder Rassismuserfahrungen mit kulturpädagogischen Mitteln dazu arbeiten können. Es ist aber auch denkbar für andere Diskriminierungserfahrungen und Vielfaltsdimensionen Angebote zu machen, wenn ein Bedarf besteht.

Empowerment-Orientierung in der Schule

Seit dem ersten Kapitel wurden zahlreiche Wissenselemente für den Kontext Schule vermittelt:

- Als Lehrpersonal: Reflektion eigener Zuschreibungsprozesse und rassismuskritisches Denken.
- Beispiele für einen rassismuskritischen Unterricht.
- Auswirkungen von Rassismuserfahrungen auf die Lernmotivation und den Zugang zu eigenen Kompetenzen.
- Die Schwierigkeit, Rassismus z. B. im Unterricht anzusprechen.
- Wie wichtig es ist, als Lehrkraft Diskriminierung zu unterbinden.

In der Schule werden bildungsbiographische Weichen gesetzt. Schüler_innen mit Migrationshintergrund (PoC) berichten von schulischen sowie auch außerschulischen Rassismuserfahrungen, die allesamt unheimlich schmerzhaft für sie waren und in vielen Teilen immer noch sind.[16] Laut Afrozensus (2020) erlebten 70 % alle Befragten mit afodiasporischen Hintergrund Rassismus im Bildungsbereich[17]. Eine empowerment-orientierte Haltung als Lehrer_in an Schulen bedeutet vor allem, diskriminierenden Umgang (durch Lehrpersonal, im Klassenverband oder unter Schüler_innen) wahrzunehmen und darauf zu reagieren bzw. zu stoppen und allen Lebensrealitäten der Schüler_innen Raum zu geben um damit identitätsstärkend zu arbeiten. Dies erreicht man über das Unterrichtsmaterial und den Verzicht auf Stereotype und Herabsetzung von anderen Kulturen, Religionen oder Migrant_innen als Gruppe. Eine interkulturelle Geschichtsschreibung (Berücksichtigung von Minderheitenperspektiven in der Geschichte), das Thematisieren von Menschenrechten, Diskriminierung, sozialer Ungleichheit und Rassismus in der Gesellschaft gehören dazu. Das pädagogisch gesetzte Ziel ist, auf Vielfalt hinzuweisen und diese im Unterricht gezielt mitzudenken. Es braucht ein Grundverständnis von Antidiskriminierungspädagogik (diversitätssensible Sprache, rassismuskritische Sichtweise und Diskriminierungsschutz) sowie eine wertschätzende, vertrauensvolle Beziehung zu den Schüler_innen. Aus dem Erfahrungswissen von Empowerment-Trainer_innen finden im schulischen Kontext zu viele Verletzungen statt, um einen Safer Space innerhalb der Institution anzubieten. Empowerment-Orientierung in der Schule kann aber durch außerschulische Empowerment-Angebote verzahnt und ergänzt werden.[18]

Fazit zu: Empowerment und empowerment-orientiertes professionelles Handeln

In diesem Kapitel wurden Empowerment-Orientierung, grundlegende Aspekte des Empowerment-Prozesses und mein Konzept Empowerment-Haus vorgestellt.

Empowerment und Empowerment-Orientierung unterscheiden sich entlang der Positionierung der Fachkraft: (1) mit biografischem Wissen und damit betroffen von Rassismus und (2) nicht betroffen von Rassismus, ohne biografisches Wissen.

Rassismus ist eine gesellschaftliche soziale Praxis. Sie findet auf kollektiver und individueller Ebene statt. Um Empowerment-Prozesse zu verstehen ist es daher wichtig, als Fachkraft auf soziale und politische Dimensionen zu blicken, Ausgrenzungsmechanismen zu verstehen und nicht zu vergessen, dass Empowerment ebenfalls auf kollektiver und individueller Ebene gedacht werden muss.

Empowerment-Prozesse sind im Schema 8 „Empowerment verstehen – Umkehrprozesse und Entscheidungsräume“ zusammengefasst. Sie beinhalten u. a. die eigene Neudefinition ohne Zuschreibungen, Emanzipation durch Sichtbarkeit, diasporisches Wissen, Community-Arbeit, Vertrauen und Zeit.

Das Konzept „Empowerment-Haus“ hilft Ihnen, Ihren Einflussrahmen auf Empowerment-Prozesse entlang Ihrer Positionierung zu sehen, denn danach ist das Haus gebaut: Basis, Fundament und die Spitze.

Als Fachkraft, die ohne biografisches Wissen ist, liegt Ihr Einflussrahmen vornehmlich im Fundament und der Basis-Ebene durch Empowerment-Orientierung durch Haltungs- und Wissenskompetenz sowie Verhaltenskompetenz, die Sie in Ihre Arbeit einbringen. Diese Kompetenzen wurden in den bisherigen Kapiteln dargestellt. Die Empowerment-Schutzräume (Safer Spaces) sollten eher von Trainer_innen oder Fachkräften mit eigenem biografischem Wissen umgesetzt werden und sind Kindern und Jugendlichen mit übereinstimmenden Ausgrenzungserfahrungen vorbehalten, um Vertrauensräume zu schaffen. Was in diesen Schutzräumen an Prozessen angeleitet wird und welche Methoden es dazu gibt, folgt im nächsten Kapitel 6.

Literatur: Empowerment und empowerment-orientiertes professionelles Handeln

Kechaja (2018b)
Madubuko (2016)
Jagusch/Chehata (2020)
Amadeu Antonio Stiftung (2014a, 2014b, 2016)
Can (2011, 2008), Can/Yiğit (2009)
Heinrich-Böll-Stiftung (2015)
Sinoplu/Mukiibi (2012)
Rotter (2013)

Kapitel 6
Safer Spaces „Empowerment-Schutzräume"

„Erfahrungen von Rassismus, die Kinder of Color in ihrer Individualität angreifen und ihre Persönlichkeit brechen möchten, brauchen einen widerständigen Gegenakt: einen Rekonstruktionsprozess. Es ist wichtig, auf persönlicher Ebene Wege zu beschreiten, die Heilung versprechen/bringen."
Brandt 2015, S. 118

In diesem letzten Kapitel stelle ich mit der Spitze des „Empowerment-Hauses" die **Empowerment-Schutzräume** vor, in denen die Verarbeitungsprozesse der gemachten Erfahrungen stattfinden können. Ich beginne mit Grundlagen zu Empowerment-Schutzräumen (Safer Spaces), die ich aus meiner Sicht zusammenfasse. Im Gespräch mit erfahrenen Trainer_innen of Color stellen diese ihre Ansätze und Methoden vor. Diese Bündelung von Fach- und Methodenwissen von Empowerment-Trainer_innen, die selbst People of Color sind, ist in dieser Form einmalig. Die Fragen: „Was ist Empowerment?" und „Worauf muss geachtet werden?" werden in diesem Teil dieses Kapitels von Praktiker_innen aus ihrer Sicht beantwortet. Es zeigen sich Übereinstimmungen, aber auch die Vielfalt an Ansätzen.

Empowerment gegen Rassismuserfahrungen findet seit jeher in informellen Zusammenhängen in migrantischen Communitys statt. Jahrzehntelang leisteten Migrantenorganisationen lokale Empowerment-Arbeit, so wie die Initiative Schwarzer Menschen in Deutschland (ISD e. V.). Selbstorganisationen von Migrant_innen sind in überregionalen, kommunalen Netzwerken gebündelt (wie Dachverband der Migrantinnenorganisationen e. V. (DaMigra), die Arbeitsgemeinschaft von Migrantinnen, Migranten und Flüchtlingen in Niedersachsen (AMFN), das Netzwerk der Migrantenorganisationen in Mecklenburg-Vorpommern e. V. (MIGRANET-MV), Bundeskonferenz der Migrantenorganisationen (BKMO) und das Landesnetzwerk Migrantenorganisationen Sachsen-Anhalt (LAMSA), um hier nur einige Beispiel zu nennen. Empowerment hat inzwischen seinen festen Platz in der rassismuskritischen Bildungsarbeit. Begleitet und initiiert war dieser Prozess durch das Engagement einer kleinen Gruppe von Empowerment-Trainer_innen, die schon in den 90er-Jahren Seminarkonzepte entwickelten.[1] Exemplarisch für engagierte Schwarze Trainer_innen dieser Pionierarbeit kommen Marie-Theres C. Aden-Ugbomah (seit 1987) und Austen Brandt von Phoenix e. V. in den Zitaten zu Wort. Diese langjährige Arbeit von Migrant_innen und Schwarzen Trainer_innen sichtbar zu machen, und damit ihren Beitrag für die heutige rassismuskritische Bildungsarbeit wertzuschätzen, ist mir ebenfalls ein Anliegen. Der Verein Phoenix ist eine der NGO's mit der längsten Erfahrung an Empowerment-Trainings für Schwarze Menschen in Deutschland. Im Jahre 2010 war Phoenix e. V. der nationale Preisträger des Aachener Friedenspreises. Er steht für eine Kultur und Verständigung und wurde 1993 gegründet. Das Ziel von Phoenix e. V. ist es, Menschen für Rassismus in seiner alltäglichen und strukturellen Erscheinungsform zu sensibilisieren. In dem Maße, in dem sie sich ihrer eigenen Prägung bewusstwerden, erhalten sie Möglichkeiten, der Negativität des Rassismus positive Strategien entgegenzustellen. Der Verein hält es für die Bildung antirassistischer Strategien notwendig, dass weiße Menschen sich als Teil des rassistischen Systems erkennen lernen. Während die Antirassismus-Trainings von PoC und weißen Trainer_innen angeboten werden, sind es bei den Empowerment-Trainings ausschließlich PoC Trainer_innen.[2]

Dieses Kapitel „Safer Spaces" stellt etwas Besonderes dar, weil es bisher nicht gelungen ist, Inhalte von Empowerment-Trainings gegen Rassismuserfahrungen in dieser Form zusammenzufassen. Der hier dargestellte Blickwinkel ist der von Trainer_innen of Color und deren Erfahrungen mit Betroffenen. Sie bündeln jahrelanges Erfahrungswissen aus dem deutschen Kontext. Die Prozesse in Empowerment-Räumen werden in ihrer Sensibilität sichtbar. Der besondere Mehrwert für Fachkräfte ohne eigene Rassismuserfahrungen liegt darin, einen Einblick zu bekommen, wie Empowerment-Prozesse ablaufen und warum sie vor dem Hintergrund laufender Verletzungen ein hohes Maß an Vertrauen (Nähe in der Positionierung) benötigen. Auch für Fachkräfte of Color, die selbst noch keinen Empowerment-Raum begleitet haben, ist dieser Abschnitt interessant, um sich ihres eigenen emotional Innvolviert-Seins bewusster zu werden. Teilnehmende können im Raum „getriggert" werden, was ein_e Trainer_in auffangen können sollte. Letztlich ist es Arbeit mit offenen und unterdrückten Emotionen.

1 Grundlagen zu Empowerment-Schutzräumen (Safer Spaces): Warum sind geschütztere Räume wichtig?

Das Konzept der geschlossenen, geschützteren Räume ist nicht neu, wenn es um Emanzipationsprozesse geht. „Geschütztere Räume“ deshalb, da es auch in Empowerment-Räumen keine hundertprozentige Sicherheit gibt, nicht verletzt zu werden. Als Betroffene von Diskriminierungs- und Abwertungssystemen haben bereits in der Frauenbewegung Frauen Wert darauf gelegt, sich in Räumen ohne Männer selbst neu wahrnehmen zu können, sich mit Verletzungen auseinanderzusetzen, ihre Rechte zu formulieren und durchzusetzen. „Unter sich zu sein“ ist und war Teil des Empowerment-Prozesses von und für Frauen. Um nicht diese verbalen Gewalterfahrung zu erleben, wie sie bereits beschrieben wurde: Relativierung und Bagatellisierung von Geschehnissen. „Schutzräume haben, das heißt nicht, dass alles andere unwichtig oder abgeschafft werden muss, sondern dass es einen alternativen Raum geben muss, der neben dem Anderen steht. Aber das Verständnis für Empowerment-Schutzräume ist in Deutschland noch in den Kinderschuhen.“ (S. Fleary)

Sinn und Möglichkeiten in geschützteren Räumen

> „Solange es Herrschaftssysteme gibt, solange es Rassismus gibt gesellschaftlich, braucht es parallel zum Alltag wo alle miteinander sind, Schutzräume (Safer Spaces), um sich auf der Ebene ein bisschen Erholen zu können, andere Erfahrungen zu machen, andere Identitätsimpulse zu kriegen, andere Vorbilder zu haben und mit der Schwarzen Identität positive Identifikationsbezüge zu haben. Auch mal neue Fragen aufwerfen zu können und nicht andauernd in Frage gestellt zu werden. Eine wichtige Komponente ist außerdem einfach das ‚Sein'."
> Sebastian Fleary (Empowerment Trainer, Jugendarbeit EOTO)

Empowerment-Trainer Sebastian Fleary setze mit Sharon Dodua Otoo und Patrizia Göthe 2006–2009 ein Theaterprojekt mit Schwarzen Jugendlichen um, indem sie sich über mehrere Wochenenden hin trafen, über ihr Schwarz-Sein im geschützteren Raum reflektieren konnten, an Theater-Workshops teilnahmen und selbst ein Theaterstück entwickelten. Mit dem „YoungStar Projekt“

gingen sie zum Schluss auf Deutschlandtour. In dem YoungStar Projekt wurde die Sinnhaftigkeit des geschützteren Raumes wie folgt erklärt: Bei den Schutzräumen von Schwarzen Menschen/von Rassismus betroffenen Menschen geht es nicht darum, die Reflexionen und Prozesse „geheim" zu halten. Vielmehr trägt es der Tatsache Rechnung, dass die Anwesenheit weißer Personen die Dynamik, den Fokus und damit den Prozess der Auseinandersetzung verändern. Festzustellen ist, dass die Gefahr besteht, dass es unbewusst zu einer wiederholten Verletzung von Schwarzen Menschen und PoC kommt, wenn der Raum gemischt oder weiß dominiert ist. Rassistische Denk- und Handlungsmuster finden erneut wie sonst auch statt. Durch den geschlossenen und geschützten Raum wird es möglich, sich mit Anderen angstfrei über sehr schmerzhafte Erlebnisse auszutauschen und sich gegenseitig zu stärken.[3]

Die fälschliche Annahme, die Positionierung der Trainer_in spiele keine Rolle darüber, wer eine Leitung eines Schutzraumes wirksam übernehmen kann, haben zur Folge, dass ein authentisches Öffnen und ein Aufbau von Vertrauen nicht zustande kommt. Die Betroffenen werden als Individuen wieder in Vorannahmen eingebunden, statt selbstbestimmt nach innen und außen zu handeln. Das hat den Namen „Empowerment" nicht verdient. Dazu Empowerment-Trainer und Organisationsentwickler, Toan Nguyen im Interview mit mir:

> **"** Den Empowerment-Begriff, den ich allerdings meine, sieht einen Ansatz von ‚**von und für**' vor. Von PoC für PoC. Es hat entscheidende Gründe, das so zu handhaben. Der erste ist die Frage des Raums: Ein Raum von PoC für PoC, in dem es einen gemeinsamen Erfahrungswert von Rassismus gibt von allen, auch wenn sie unterschiedliche Verständnisse von Rassismus oder Empowerment haben können. Wenn PoC zudem in einer leitenden Rolle sind, kann neben der fachlichen Kompetenz ein sehr wertvolles Erfahrungswissen hereingetragen werden, das viel für die Begleitung von Jugendlichen oder Erwachsenen hergibt. Nämlich aus einer Position von ‚das kenne ich/kenne ich ähnlich' zu sprechen. Das kann ich nachfühlen und spüren, vor allem für eine Sache, die stark mit Strukturen von Leiden zu tun hat. Denn das Erleben von Diskriminierung und Rassismus sind alltägliche Realitäten die mit Strukturen des Leidens verbunden sind. Eine Form von Verständnis, eine Qualität von Empathie und Mitgefühl, die von Herzen ausgeht, zu entwickeln, halte ich für sehr entscheidend für gelingende Prozesse von Empowerment".

2 Angebote für PoC oder Kinder und Jugendliche mit Rassismuserfahrungen als „Safer Spaces"

In geschützteren Räumen unter Leitung eines PoCs kann ein offensiver Austausch unter Gleichgesinnten ohne bekannte Zuschreibungen von außen stattfinden. In diesen Räumen wird versucht, genau diese Zuschreibungen zu minimieren. Im Empowerment-Prozess, der eine Zeitspanne zum Aufbau einer Vertrauensebene benötigt, kann eine Offenbarung emotionaler Verletzungen möglich werden. Jedoch mit dem Fokus darauf, nicht in der Verletzung zu verharren, sondern selbstbestimmt Worte zu finden, sich als Individuum zu entdecken, eigene Wünsche zu formulieren, sich gegenseitig Halt zu geben und ggf. Verletzungen „heilen" zu lassen. „Safer Spaces" ist der Raum, in dem die bereits verinnerlichten und wenig heilsamen Strategien wie gewohnheitsmäßiges Verdrängen, sich Verleugnen, Akzeptieren von Abwertung als gewaltvolle Normalität verändert werden sollen. Sie lernen über „Selfcare" mehr auf sich und auf das Bauchgefühl zu achten, statt sich gesellschaftlichen Erwartungen anzupassen.[4] Auch Wissen über Aktivismus und historische Kämpfe, um Gleichstellung sowie Vorbilder und Literatur können „empowerndes" Wissen und Zuversicht geben, um sich nicht als „Opfer" zu verstehen, sondern seine Stärken zu erkennen. Beispielhaft kann dies über Biografiearbeit, Körperarbeit, über Kunst, Musik oder Darstellende Kunst (Theater) unter der Leitung von geschulten Empowerment-Trainer_innen stattfinden.[5] Im zweiten Teil dieses Kapitels stelle ich nun von einigen die Arbeit unter „Erfahrungen von Empowerment Trainer_innen" vor.

3 Selbstermächtigung und die Rolle der Trainer_in

Schwarze oder PoC-Fachkräfte können Expert_innen zu Rassismus sein, vielleicht aber auch nicht. Es sollten daher idealerweise diejenigen Fachkräfte of Color oder Trainer_innen sein, die auch Wissen über Rassismus als Unterdrückungssystem und empowerndes Wissen mitgeben können. Das Prinzip der Selbstbestimmung innerhalb des Empowerment-Ansatzes bedeutet auch, dass es „Impulse", aber keine „Vorgaben" gibt. Es bleibt also ausschließlich bei den Betroffenen unter fachlicher Leitung, was sie entwickeln möchten. Empowerment steht somit eng im Zusammenhang mit der Ausweitung der Chancen für sich selbst zu sprechen, zu entscheiden und sich selbst zu definieren.[6]

Empowerment wird immer von der Person/dem Kollektiv von Betroffenen selbst mit Inhalt gefüllt. Diese Inhalte können Projekte sein, in denen sie sich über ihre Biografie austauschen und eigene Sichtweisen, Widerstände und Wünsche formulieren. Sich nicht isoliert zu erleben und geteilte Erfahrungen im Kollektiv auszutauschen, macht es leichter, die Systematik der gesellschaftlichen Abwertungssysteme zu erkennen. Es kann auch eine Spurensuche sein, die mit einer Frage beginnt. Selbstermächtigung im Kern bedeutet, dass Betroffene selbstbestimmt entscheiden, was sie brauchen und dies in der Gruppe für sich herausfinden. Dabei werden verschiedene Methoden des Empowerments angeboten (siehe Kapitel 4). Ein hohes Maß an Selbststeuerung und Freiheit selbst zu überlegen, was man ausdrücken, worüber man reden möchte und was einen interessiert, ist unabdingbar dafür.

Der Blick richtet sich nun auf die betroffene Person: Wie kann ich den Zuschreibungen/Stereotypen entkommen? Wie kann ich sie durchbrechen und mich selbstbestimmt definieren, eine Stimme haben und selbst sagen „Wer ich bin"? Sich das zu trauen, nachdem lange die Ohnmacht mein Leben bestimmt hat, sind ebenfalls wichtige erste Schritte. Eine Selbstbezeichnung für sich zu finden – verschiedenes ist denkbar. Es ist sowohl auf individueller wie auf kollektiver Ebene ein Emanzipationsprozess. Diese, meine eigene Lebensrealität in meiner Schule, meiner Kita, meiner Jugendgruppe nicht verzerrt wiederzufinden, ist extrem wichtig. Und das kann nur durch partizipative Prozesse stattfinden, da das Nicht-Wissen von Nicht-Betroffenen keine authentischen Räume eröffnen kann.

Diese politische Empowerment-Arbeit ist Teil davon, sich mental nicht länger den Unterdrückungs- und Diskriminierungsmechanismen machtlos ausgeliefert zu fühlen, sondern eigene Bilder des Seins zu kreieren, die jenseits vorformulierter Stereotype bestehen.

4 Kompetenzen zur Begleitung von Empowerment-Prozessen im geschützteren Raum

Der geschaffene „Raum" an sich, im Sinne von Zeit, personeller Ressourcen und Orte dafür, ist wichtig. Obwohl aufgrund der Selbstbestimmung jemand nicht professionell „empowerd" werden kann, sollten Empowerment-Angebote dennoch moderiert, angeleitet und begleitet werden. Die Rolle der Trainer_innen ist es, inhaltliche Impulse (z. B. historisches Wissen, Beispiele von erfolgreichem Aktivismus bisher) zu geben, zuzuhören und neue Ideen organisatorisch zu unterstützen. Sie bringen i. d. R. aufgrund eines persönlichen Zugangs zu dem Thema Verständnis für die Diskriminierungserfahrungen auf und versuchen die aufkommenden Gefühle in eine positive Handlungsfähigkeit umzuwandeln. Meist sind sie in ihrer Person auch Vorbilder.

Für Maria Kechaja, Empowerment-Trainerin in der offenen Kinder- und Jugendarbeit, ist die Auseinandersetzung mit machtvollen Strukturen eines der Ziele der Empowerment-Arbeit. Sie beschreibt beispielsweise, wie Schwarze Schüler_innen, bestärkt durch das Empowerment-Angebot einer Schwarzen Lehrerin, Handlungsstrategien im Umgang mit Diskriminierungserfahrungen entwickelten. Gemeinsam begannen sie, sich gegen diskriminierende Sprache, Stigmatisierung und Benachteiligung in der Schule zu wehren. Empowerment in diesem Verständnis ist ein machtkritisches Konzept der Selbstbemächtigung in kollektiven Zusammenschlüssen von Menschen, die gesellschaftlich unterdrückt und deren Alltag von Fremdzuschreibungen, Abwertungen und Ausschlüssen geprägt ist.[7]

Empowerment von und für Schwarze Menschen, von und für PoC, von und für queere Schüler_innen oder von und für kopftuchtragende Muslimas* zu begleiten, bedeutet jeweils etwas anderes. Was für das eine Kind/Jugendlichen empowernd wirkt, kann für das andere wirkungslos sein. Was inhaltlich empowernd sein kann und was es nicht ist, ist abhängig vom Grund der Ausgrenzungserfahrung, dem biografischen Kontext, Alter und Persönlichkeit. Übereinstimmend sind die Kompetenzen, die es braucht, um einen Empowerment-Prozess zu begleiten. Jugendliche bringen viele unterschiedliche Themen mit, die sie beschäftigen. Ihre Rassismuserfahrungen sind nur ein Teil. Man lässt alle Themen zu. Dazu gehört Rassismuserfahrungen nicht selbst anzusprechen, sondern nur darauf einzugehen, wenn Jugendliche es selbst ansprechen. Ebenfalls ist das Einbringen der eigenen Erfahrungen mit dem Thema, das angesprochen wird, hilfreich. Es empfiehlt sich als Trainer_in zurückhaltend zu sein, aber Impulse an der richtigen Stelle einfließen zu lassen, wenn die Jugendlichen sich öffnen. Das ist die Kunst. Es kann passieren, dass geteilte Erfahrungen anderer Kinder und Jugendlicher erneut eine für sie schlimme Erinnerung triggert oder sie befürchten, ihnen kann dasselbe auch passieren (z. B. physische Angriffe). Hier sollte man als Trainer_in achtsam sein und sehen, wie die Stimmung gebremst und umgeleitet werden kann, sodass kein Ohnmachtsgefühl verstärkt wird, sondern eine Vision und ein Ausblick hängen bleibt, um handlungsfähig zu sein.

Schema 11 Voraussetzungen und Fähigkeiten des_der Trainer_in

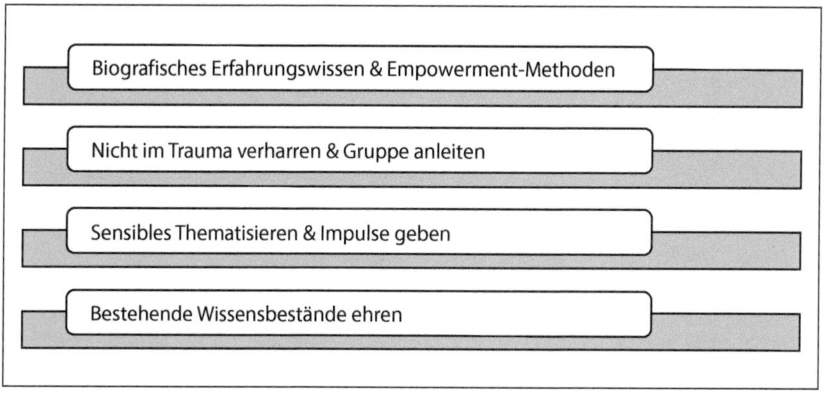

Quelle: Eigene Darstellung.

Empowerment als Schutzraum anbieten – aber wie?

Bei der Gestaltung von Empowerment-Angeboten in geschützten Räumen sind altersspezifische Angebote ebenso zu beachten wie andere Merkmalsdimensionen (wie Herkunft, Religion, Geschlecht, sexuelle Orientierung, Klasse, Fluchthintergrund), die die Gruppe verbinden. Auf die Möglichkeit der Selbstzuschreibung und Freiwilligkeit in der Gruppenfindung ist dringend zu achten. Der_die Trainer_in sollte eine rassismuskritische Ausbildung, Erfahrung mit Empowerment-Prozessen und einen (ggf. persönlichen) Bezug zu der Merkmalsdimension haben. Ein Liste mit Trainer_innen finden Sie im Anhang.

Die Rekrutierung für die Gruppenteilnahme darf nicht (aufgrund von Zuschreibungen) gesetzt, sondern sollte nur auf freiwilliger Basis stattfinden. Eine Vertrauensebene zu finden ist Voraussetzung für mögliche Öffnung und

Heilungsprozesse. Erfahrungsgemäß sind kreative, Kunst- und Hip-Hop-Angebote als Einstieg gute Anknüpfungspunkte, sie sollten jedoch fachlich unterstützt sein. Abhängigkeits- oder Machtverhältnisse wirken störend, um eine vertrauensvolle Umgebung zu schaffen. Längere Zeitrahmen ermöglichen tiefere Veränderungsprozesse und Vertrauen als kurze Treffen. Die Rahmung eines Schutzraumes ist eng daran gebunden, erneute Verletzungen zu vermeiden und um Raum zu geben neue Identitätsimpulse zu finden, sich auszutauschen und sich innerhalb des Schutzraums befreiter erfahren zu können. Dann sind die unten genannten Prozesse möglich.

Auswahl an Prozessen/Erfahrungen in Empowerment-Räumen[8]

- Vorurteilssensibler Raum/Wertschätzung für Diversität
- Normalitäten hinterfragen (z. B. in Medien oder Schulbüchern)
- Sich nicht erklären müssen
- Als Individuum wahrgenommen und akzeptiert sein
- Identitätsstiftendes besprechen und unternehmen
- Mit Gleichaltrigen Erfahrungen austauschen und auf Verständnis stoßen
- Ansprechpartner_innen haben, die nicht stereotypisieren
- Gemeinschaftserlebnis „diese Erfahrung mache nicht nur ich allein"
- Möglichkeit neue Strategien zu finden, Wege der Verarbeitung kennenlernen
- Unsichtbare Stimmen und Perspektiven sichtbar machen
- Gemeinsam um Ressourcen, Gleichbehandlung kämpfen
- Gefühle und Erfahrungen ausdrücken (Theater, Austausch, Kunst, Biografiearbeit)
- Körperliche Sensitivierung und achtsames Wahrnehmen von Wut und Angst
- Vorbilder wertschätzen und aufzeigen
- An kollektive aktivistische Geschichte erinnern und daran anknüpfen
- Heilung und Erfahrungen besprechbar machen
- Selbstdefinitionen erarbeiten
- Vorbilder wertschätzen und aufzeigen
- Diasporische Geschichte recherchieren, erinnern und daran anknüpfen
- Heilung und Erfahrungen besprechbar machen

5 Expert_inneninterviews: Erfahrungswissen zur praktischen Empowerment-Arbeit in Safer Spaces

Dieser Kapitelabschnitt repräsentiert Erfahrungswissen aus der Empowerment-Arbeit, die es bereits seit vielen Jahren gibt. Alle Trainer_innen verstehen sich als Schwarz und/oder People of Color (innerhalb dessen gibt es weitere individuelle Selbstbezeichnungen) und sind somit selbst von Rassismus Betroffene, was sie mit einem sensibleren Blick auf das Thema ausstattet.

Die Empowerment Trainer_innen sind Pasquale Virginie Rotter, Marie-Theres C. Aden-Ugbomah, Sebastian Fleary, Verena Meyer, Toan Nguyen, und Maria Kechaja.

Die Interviews, in denen die Trainer_innen ihr Wissen mit mir geteilt haben, fanden zwischen 2019 und 2020 statt. Es war mir eine große Freude, diese Expert_innen-Runde für mein Buch gewinnen zu können, da sie in sich bis zu 25 Jahre Erfahrungswissen angesammelt haben. Diese vielen Jahre praktischen Erfahrungswissens zu Empowerment gegen Rassismuserfahrungen sind in den folgenden Interviews gebündelt. Meine Auswahl der Empowerment-Trainer_innen zielte darauf ab, eine PoC/Schwarze Perspektive zu zeigen sowie zu zeigen, dass Empowerment-Arbeit sich unterschiedlichster Methoden bedient und es gleichzeitig keine Zuordnung von feststehenden, funktionierenden Methoden gibt. Es liegen unterschiedliche Schwerpunkte und Blickrichtungen vor, um mit den Betroffenen und mit den gemachten Rassismuserfahrungen in die Auseinandersetzung zu gehen. Diese sollen hier als Auswahl vorgestellt werden, ohne einen Anspruch auf Vollständigkeit zu haben.

Die Antirassismus-Trainings (ART) der 90er-Jahre waren keine Empowerment-Seminare, sondern Race-Awareness Seminare, die sich ausschließlich an Weiße richteten. Es war ein herrschaftskritisches Bildungskonzept und keine Empowerment-Arbeit. Die Erkenntnis, dass es Empowerment-Räume für Schwarze Menschen braucht, kam erst später. Im Gegensatz zum Empowerment-Ansatz basiert das Antirassismus-Konzept der damaligen Trainer_innen-Gruppe auf einem Schwarzen Konzept. Austen P. Brandt (Phoenix e. V.), Helga Emde, Flois Knolle-Hicks und Marie-Theres C. Aden-Ugbomah gehörten zu diesem Kreis der Pionier_innen, wie oben kurz erwähnt.

Exemplarisch für engagierte Schwarze Trainer_innen dieser Pionierarbeit kommt Marie-Theres C. Aden-Ugbomah (seit 1987) zu Wort. Unter den interviewten Empowerment-Trainer_innen gab es deutliche Übereinstimmung darüber, was Rassismus ist, wie die Empowerment-Räume gegen Rassismuserfahrungen gestalten werden sollten, welche Qualitäten ein_e Trainer_in braucht und was die Ziele dieses Prozesses sind.

Praxiswissen der Trainer_innen: Ein Konsens zu Empowerment gegen Rassismuserfahrungen

In den Interviews mit den erfahrenen Schwarzen und PoC Trainer_innen wurden essenzielle Übereinstimmungen zu Empowerment gegen Rassismuserfahrungen und seinen Prozessen deutlich. Diesen Aussagen stimmten alle Empowerment-Trainer_innen zu:

- → Alle sehen Rassismus als eine Gewalterfahrung an.
- → Alle sehen Empowerment als etwas Politisches an.
- → Alle sehen Empowerment als einen Prozess an, der Zeit braucht.
- → Alle halten Safer Spaces nur für bestimmte Gruppen, z. B. mit Rassismuserfahrungen, für notwendig.
- → Für alle sollte der Schutzraum von jemanden geleitet werden, der einen biografischen Zugang mit der Gruppe teilt (selbst Schwarzer Mensch, BPoC/PoC sein als Trainer_in für einen BPoC/BPoC Empowerment-Raum).
- → Für alle findet die Auseinandersetzung und die Fokussierung der Fragen und Wege bei den Teilnehmenden statt.
- → Es gibt nicht eine Methode, die für alle Teilnehmenden funktioniert. Jede_r steht an einer anderen Stelle und nimmt mit, was er_sie gerade braucht.
- → Rassismuserfahrungen setzen sich auch im Körper fest.
- → Ziel von Empowerment ist, Handlungsstrategien zu finden, um sich wohler mit sich selbst zu fühlen.
- → Ziel von Empowerment auf kollektiver Ebene ist die Sichtbarmachung kollektiver Ziele, gesellschaftliche Emanzipation, die Umverteilung von Macht und Ressourcen und Gerechtigkeit herzustellen.
- → Wissen über das System Rassismus, geteilte Erfahrungen, Schwarze/diasporische Geschichte und Community-Wissen kann den Prozess unterstützen.

Die Interviews fanden mit Empowerment-Trainer_innen mit folgenden Schwerpunkten statt: Rassismuserfahrungen, PoC, BPoC, LGBT*IQ-Kontext, muslimischer Kontext, Mädchenarbeit und Jugendarbeit. Die vorgestellten Methoden in den Interviews sind:

- Austausch
- Biografiearbeit
- Video-Projekte
- Peer-to-Peer
- Körperarbeit, Empowerment in Motion
- Theaterarbeit
- Hip-Hop, Kunst, Texte, kreative Arbeit
- Geschichtsaufarbeitung, Widerstandsgeschichte und Vorbilder

Pasquale Virginie Rotter, Somatic Empowerment Coach

Körperarbeit, Somatic Empowerment, Selbstliebe und Austausch

Pasquale Virginie Rotter ist Somatic Empowerment Coach, (Lecture) Performer_in und Moderator_in. Als Empowerment-Trainer_in hat si_e[1] den Empowerment-Ansatz „Empowerment in Motion“ entwickelt. Rotter ist Erziehungswissenschaftlerin sowie ausgebildete Mediator_in und Tanzpädagog_in. Mit dem Ansatz „Unlearning Oppression through the Body“ begleitet und coacht si_e bundesweit rassismus- und nicht-rassismuserfahrene Einzelpersonen und Gruppen bei körperorientierten (Ent-)lern- und Transformationsprozessen. Si_e bietet rassismuskritische Prozessbegleitungen und politische Bildungsarbeit an und ist Autor_in zahlreicher Fachartikel und Essays. 2018–2020 war si_e Projektkoordinator_in des Projekts „EmpA – Empowerment, Sensibilisierung und antirassistische Öffnung“ an der Alice Salomon Hochschule, Berlin.

Ihr Verständnis von Empowerment

Pasquale Virginie Rotter: „Rassismus ist eine Erfahrung, die Trennungen schafft. Uns von uns selbst trennt, von unserer Kraft, unserer Intuition. Und uns voneinander trennt, unseren Communitys, Familien, Ahn_innen, Freund_innenschaften. In Bezug auf Anti-Schwarzen Rassismus kann ich jedes Mal einen Shift im Raum spüren, wenn schwarze Menschen sich connecten, mit sich selbst und dann miteinander. Die Trennungen passieren von allein. Im körperorientierten Empowerment trainieren wir heilsame Wiederverbindungen. Doch dafür sind wir selbst verantwortlich. Für die Heilungsprozesse, unsere Erholung, unser Empowerment und unser Wohlbefinden sind wir selbst verantwortlich. Das ist das, worauf wir Einfluss haben.[2]

In Empowerment-Prozessen geht es in erste Linie darum, Starre und Sprachlosigkeit zu überwinden, traumatische Erfahrungen in einem Schutzraum auch körperlich auszudrücken, im Austausch mit anderen zu transformieren, neue Empfindungs-, Bewegungs- und Handlungsmöglichkeiten zu erfahren und somit politische Machtverhältnisse zu verändern“, so Rotter.

Zur rassistischen Dynamik

Pasquale Virginie Rotter: „Ein Charakteristikum rassistischer Dynamik ist, dass sie sich an dir abarbeitet und dich anstrengt. Deine ganze Energie und Aufmerksamkeit geht nach außen: Wie kann ich was wie richtig sagen, damit ich gesehen werde, gehört werde, ernst genommen werde, mir zugehört wird. Ich stelle mir das manchmal vor wie Pingpong: Also das rassistische Gegenüber, das einfach nicht offen ist für deinen Schmerz oder auch für deine Klarheit, ist in der Machtposition und kann das einfach mit aller Kraft zurückknallen. Und: Zack, bist du wieder damit beschäftigt, mit irgendeiner Abwehr und musst irgendwie damit umgehen."

Verinnerlichte Strategien erkennen

Pasquale Virginie Rotter: „Menschen mit Rassismuserfahrungen entwickeln Umgangsstrategien. Zum Beispiel die Strategie Schmerz zu vermeiden, Erfahrungen von Ablehnung, von Zurückweisung und Entmenschlichung auszublenden. Das ist erstmal eine Qualität: Sich anzugewöhnen etwas nicht nah an sich ran zu lassen. Sonst wäre ich ja auch die ganze Zeit damit beschäftigt, beginnend im Kindesalter."

Genau dort setzt Pasquale Virginie Rotter an, um Veränderungen zu ermöglichen, um neue Handlungsstrategien zu entwickeln. Dabei ist der erste Schritt, den Körper und seine Reaktionen und Gedanken auf die rassistische Dynamik wahrzunehmen, um in der Situation bewusster Wahlmöglichkeiten zu erkennen.

Haltung als Trainer_in und Zielsetzung der Trainings

Aus der Unzufriedenheit, dass si_e die ersten Empowerment-Trainings, an denen si_e teilnahm und später selbst anleitete, zwar als einen kraftvollen Austauschraum erlebte, in dem es viel um Verstehen im Sinne von Erfahrungen in einen Wissensbestand einordnen ging, si_e die Trainings aber relativ unbeweglich fand, entwickelte si_e neue Fragen. Diese sollten sich mit dem tatsächlichen physischen Erleben von rassistischer Gewalt auseinandersetzen.

Es soll herausgefunden werden, wie diese Erfahrungen ganzkörperlich wahrnehm- und transformierbar sind. Anfangs waren die Ziele als Trainer_in sehr hochgesteckt, inzwischen ist das Vertrauen, dass „genau das Richtige passiert, was für die Teilnehmer_innen passieren soll" groß. Die Umgangsstrategien mit Rassismus sind unterschiedlich, doch der „Starting Point" im Training ist der Körper, wie er jetzt da ist.

„Empowerment in Motion" Trainings

Der Körper ist ein zentraler Ort, in dem jegliche Erfahrungen gespeichert werden. Deshalb zentriert Pasquale Virginie Rotter als Somatic Empowerment Coach den Körper, um Veränderungen und neue Handlungswege mit den Teilnehmenden zu suchen: „Für mich ist die Arbeit mit dem Körper im Zusammenhang von Empowerment wirklich einer der Dreh- und Angelpunkte. Weil Rassismus sich am Körper festmacht und der Körper auf Rassismus reagiert, die Ideologie macht sich am Körper fest, Rassismus wurde geschichtlich körperlich ausagiert, sehr gewaltvoll ausagiert."

Biografiearbeit und ihre Verwendung in Körperarbeit

Biografiearbeit kann als Bestandteil der Trainings „Empowerment in Motion" verstanden werden. Es wird als Impulsgeber benutzt, wobei Bewegung das Ausdruckmittel ist.

Pasquale Virginie Rotter: „Impulsgeber für die Biografiearbeit sind zumeist Orientierungsfragen, welche die bewegten Lebens-, Familien- und Migrationsgeschichte(-n) fokussieren und sie vor dem Hintergrund von Rassismuserfahrungen in Deutschland beleuchten. Dabei eröffnet sich zumeist ein reicher Raum gefüllt mit Worten, Geschichten, Bildern und Gefühlen. Dieser offenbart den Teilnehmenden Vielfalt und Schönheit, Einzigartigkeit und Schmerz von Migrationsgeschichten von Menschen of Color, Schwarzen Menschen und Menschen mit Migrationsgeschichte und nicht zuletzt die geballte Gewalterfahrung von Rassismus auf globaler, struktureller, individueller und alltäglicher Ebene. Die Hauptausdrucksmittel dieser Art von Biografiearbeit sind Schrift, Zeichnungen, Sprache, Gesten, Erzählungen, Lachen und Tränen. Biografiearbeit und sprachliche Impulsgeber sind auch essenzieller Bestandteil von ‚Empowerment in Motion'-Trainings. Mit dem Unterschied, dass kaum geschriebene oder ausgesprochene Worte zur Beschreibung bzw. Darstellung der biografischen Auseinandersetzung verwendet werden. Vielmehr werden Bewegungs- und Improvisationselemente genutzt, um die eigene Geschichte zu ergründen und zu teilen."[3]

Blickwinkel in den Trainings

In „Empowerment in Motion" Trainings wird angeschaut: Was sind die Zusammenhänge zwischen Körper und Rassismus? Was sind unsere Mechanismen? Was sind geteilte Erfahrungen darin und was sind Glaubenssätze. Als zentraler Mehrwert hat sich gezeigt, von Anfang an konkrete Tools zu vermitteln, die für Teilnehmer_innen anwendbar sind. Das können Atem- oder Groundingübungen sein. Weitere Fragen hin zur Körpererfahrung sind: Wie drückt sich Anpassung körperlich aus? Wie fühlt es sich an, wenn alle dich anstarren? Wie fühlt es sich an, wenn du so viel Raum wie möglich einnimmst? Wie fühlt es sich an, wenn du getragen wirst?[4] Kommt Biografiearbeit im Rahmen des Trainings als Methode zum Einsatz, werden die Teilnehmer_innen im Laufe des Trainings mit diversen ausgesuchten Körperübungen darauf hingeführt, ihre biografischen Erfahrungen im Rahmen einer performanceorientierten Bewegungsimprovisation mit den anderen Teilnehmer_innen zu teilen. Es wird hier deutlich: Biografiearbeit ist eine Methode (neben anderen) und wird nicht automatisch eingesetzt.

Pasquale Virginie Rotter: „Während jeder Improvisation erfährst du als Teilnehmer_in also die Gleichzeitigkeit von Darstellen und Sein, Erinnern und Wiederherstellen, Entscheiden und Verwandeln. Im Moment des performativen Teilens mit den übrigen Workshop-Teilnehmenden stellst du zum Beispiel die allzu bekannte Erfahrung von Unterdrückung in Form rassistischer Fragen und Kommentare dar. Dabei nimmst du wahr, wie du als Körper darauf reagierst, wie es sich anfühlt (der Blick nach innen) und was es mit dir und auch was es mit dem Zuschauer_innen macht. Im selben Moment triffst du aus einem Bewegungsimpuls heraus (der etwa auf muskuläre Überanstrengung oder eingeschränkte Atmung zurückgeführt werden kann oder auch auf Langeweile, Unbehagen oder Orientierungslosigkeit) eine neue Entscheidung und komponierst im Moment die Performance und somit deine biografische Erfahrung neu."[5]

Und Rotter weiter dazu im Interview: „Es geht darum, automatische Reaktionen auf rassistische Erfahrungen zu transformieren und die eigenen Strategien zu erforschen mit den Fragen: In welche Anstrengung gehe ich ein auf körperlicher Ebene? Was will ich damit erreichen? Welche Funktion haben sie? Was haben sie mir bisher gegeben?“

Achtsamkeit für Körperreaktionen im Training

Ein Aspekt im Training ist, die körperlichen und mentalen Strategien und Reaktionen in Übungen erstmals wahrzunehmen. Aus Traumaperspektive sind diese Reaktionen wertvolle und schützende körperliche Mechanismen. Als Körpercoach weiß Pasquale Virginie Rotter, dass diese automatisch passieren und die körperliche Reaktion auf Rassismus damit nur wiederholen.

Pasquale Virginie Rotter: „Das Blöde an der Sache mit diesen ganzen körperlichen Strategien im Umgang mit Rassismus ist, dass sie automatisch passieren, dass ich also gar keine Macht mehr über sie habe. Ich habe gar keine Macht mehr darüber, ob dieser Schutzmechanismus jetzt anspringt und ich sozusagen in der Schleife von körperlicher Wiederholung der rassistischen Erfahrung bin. Hier verzahnen sich rassistische Situationen und ihre Wiederholung, aber auch die Wiederholungen im eigenen Körper.“

Das Spannende, so Rotter, ist die Wahlmöglichkeit zu erkennen und aus dem Automatismus auszusteigen. Durch die Bewusstwerdung für eine kleine körperliche Reaktion kann eine Kettenreaktion ausgelöst werden, die im Ergebnis das gesamte körperliche Muster auflöst.

Pasquale Virginie Rotter: „Zum Beispiel: In einer (wiederholten) Erfahrung habe ich gelernt, meinen Kiefer und meine Lippen anzuspannen. Wenn ich im Training die Erfahrung machen kann diese Anspannung loszulassen, erfahre ich, was dann passiert. Dann nehme ich vielleicht wahr, dass auch mein Nacken weicher wird. Das war mir vorher nicht bewusst, hing aber mit dieser Erfahrung zusammen. Das war mir vorher nicht bewusst. Dann eröffnen sich Wahlmöglichkeiten, die ich ausprobieren kann: Wie möchte ich reagieren, wie möchte ich sein, was ist angemessen mit weichem Kiefer und Nacken?“

Ein weiteres Beispiel, wie durch Aufmerksamkeit für den Körper neue Handlungsmöglichkeiten eröffnet und ausprobiert werden können: „Ich habe in rassistischen Dynamiken gelernt was ich zu tun habe, wie ich aufzutreten habe, zum Beispiel bloß nicht wütend werden, weil ich das Bild habe, es gäbe nur eine Art wie sich Wut ausdrückt, nämlich irrational und dann würde ich nicht mehr ernst genommen und mir würde Emotionalität zugeschrieben werden. Diese ganzen Zuschreibungen passieren ja. Dann erkenne ich mich mit meiner Wutreaktion vielleicht selbst nicht mehr. Ich fühle mich schwach, zittere vielleicht und meine Stimme wird brüchig." Dann beschreibt Pasquale Virginie Rotter die Alternative: „In einer neue Erfahrung im Training lerne ich beispielsweise, dass Wut mit Aufmerksamkeit zu tun hat und wie ich sie mit ganz konkreten Tools von Rooting und Atmung in Klarheit übersetzen kann, die die rassistische Dynamik komplett irritiert und stört. So sage ich vielleicht einen Satz und gehe." Das Körpergedächtnis merkt sich traumatische Erfahrungen, auch jene, die andere erleben. Erfährt der Körper in einem Empowerment-Training, dass sich etwas ganz anders anfühlt als die ewige Wiederholung, merkt er sich auch diese Erfahrung und will mehr davon haben. Und zwar einfach, weil der Körper sich daran erinnert.

Verletzlichkeit annehmen

Zum Empowerment-Prozess gehört für Pasquale Virginie Rotter auch, sich die eigene Verletztheit und Verletzlichkeit einzugestehen.

Pasquale Virginie Rotter: „Wenn ich mir anschaue, wie krass und absurd rassistische Ideologie ist und wie sie sich ausagiert – indem sie meine Menschenwürde infrage stellt, verletzt, attackiert – ist es doch kein Wunder, dass mich das verletzt. Also wir wären ja Übermenschen, wenn wir nicht berührbar wären. Ich würde es vielleicht fast so sagen: Wir wären Übermenschen, Menschen aus Stahl, wenn wir nicht in der Lage wären Opfer zu sein von Gewalt und von Aggression. Und das ist natürlich auch ein Teil von dem Empowerment-Prozess: Sich das einzugestehen, auch kollektiv."

Schwarze Wissensbestände zugänglich machen

Ein wichtiger Teil von Empowerment ist, sich Schwarze Wissensbestände zugänglich zu machen, und sich mit Selbstliebe zu begegnen. Durch einen Blick nach Innen und den Fragen „Was macht das gerade mit mir? Was ist gerade gut für mich?" als Haltung gegenüber mir selbst, kann die Dynamik von rassistischen Situationen verändert werden.[6]

Neue Verhaltensweisen in der Situation entwickeln

Pasquale Virginie Rotter: „Wir sind ja mit unserem ganzen Körper in einer Situation, mit allem was zu uns gehört, mit all dem Raum, den wir kreieren. Wenn ich mich mit Selbstliebe wahrnehme, wahrnehme was mein Körper mir sagt und was er braucht, nehme ich ihn zum ersten Mal so richtig ernst. Das kann mir niemand abnehmen. Daraus kann ich ein Selbstbewusstsein herstellen im Sinne von: Niemand hat die Macht, mir meine Wahrnehmung und Anerkennung meiner Selbst, meine Würde abzusprechen. Und das kann einfach so krass die rassistische Dynamik verändern." Es braucht Bewusstsein und Selbstliebe in den Situationen, das ist für Pasquale Virginie Rotter etwas Machtvolles, was man in den Trainings erproben kann.

Pasquale Virginie Rotter: „Ich merke in so vielen Kontexten, dass dieses Achten auf sich selbst und das Entwickeln von Selbstliebe so klein gemacht wird, als etwas ganz Unbedeutendes, ein bisschen verniedlicht wird. Als etwas, womit wir irgendwie auch unsere Zeit verplempern. Doch eigentlich, wenn ich davon ausgehe, dass Selbstliebe ein radikales Selbstbewusstsein ist, dann ist das jenseits von niedlich. Dann führt das zu einem kollektiven Bewusstsein von Selbstwert. Dann ist das sehr gefährlich, gefährlich für rassistische Machtverhältnisse."

Sebastian Fleary, Empowerment-Trainer

Theaterarbeit (TdU), Biografiearbeit, Diaspora Wissen und Austausch

Sebastian Fleary ist music-lover, community believer, Diplom-Pädagoge, Theaterpädagoge, Streetworker, seit 16 Jahren freier Trainer für Empowerment und politische und politisch-historische Bildungsarbeit, ein Mensch, der einfach mal auf „good vibes“ steht.

Er schrieb und musizierte zu seiner Diplomarbeit „Without love, there is no community. Without community, there is no liberation – reasonings über Schwarze Erfahrung, Empowerment & kritische Pädagogik“ an der Universität Bielefeld. Er ist Leiter der Jugendarbeit bei Each One Teach One (EOTO) seit 2017. Vor 15 Jahren begann er, sich mit Rassismus (theoretisch und praktisch) mit Herrschaftsverhältnissen und daran gebundene Gewalterfahrungen auseinanderzusetzen. Er gibt neben seiner Tätigkeit in EOTO freiberuflich Workshops in verschiedenen Formaten und hat auch in diversen Empowerment-Projekten mitgearbeitet. Eines seiner längeren Empowerment Projekte war das „YoungStar Theater Projekt“, ein Empowerment Theater Projekt für Schwarze Jugendliche.

Sein Verständnis von Empowerment als Trainer

Für Empowerment-Trainer Sebastian Fleary ist „Rassismus ein Unterdrückungssystem“.

PoC und Schwarze Jugendliche stehen unter permanenten, ihre Identität betreffendem Legitimationszwang, der von der weißen Mehrheitsgesellschaft ausgeübt wird. Alltagsrassismus, Negative Fremdzuschreibungen und Rassismus auf institutioneller Ebene (z. B. Bildungssystem) sind allgegenwärtig. Die darin innewohnende Gewalt hat direkte Auswirkungen auf das Selbstwertgefühl und die Persönlichkeitsentwicklung Schwarzer Menschen. Empowerment-Ansätze dienen als Instrumente vielschichtiger Befreiungsprozesse gegen historisch gewachsene Ideologien von Dominanz und Unterdrückung. Sie sind Teil eines politischen Konzepts, das die Vision einer gerechteren Gesellschaft verfolgt. Das Bestehen von dominanten Mehrheitsdeutschen Wissens- und Erfahrungskontexten hat eine Unsichtbar-Machung, Zerstreuung und Unhörbar-Machung anderen Wissens zur Folge. Dieser Einsicht folgend ist eine Ablehnung dominanter Argumentationsmuster eine Basis dazu, selbstbewusstes Anerkennen des eigenen und kollektiven Erfahrungswissen und einer selbstbewussten Perspektive jenseits von Rechtfertigungsmechanismen zu erreichen.

In Empowerment-Räumen gilt es den persönlich erlebten Rassismus und die kollektiven Rassismuserfahrungen zur Sprache zu bringen, sichtbar zu machen und anzuerkennen. Der Austausch ist ein bedeutender Faktor, der Schutzräume wichtig macht. Die Auseinandersetzung mit Mechanismen und Wirkungsweisen verinnerlichten Rassismus bildet einen weiteren Aspekt. Empowerment will PoC und Schwarze Menschen in ihrem Prozess der (Selbst-) Befreiung von verinnerlichten rassistisch geprägten Bildern, Denkmuster und hieraus resultierenden Handlungsweisen unterstützen. Es geht auch darum, diese rassistischen Projektionen nicht mehr als Maßgabe ihrer Identität zu sehen.[1]

Warum Schutzraum oder Safer Spaces?

Seine Erfahrungen sowohl aus der 15-jährigen Bildungs- und Jugendarbeit als auch der EOTO Jugendarbeit haben gezeigt, dass parallel zu den Alltagserfahrungen geschütztere Räume als existenzielle Lebenserfahrung wichtig sind, auch um bspw. andere Identitätsimpulse zu bekommen. Empowerment-Räume verstehen sich als wichtige Zentren der Begegnung, des Erfahrungs-, Wissensaustausches und der gegenseitigen Stärkung.[2]

Sebastian Fleary: „Es braucht Safer Spaces in einer Gesellschaft, die rassistisch strukturiert ist, in der Rassismus Teil der existenziellen Lebenserfahrung von Schwarzen Menschen und PoC ist. Eine wichtige Komponente von Safers Spaces, ist es einfach ‚sein' zu können. Ohne dass du inhaltlich schon irgendetwas thematisierst hast. Das du im Schutzraum sein kannst – so wie du gerade bist – ist schon Gold wert. Das ist uns klar, dass das für Schwarze junge Menschen wichtig ist. Sie sind positive Identifikationsräume."

„Den Schutzraum ‚Hier kann nichts passieren' gibt es nicht, aber es gibt ‚Safer Spaces' in Bezug auf Rassismus – den geschützteren Raum, dadurch dass wir alle People of Color sind. Auch in geschützten Räumen kann es nach seiner Erfahrung zu Verletzungen kommen, da nicht jeder in der Gruppe sich vorher mit allen Diskriminierungsebenen auseinandergesetzt haben kann oder Trigger des anderen kennt". Die Gemeinsamkeit Rassismus erlebt zu haben bedeutet nicht, dass wir gefeit sind davor diskriminierend oder verletzend zu handeln im Allgemeinen, jedoch schon einmal eine gewisse Sensibilität für rassistische Zuschreibungen und Handlungen zu haben.

Anforderung an Trainer_in

Nach Meinung von Sebastian Fleary sollte ein_e Trainer_in für Empowerment von BPoC, PoC aus Repräsentations- und Identifikationsgründen selbst ein Schwarzer Mensch oder PoC sein. Seiner Meinung nach ist zuallererst wichtig, selbst eine Auseinandersetzung mit dem Thema gemacht zu haben. An Fortbildungen beziehungsweise Empowerment-Trainings teilgenommen zu haben hilft, Erfahrungen zu machen und Methoden kennenzulernen. Es brauche weniger ein Zertifikat als eine tiefere Auseinandersetzung, gewisse Reflexionsprozesse mit sich geführt zu haben und ein paar Methoden, um eine pädagogische Rahmung für andere hier geben zu können. Die Trainings sollten als anleitende Person nicht dazu genutzt werden, um eigene Rassismuserfahrungen zu verarbeiten. Daher ist seiner Meinung nach auch nicht jede_r geeignet Trainer_in zu sein.

Sebastian Fleary: „Es geht darum anzuleiten und sich klarzumachen ‚Es geht nicht um mich', sondern darum Sensibilisierungsprozesse anzuleiten, Räume zu schaffen und an den richtigen Stellen z. B. Diaspora-Wissen, Identifikationen oder Impulse zu geben. Als Trainer_in sollte man je nach Gruppenbedürfnisse und zeitlichem Rahmen (Tagesworkshop, ein Wochenende oder länger) bewusst einen Rahmen stecken und sich für die passende Methode darin entscheiden. Es ist wichtig, sich realistische Ziele zu setzen und diese Ziele runterzubrechen in Methoden – der Frage folgend: Was ist an Auseinandersetzungen möglich und möchte ich vertiefen – in der verfügbaren Zeit?"

Zeit und emotionale Tiefe der Trainings

Sebastian Fleary: „Als Trainer ist es mir wichtig eine gewisse Tiefe zu erreichen, mit Menschen ‚in Berührung' und in Dialog zu kommen, sodass es emotional etwas mit den Menschen gemacht hat. Gemeinsame Auseinandersetzung braucht Zeit. Der Rahmen eines Trainings spielt also eine wichtige Rolle". Entscheidet er sich beispielsweise für die Theater-Arbeit braucht es erst einmal eine Hinführung dazu, bevor das eigentliche Entwickeln der Themen (wie Rassismuserfahrungen) beginnt.

„In meinen Trainings geht es weniger darum, theoretischen Input zu geben und kopfmäßige Erfahrung als vielmehr darum, ganzheitlich – mit dem Körper und dem Herzen – die Realitäten und Erfahrungen der Gruppe aufzunehmen und aufzugreifen, was sie (einzeln und kollektiv) erfahren."

Ziele und Methoden seiner Trainings (vorwiegend aus der Theaterarbeit)

Empowerment als ein Konzept rassismuskritischer Bildung versteht sich als Open-Source-Ansatz. Es existiert kein Methodenhandbuch, es werden vielmehr bedarfsorientiert aus einer Vielzahl an Übungen und Methoden ausgewählt, welche den Spirit von Empowerment transportieren und sinnvoll für die Gruppe sind. Ziel der Methoden ist es, alternative Handlungswege zu identifizieren und ggf. neue Visionen zu entwickeln, wer man sein möchte. Im Laufe der Jahre hat sich Sebastian Fleary in Zusammenarbeit mit anderem Trainer_innen mehrere Methoden angeeignet und für sich weiterentwickelt. Sein Schwerpunkt ist jedoch die politische Theaterarbeit, die ganzheitlich arbeitet – mit dem ganzen Körper und Menschen.

I. Methode „Körperarbeit" und „Sensibilisierung für eigene Emotionen"

Abgespeicherte Gefühle wie Wut und Schmerz manifestieren sich z. B. in Engegefühl, Muskelverspannung, Herzklopfen oder somatischen Reaktion des Körpers. Durch nach innen gerichtete Achtsamkeit sich zu sensibilisieren und eigene Körperreaktionen besser wahrnehmen und ggf. verändern zu können, sind solche Ansatzpunkte dazu.

Sebastian Fleay: „Wir versuchen uns ganzheitlich mit dem Körper, mit Themen und eigenen Erfahrungen, in dem Fall Rassismus & Empowerment, auseinander zu setzen. Wir versuchen uns über den Körper dem Thema anzunähern mit verschiedenen Methoden, wie dem Theater der Unterdrückten (Forum Theater, Statuen Theater) und dem Impro-Theater. Der Grundgedanke dahinter ist: Alle Erfahrungen, die wir machen, speichern sich im Körpergedächtnis ab. Selbst wenn wir es über die Ratio und den Kopf verbalisieren, artikulieren und verschriftlichen können. Diese Erfahrungen, wie bspw. Wut, Freude und Schmerz, sind im Körper, daher ist es wichtig den Körper wahrzunehmen und körpermäßig Alternativen zu finden."

II. Methode „Forum Theater" (TdU)

Das Forum Theater ist eine Methode aus dem großen Angebot von Methoden des Theaters der Unterdrückten (TdU) nach Augusto Boal. Das TdU ist eine Theaterform, die das Ziel hat, sich politischer sozialer und psychosozialer Unterdrückung bewusst zu werden und zu einer Mitgestaltung hinzuführen.

Beim Forum Theater geht es darum, neue Handlungsstrategien zu entwickeln. Es setzt immer an konkreten Diskriminierungs- und Unterdrückungserfahrungen der Betroffenen an. Bei der Theater-Arbeit als Methode geht es darum, eine ganzheitliche Auseinandersetzung nicht mehr mit dem Kopf, sondern vor allem mit dem Körper und dem Herzen aufzunehmen sowie aufzugreifen was man erfährt. Man nimmt dazu eine diskriminierende Situation, die man real erlebt hat aus der Gruppe. Dann verteilt man verschiedene Rollen und spielt die Situation noch einmal nach. Teilnehmende der Gruppe übernehmen Rollen. Die falleinbringende Person selbst sollte sich eine neue Rolle aussuchen oder Beobachter_in sein, und somit „von außen" beobachten, was die anderen an Alternativen entwickeln. Die Situation wird immer wieder neu in Variationen gespielt. Stoppt man die Situation an verschiedenen Stellen (Freeze) kann entlang dieser Fragen analysiert werden:

- Wie ändert sich das Machtverhältnis?
- Wo ist die Energie?
- Was macht die Handlungsalternative auf, was hat sich verändert?

Ziel ist es einen Anstoß zu geben und zu überlegen wo ist mein Reaktionsraum? Muss ich überhaupt reagieren? Wie kann ich anders reagieren? Was ist meine typische Reaktion, was sind Alternativen und kann ich mich auch gegebenenfalls der Situation entziehen oder auf mein Bedürfnis achten, statt mich konform zu verhalten? All diese erprobten Überlegungen sollen helfen, Analysefolien für den Alltag zu entwickeln. Im TdU gibt es verschiedene Varianten, die abhängig vom Kontext sinnvoll sein können: wie bspw. Forum Theater, Statuen Theater, legislatives Theater, unsichtbares Theater, Regenbogen der Wünsche.

Essenziell im TdU ist, dass Unterdrückung sich auch im Körper einschreibt und somit auch mit dem Körper „be-griffen" und begegnet werden sollte.

Sebastian Fleary: „Es geht nicht nur darum, alternative Handlungswege zu finden, sondern auch um eine Sensibilisierung der Erfahrung auf einer körperlichen und emotionalen Ebene. Bei Empowerment-Workshops geht es immer darum, wie kann ich damit umgehen? Oder: Wie kann ich besser damit umgehen?"

Um alternative Handlungswege für sich zu erkennen, leitet er die Aufmerksamkeit der Jugendlichen auf den Handlungsraum, der ihnen zur Verfügung steht. Ein aktives Subjekt sein statt auf Außenimpulse (Rassismus) nur zu reagieren. Sebastian Fleary zitiert in diesem Kontext die Philosophieprofessorin und Autorin von Plantation Memories, Grada Kilomba mit der Frage: Was macht es mit dir? Was hast du damit gemacht?

> „ *What did it do with you vs. what did you do with it?" Grada Kilomba*[3]

Sebastian Fleary: „In dem Kontext der Erarbeitung von Handlungsstrategien ist es ein besonderes dekoloniales Moment, sich als aktives Subjekt zu erfahren und sich selbst ins Zentrum zu rücken, anstatt nur als reaktives Objekt, was auf Außenimpulse nur reagieren kann. Das wird mit den Fragen herausgearbeitet. Daher ist ein Perspektivenwechsel sich vorerst bspw. folgenden Fragen zu nähern: Wie geht es mir? Was macht das gerade mit mir? Was ist mein Bedürfnis und wie möchte ich eigentlich – auf dieser Grundlage reagieren? Es geht also nicht darum, die zehn besten Antworten zu finden oder ein Patentrezept, sondern eine für mich in diesem Moment stimmige Handlung."

III. Biografiearbeit

Eine weitere Methode in seinen Empowerment-Workshops ist die Biografiearbeit z. B. mit der Übung „Die Geschichte meines Namens". Eine kleine Übung, in der viel drinsteckt: Man folgt der Frage „Was bedeutet dein Name? Wo kommt er her? Von wem oder an wen/was angelehnt hast du ihn bekommen? Welche Geschichten stecken hinter deinem Namen". Mit gezielten Fragen mit Fokus auf eigene Migrationserfahrungen oder Erfahrungen von Rassismus und Empowerment können so thematische Auseinandersetzungen eröffnet werden. So können dann anknüpfend mit einer vertiefenden Methode Lebenslinien aufgemalt und im schönsten Fall mit der Gruppe geteilt werden. Die Gruppe erhält so einen tiefen Einblick in den individuellen Lebensweg einer Person (mit Blick auf Migration, Rassismus & Empowerment), wertschätzt dies und lernt ggf. an Unterschieden und Überschneidungen. Es ist ein reiches, dichtes Teilen, was biografisch und gleichzeitig lehrreich ist, da die anderen viel über die vorgestellte Biografie und ihre Wege in der Gruppe für sich mitnehmen können.

IV. Handlungsstrategien entwickeln und an neue Visionen arbeiten

Das Entwickeln von Handlungsstrategien wird über die verschiedenen Methoden angegangen. Es wird versucht einzeln und gemeinsam Strategien zu erarbeiten um in Zukunft zufriedenstellender handeln zu können. Neben dem ist es auch wichtig, neue Sichtweisen und *Visionen* für sich zu finden und daran zu arbeiten. Die Antwort auf die Fragen: „Was bin ich jenseits von Rassismus?“, „Was will ich eigentlich im Leben?“ und „Wie kann ich erste Schritte machen, um in eine neue Richtung zu gehen?“ sollten bearbeitet werden. Die Visionen für mein Kollektiv aber auch für mich ganz persönlich zu imaginieren soll helfen, sich jenseits der Zuschreibungen neu zu verstehen.

Beispiel Empowerment Projekt: YoungStar Theater Projekt (2006–2009)

Das YoungStar war ein Empowerment-Theater-Projekt für neun Schwarze Jugendliche im Alter von 16–21 Jahren, welches Sebastian Fleary gemeinsam mit Sharon Dodua Otoo und Patricia Göthe in einem Begleitungsprozess von drei Jahren nach dem Konzept eines geschlossenen, geschützteren Raumes umsetzte. Alle Schwarzen Jugendlichen verband der Spaß am Theater spielen, das Interesse, sich mit der Bedeutung von Schwarz-Sein in ihrem Leben auseinanderzusetzen und die Bereitschaft, sich über die Jahre lang dieser Arbeit zu widmen. Die Teamer_innen und Jugendlichen verband die biografische Erfahrung von Rassismus als Schwarzer Mensch. Das Projekt setzte sich inhaltlich und künstlerisch mit „Schwarz-Sein in Deutschland“ auseinander. Sie trafen sich an zehn Wochenenden und einer Projektwoche. Das YoungStar Projekt verband den Empowerment-Ansatz mit theaterpädagogischen Elementen. Die methodische Wahl fiel auf das TdU.

Die Jugendlichen tauschten sich über Übungen wie Forum Theater, kreatives Schreiben und Collagen über ihre Diskriminierungserfahrungen aus. Sie bekamen von den Trainer_innen Inputs zu Sichtbarmachung und Selbstrepräsentation und experimentierten mit dem Theater-Element „Raum". Als das Thema deutlicher wurde, entwickelten sie Dialoge und Szenen und fügten ihre Ideen in das sich entwickelnde Stück ein. Mit dem Theaterstück „Real Life Deutschland" gingen die YoungStars 2008 mit zehn Auftritten in zehn verschiedenen Städten in Deutschland auf Tour und erlebten großen Erfolg.

Marie-Theres C. Aden-Ugbomah, Trainerin für Antirassismus und Empowerment

Kunsttherapie, Geschichtswerkstatt, Videoprojekt

Marie-Theres C. Aden-Ugbomah ist Geschäftsführerin des Pädagogischen Zentrums Aachen (PÄZ), eine Fach- und Beratungsstelle für Kinder, Jugendliche und Erwachsene ausländischer, binationaler und deutscher Herkunft, das 1983 von arbeitslosen Lehrer_innen gegründet wurde. Sie ist Diplom-Pädagogin, Antirassismustrainerin mit 25-jähriger Erfahrung und Empowerment-Trainerin. Im PÄZ liegt der Fokus auf zugewanderten Menschen, da für diese der Zugang zu Informationen oft erschwert ist und somit die Möglichkeit, diese für sich gewinnbringend nutzen zu können. Das PÄZ bietet u. a. Empowerment-Angebote für Zugewanderte an, mit dem Ziel dazu beizutragen, ein Stück zu sich selbst zu finden und dabei vorhandene Strukturen für sich nutzbar zu machen sowie die eigenen Rechte kennenzulernen und diese einzufordern. Frau Aden-Ugbomah ist Mitbegründerin der Initiative Schwarze in Deutschland e. V. (ISD) vor 30 Jahren, der größten und ältesten Selbstorganisation Schwarzer Menschen seit der Nachkriegszeit in Deutschland.

Pionierin der Antirassismustrainings in den 90er-Jahren

1987 begannen vier Schwarze Menschen in Deutschland erstmalig Antirassismustrainings anzubieten. Es war absolut neu und es gab bis zu diesem Zeitpunkt bundesweit keine Seminare für Antirassismus in Deutschland. Ausgebildet wurde sie neben Austen P. Brandt, Helga Emde und Flois Knolle-Hicks, die als erstes Schwarzes, deutsches Trainer_innen-Kollektiv bezeichnet werden können, von Schwarzen Trainer_innen aus England, Südafrika und den Niederlanden durch die Initiative des Ausschusses der Kirchen für Fragen ausländischer Arbeitnehmer_innen in Europa. Die dreitägigen Sensibilisierungstrainings, die das Schwarze Trainer_innen-Kollektiv durchführte, richteten sich an Weiße in Deutschland mit dem Ziel, Rassismus in Deutschland zu thematisieren und abzubauen. Insbesondere Pädagog_innen, Lehrkräfte, Eltern Schwarzer Kinder zählten zu ihren Adressat_innen. 25 Jahre lang führte Marie-Theres C. Aden-Ugbomah Antirassismustrainings durch. Frau Aden-Ugbomah begleitete u. a. Eltern- und Frauengruppen sowie gemischte Gruppen (weiße und Schwarze Menschen gemeinsam).

Marie-Theres Aden-Ugbomah: „Es war eine kraftintensive und erkenntnisreiche Zeit, da die Widerstände von weißer und sogar von Schwarzer Seite immer präsent waren", sagt sie im Nachhinein. Zudem war es auch schwierig, in weißen Strukturen zu arbeiten, die wenig reflektiert waren damals. Rassismuskritik war noch ein Fremdwort. Die Arbeit mit Weißen ist wichtig, aber sehr energiezehrend. Sehr bewusst beendete sie die Sensibilisierungsarbeit für weiße Menschen, um die Empowerment-Arbeit für Schwarze stärker in den Fokus ihrer pädagogischen Arbeit rücken zu können, die damals 2009 noch in den Kinderschuhen steckte.

Sie betont daher, es sollte nicht vergessen werden, dass Schwarze Menschen die ersten in Deutschland waren, die mittels der Workshop-Methode eine rassismuskritische Bildungsarbeit für weiße durchführten, basierend auf einem Schwarzen Konzept. Die gesellschaftspolitischen Beiträge, die Schwarze in Deutschland leisten, werden immer noch gerne übersehen oder kleingeredet. Um rassistischen Haltungen und Denkmustern entgegen zu wirken, wird die Empowerment-Arbeit für Schwarze Menschen auch in Zukunft einen wichtigen gesellschaftspolitischen Stellenwert einnehmen.

Grundsätzliche Voraussetzung der Empowerment-Arbeit

Es beginnt mit der Frage: Welche Komponente des Selbstgefühls soll empowert werden und wer sind die Adressat_innen? Die Empowerment-Arbeit ist keine klassische pädagogische Methode, sagt Frau Aden-Ugbomah. Der Empowerment-Ansatz berücksichtigt zwar unterschiedliche Aspekte der verschiedenen geisteswissenschaftlichen Disziplinen, dennoch geht er darüber hinaus. Um Selbstwirksamkeit zu erzeugen, bedarf es daher eines mehrdimensionalen Ansatzes, der die Ressourcen und Interessen der Adressat_innen zugrunde legt.

Empowerment hat immer auch eine politische Dimension, denn die Selbstermächtigung von Menschen bedeutet letztendlich, den eigenen Interessen und Bedürfnissen auch auf gesellschaftlicher Ebene Ausdruck zu verleihen und zu lernen, diese zu formulieren und durchzusetzen. Hierbei bilden die Ressourcen der Beteiligten einen grundlegenden Ansatzpunkt. Der Empowerment-Ansatz, nach ihrem Verständnis, ist eng verknüpft mit der amerikanischen Bürgerrechtsbewegung in der zweite Hälfte des 20. Jahrhunderts. Ihrer Meinung nach erfordert daher Empowerment-Arbeit immer auch eine eigene politische Haltung.

Lebenshaltung und Einstellung der Trainer_innen

Marie-Theres Aden-Ugbomah: „Eine Selbstüberschätzung von Trainer_innen kann jederzeit stattfinden. Daher ist es meiner Ansicht nach wichtig, vor dem Hintergrund des eigenen biografischen Erfahrungswissens und der eigenen Identität sich selbstkritisch zu fragen: ‚Welche Zielgruppe traue ich mir zu?' Trainer_innen sollten sich auch mit der Frage zu Beginn auseinandersetzen, welche Prozesse, welche Emotionen, welche Erinnerungen usw. während eines Trainings bei den Teilnehmenden ausgelöst werden könnten. Wäre ich als Trainerin in der Lage, situationsbezogen adäquat zu reagieren und entsprechende Unterstützungsangebote zu unterbreiten?"

„Meine Zielgruppe sind Schwarze Menschen. Ich weiß von mir selbst, wie schwierig es ist, als Schwarze Person in der weißen, deutschen Gesellschaft zu leben … Als Teamer_in ist es wichtig, zunächst die eigene Sozialisationsgeschichte rassismuskritisch reflektiert zu haben, bevor Seminarangebote für andere konzipiert und angeboten werden.

Daher sollte zunächst die Frage im Vordergrund stehen: Welche persönlichen Interessen verbinde ich mit der Arbeit und über welche Zugänge bzgl. Adressat_innen verfüge ich? Es ist wichtig, dieses erst einmal für sich zu formulieren, denn die Arbeit hat viel mit den eigenen Lebensrealitäten und der eigenen Identitätsentwicklung zu tun. Als Teamer_in ist es wichtig, die verschiedenen Phasen des eigenen Empowerment-Prozesses zu kennen sowie die eigenen Grenzen und Möglichkeiten, sonst ist es nicht möglich, andere darin zu unterstützen, sich zu empowern."

Empowerment-Strukturen herstellen im Rahmen pädagogischer Angebote für die Offene Kinder und Jugendarbeit

Marie-Theres Aden-Ugbomah: „Die Offene Kinder und Jugendarbeit sollte grundsätzlich im Hinblick auf Empowerment-Arbeit ergänzt und zum festen Bestandteil der Kinder- und Jugendarbeit gemacht werden. Begriffe wie „Empowerment-Trainings" sind schwierig, da es sich oft um zeitlich begrenzte Inputs handelt. Zudem wird suggeriert, dass etwas „trainiert" wurde. Empowerment-Trainings können bestenfalls Bewusstseinsprozesse bei den Teilnehmenden fördern bzw. anstoßen. ‚Empowerment-Angebot' wäre daher passender. Sinnvoller wäre eine Prozessbegleitung bei der Regelmäßigkeit wichtig wäre und diese über ein Zeitfenster von einem Jahr oder länger gegeben sein sollte."

Eigener biografischer Zugang als Trainer_in und Eingrenzung der Adressat_innengruppe

Empowerment als Emanzipationsstrategie sozial benachteiligter und marginalisierter Gruppen bedeutet auch, dass Empowerment-Prozesse von den Gruppenmitgliedern selbst verantwortet werden. Das heißt „Empowerment-Angebote für Schwarze Menschen sollten auch von Schwarzen Trainer_innen durchgeführt werden. Niemand würde auf die Idee kommen, dass Frauen von Männern empowert werden.“ Obwohl es leichter wäre, nicht zu differenzieren: „Empowerment-Angebote für alle Gruppen zusammen sind nicht möglich. Eine Eingrenzung der Adressat_innengruppe ist daher unabdingbar“, sagt Marie-Theres Aden-Ugbomah.

Empowerment-Arbeit mit Jugendlichen

Ziele des Empowerments von Seiten der Trainer_in:

- Schutzräume anbieten und dabei unterschiedliche Erfahrungswerte ernstnehmen
- Diskussionen fördern und unterstützen
- Stärkung unterschiedlicher Ausdrucksfähigkeiten und -möglichkeiten
- Ressourcen der Teilnehmenden erkennen, wahrnehmen und stärken
- Ermutigen, Interesse wecken, Bedürfnisse der Teilnehmer_innen erkennen und annehmen
- Sensibilisierung für unterschiedliche Diskriminierungsformen und -arten, Menschenrechte, Informationen zur Verfügung stellen, Informationszugänge offenlegen,
- Gesellschaftliche Wirkungszusammenhänge und Machtstrukturen darlegen
- Vermittlung Schwarzer Perspektiven und Paradigmen, Unterstützung bei der Formulierung von Bedürfnissen und Interessen, Zugänge schaffen zu Entscheidungsträger_innen auf kommunaler Ebene, landes- und bundesweit
- Begegnungen und Austausch untereinander fördern und unterstützen, Methodenvielfalt

Blick auf Empowerment für Kinder

Marie-Theres Aden-Ugbomah hält es für wichtig, die Angebote altersgerecht zu gestalten. Bei Kindern sollten empowerment-bezogene Angebote je nach Altersgruppe auf die Stärkung des Selbstwertgefühls und des Selbstausdruckes ausgerichtet sein. Die Sensibilisierung für verschiedene Diskriminierungsformen und -arten kann bereits in jüngeren Jahren gefördert werden. Es sollte viel Ermutigung stattfinden, aber auch Informationen über Schwarze Menschen in Form von Geschichten, Gedichten, Märchen, Spielen und Liedern können weitergegeben werden. Diese können sich Kinder gut merken. Verschiedene Ausdrucksfähigkeiten und -möglichkeiten sollten mit Blick auf die Ressourcen und Bedürfnisse von Kindern verwendet werden. Diese Bedürfnisse sollten erkannt, wahrgenommen und gestärkt werden. Die Trainer_in sollte aushalten können, wenn „geflüchtet wird", Teilnehmende also spontan das Angebot verlassen. Wenn Gruppenprozesse anders verlaufen als erwartet, oder sich in andere Richtungen entwickeln als geplant, z. B. wenn Kinder und Jugendliche nicht regelmäßig kommen oder plötzlich das Interesse am Thema verlieren. Themen wie Rassismus und Diskriminierung sind sensible Themen, die, wenn sie von jungen Menschen selbst angesprochen werden, viel Raum für Selbstreflexion, Kreativität, Konfliktbewältigung und Selbstwirksamkeit ermöglichen.

Unabhängig von Altersgruppen bietet die Empowerment-Arbeit Räume an, um folgendes Erleben und folgende Prozesse und Gefühle anzustoßen und zu ermöglichen:

- „Ich bin wichtig", „Meine Meinung zählt": sich mit Themen zu beschäftigen, die einen umtreiben
- Stolz entwickeln: Um befähigt zu sein, Mut zu entwickeln, Position zu beziehen (unabhängig vom Thema)
- Sich selbst bewusster werden: Jenseits von Zuschreibungen
- Selbstvertrauen: Ich habe ein Recht, hier zu sein
- Ich leiste einen wichtigen Beitrag und verliere meine Angst, anzuecken (z. B. auf der Arbeit)
- Sich etwas trauen, aus der defensiven Rolle heraus

Spurensuche ihrer Geschichte und Gegenwart

Die „Interkulturelle Geschichtswerkstatt“ war ein Jugendprojekt 2011 mit Jugendlichen afrikanischer Herkunft im Alter zwischen 12 und 25 Jahren. Fokus war das uns verborgene gebliebene „Schwarze Europa“. Die jungen Erwachsenen haben sich mit dem Thema Rassismus in Deutschland und was dagegen unternommen werden kann, beschäftigt. Geschichte ist für die Identitätsbildung von Individuen und Gruppen grundsätzlich bedeutend. Sie prägt wesentlich das Eigen- und Fremdbild von jungen Menschen und Gesellschaften. Wird jungen Migrant_innen der Zugang zu ihrer Geschichte verwehrt, wird ihnen der Boden zur gesellschaftlichen Partizipation und Emanzipation entzogen, werden sie somit ihrer historischen Verwurzelung beraubt. Für junge Menschen ist die Vergangenheit wichtig, um die Gegenwart zu verstehen und der Zukunft eine Bedeutung geben zu können. Die interkulturelle Geschichtsschreibung setzt daher an den Lebensrealitäten an, fördert neue Paradigmen und wirkt damit gegen die oftmals nationalistische und rassistisch geprägte Geschichtsschreibung mit dem Ziel, globalhistorische Perspektiven zu vermitteln.

Verschiedene Schwarze Perspektiven und Schwarze Geschichte entdecken

Marie-Theres Aden-Ugbomah: „Es war eine heterogene Schwarze Empowerment-Gruppe, die sich aus jungen Heranwachsenden zusammensetzte (12–25 Jahre) mit verschiedenen Herkünften und unterschiedlichem Aufenthaltsstatus. Die Grundfragestellung der jungen Werkstattteilnehmer_innen war: Woher kommt Rassismus in Deutschland und was können wir dagegen tun? Der Prozess brauchte Zeit. Die Jugendgruppe traf sich einmal pro Woche für fünf bis sechs Stunden. Damals gab es kaum Räume für Schwarze junge Menschen, die ihnen gestatteten, außerhalb von weißen zu sein, **verschiedene Schwarze Perspektiven kennenzulernen**, sich mit **Schwarzer Geschichte** auseinanderzusetzen und somit einen anderen und neuen Blick auf geschichtliche Ereignisse, Epochen und politische Strömungen zu erhalten. Die Interkulturelle Geschichtswerkstatt bot einen Raum, der den Teilnehmenden erlaubte, ihre eigenen Vorstellungen, Gemeinsamkeiten und Unterschiede auszutauschen.

Jede_r Mitwirkende hat eigene Entwicklungsprozesse durchlaufen. Gemeinsam konnten Definitionen erarbeitet und persönliche Positionen zu Rassismus und Diskriminierung entwickelt werden, die teilweise jedoch unterschiedlich waren. Die Teamer_in gab Inputs in Form von Biografien und Werken Schwarzer Autor_innen, Fachartikeln zu historischen Fakten wie Rassismus, Kolonialismus, Rassismustheorien im 18. und 19. Jahrhundert sowie Informationen zum Zeitalter der Aufklärung, die insbesondere die rassistischen Einstellungen und Haltungen der Bildungseliten Europas offenlegten, wie z. B. die Rassentheorien von europäischen Philosophen wie Immanuel Kant.

Im Rahmen der Geschichtswerkstatt konnten die Heranwachsenden unterschiedliche Methoden kennenlernen, selbst entwickeln und präsentieren.

Es wurde ein **kunsttherapeutisches Angebot** durchgeführt. Neben einem fachlichen Input wurde die Gruppe von einer Kunsttherapeutin angeleitet, neue Ausdrucksformen (Malen) zu finden und auszuprobieren. Ziel des Angebotes war, zum Thema Rassismus und Selbstfindung, die Kunsttherapie als eine Methode kennenzulernen. Die Teilnehmer_innen hatten viel Freiraum, eigene Ideen zu entwickeln.

Die Durchführung von **Interviews mit Schwarzen Zeitzeugen** war eine weitere Idee, die von der Projektgruppe umgesetzt wurde. Es ging darum herauszufinden, welche Beiträge Schwarze Menschen leisten. Intensive Gespräche wurden mit Theodor Michael und Ron Williams (Perspektive aus den USA) geführt, die für alle Teilnehmer_innen ein besonderes Erlebnis darstellten und sehr nachhaltig für die eigene Prozessentwicklung war. Die direkte Begegnung und der direkte Austausch mit wesentlich älteren und prominenten Schwarzen Menschen zählten mit zu den Highlights der Geschichtswerkstatt. In dem daraus entstandenen Buch „Schwarzes Europa. Legenden, die uns verborgen blieben“[1] erschienen im Edition Assemblage Verlag mit einem Vorwort des afrodeutschen NS-Zeitzeugen Theodor Wonja Michael, werden 34 historische Schwarze Persönlichkeiten aus 13 europäischen Ländern vorgestellt, bewegende Biografien aus 500 Jahren Geschichte. Die Gruppe löste sich nach einem Zeitfenster von zwei Jahren auf. Die Informationen und Erkenntnisse älterer Menschen wurden von allen Teilnehmenden als sehr gewinnbringend und empowernd empfunden.

Das „Doll Projekt“ als Verarbeitung von Rassismuserfahrungen im Kindergarten

Durch die Interviews mit älteren Schwarzen Menschen entstand die Frage nach der eigenen rassistischen Sozialisierung und welche Bilder von Schwarzen Menschen ihnen in ihrer frühen Kindheit vermittelt wurden. Alle

Projektteilnehmer_innen bis auf jenen Teilnehmer, der in Nigeria bis zu seinem 15. Lebensjahr aufgewachsen war, hatten selbst schmerzhafte diskriminierende und rassistische Erfahrungen in der Kindheit, insbesondere im Kindergarten erlebt. Die Idee, sich intensiver mit der Frage zu beschäftigen, ab welchem Alter Schwarze Kinder in Deutschland mit Rassismus konfrontiert werden, entstand. Dieser Frage wollte die Gruppe mittels **Videointerviews** nachgehen.

Die Jugendlichen recherchierten. Ein Projektteilnehmer beherrschte das Filmen und Entwickeln von Videos. Gemeinsam mit den anderen Teilnehmenden wurden Videointerviews mit Vorschulschulkindern durchgeführt. Die Schwarzen und Afrodeutschen Kinder sollten eine Weiße und Schwarze Puppe nach ihrer Schönheit beurteilen („Puppen Experiment").

Das Projekt „Doll" wurde selbst von den Jugendlichen gedreht und geschnitten. So erweiterten sie ihr Wissen zu dem Thema und nebenbei ihr technisches Können.

In der Gruppe reflektierten die Jugendlichen auch Kinderbücher und analysierten sie dahingehend, welche aus ihrer Sicht geeignet waren mit ihren subtilen Botschaften und welche nicht. Die Jugendlichen arbeiten heraus, wie sie mit dem Erleben von Rassismus umgegangen sind. Ergebnis des Projektes war auch ein Video, welches bis heute als CD und Bildmaterial zu Trainingszwecken beim PÄZ verwendet wird.

Verena Meyer, Empowerment-Trainerin

Austausch, Peer-to-Peer und biografisches Arbeiten

Verena Meyer ist freiberufliche Trainerin und Beraterin für Empowerment, rassismuskritische intersektionale Bildung, Prozessbegleitung und Organisationsentwicklung. Zudem ist sie Ausbilderin von Trainer_innen für rassismuskritische intersektionale Mädchen*arbeit. Sie war über 20 Jahre im Praxisfeld der Sozialen Arbeit aktiv, vorrangig in der Jugendarbeit. Sie gibt Weiterbildungen zur Empowerment-Trainer_in, ist Beraterin und Trainerin für pädagogisches Handeln in der Einwanderungsgesellschaft und Traumapädagogin. Sie hat mehr als zehn Jahre Erfahrung als Trainerin in der Erwachsenen- und Jugendbildung sowie im Bereich Empowerment. Als Prozessbegleiterin unterstützt sie Organisationen bei der Entwicklung von offeneren Institutionen. Sie coacht Fachkräfte mit eigenen Rassismuserfahrungen im Kontext Sozialer Arbeit. Sie veröffentlichte mehrere Artikel zum Thema Empowerment – zuletzt im Fachbuch „Empowerment und Powersharing" (2020).

Ihr Verständnis von Empowerment: emanzipatorisch-politischer Ansatz

Verena Meyer: „Empowerment ist ein großer Begriff. Es geht dabei hauptsächlich erst einmal darum, dass es Safer Spaces gibt, geschütztere Räume, in denen sich Menschen über geteilte Erfahrungen verbinden können. Für mich ist Empowerment in erster Linie ein emanzipatorischer, politischer Ansatz. Er knüpft an Widerstandsgeschichte(-n) an, lebt und gestaltet eine widerständige Gegenwart und träumt, entwickelt eine Zukunft, die gerecht ist. Ausgehend von Bedarfen und Bedürfnissen findet Empowerment in der Jugendarbeit in unterschiedlichen Dimensionen statt und kann somit ebenso Teil von Selbsthilfe sein als auch von kulturellen Angeboten. Empowerment steht für Selbstbemächtigung, Partizipation und Handlungsfähigkeit. Es ist ressourcenorientiert und stellt sich im Kontext von Migration und Rassismus gegen Defizit-Ansätze, in denen eine Gruppe als ‚die Anderen' markiert und mit negativen Eigenschaften belegt wird. Das heißt, die Erfahrungen Einzelner und deren zugeschriebener Gruppen werden anerkannt, um Handlungsstrategien im Umgang mit Rassismus (weiter-) zu entwickeln."

Zur rassistischen Dynamik gegenüber Jugendlichen

Notwendigkeit sich frei von Zuschreibungen zu erproben

Verena Meyer: „Rassismus ist ein gesellschaftliches Machtverhältnis, dem sich insbesondere junge Menschen manchmal ausgeliefert fühlen, weil sie mit Rassismus auch in Situationen bzw. Institutionen konfrontiert werden, in denen noch andere Machtverhältnisse eine Rolle spielen, z.B. in der Schule, in der Jugendeinrichtung, in Behörden, usw. Hinzu kommt, dass Rassismus oft nur auf Ausnahmesituationen, wie z.B. eine physische Gewalterfahrung reduziert wird, sich aber eben auch im Alltäglichen äußert, wie Sprache (verbal und nonverbal), in Bildern, Erzählweisen etc. Mir ist es wichtig, eine strukturelle Perspektive auf das Thema zu werfen, um nicht bei einzelnen Vorfällen zu bleiben, sondern eine strukturelle Veränderung anzustreben. Und das ist noch ein sehr langer Weg. Salopp ausgedrückt, bedeutet das: Solange junge Menschen sich in Institutionen bewegen müssen, die sich noch nicht auf deren Lebensrealitäten eingestellt haben, braucht es Gegenentwürfe, in denen sie sich frei von Zuschreibungen erproben, entwickeln und lernen können. Geschütztere Räume können ein wichtiges Element sein, in denen sie über ihre Rassismuserfahrungen sprechen können – wenn sie das möchten – und ernst genommen werden." Auch Selfcare (Selbstfürsorge) ist Teil ihrer Empowerment-Strategie.

Ihr Empowerment-Ansatz: Strategien im Umgang mit Rassismus (weiter-)entwickeln

Verena Meyer: „Ich möchte in meine Empowerment-Arbeit auch Inhalte der Traumapädagogik einfließen lassen. Denn Selfcare (Selbstfürsorge), sich zu stärken, zu stabilisieren, eigene Strategien im Umgang mit Rassismuserfahrungen als Überlebensstrategien anzuerkennen, sind entscheidende Elemente beider Herangehensweisen. Außerdem ist Rassismus ein traumatischer Stressfaktor, was unbedingt in der Planung und Umsetzung von Empowerment-Trainings berücksichtigt werden sollte."

Ihre Methoden bei Empowerment-Räumen mit Jugendlichen

Verena Meyer legt Wert auf prozessorientiertes, biografisches Arbeiten. Zu ihrem methodischen Grundwerkzeug gehören u.a. Methoden des Theaters der

Unterdrückten (nach A. Boal), körperorientierte Übungen sowie Strategie- und Ressourcenübungen. In ihren Trainings legt sie Wert darauf, Identifikationen anzubieten, selbst eine offene Haltung zu haben und Impulse zu geben, aber ohne Vorgaben zu machen. Selbst begleitet sie die Prozesse und achtet darauf, dass Emotionen nicht ins Beängstigende „kippen". Das kann z. B. passieren, wenn gewaltvolle Erlebnisse geteilt werden und die anderen in der Gruppe befürchten, ihnen könnte dasselbe geschehen oder wenn Teilnehmende getriggert werden. Hier sind manchmal Einzelgespräche sinnvoll. Generell nimmt sie die Erfahrungen ernst bzw. verweist ggf. auf ihre eigenen biografischen Erfahrungen. Sie weist darauf hin, dass Workshops und Trainings nicht immer unbedingt das richtige Format sind. „Empowerment in der Jugendarbeit muss breit gedacht werden. Nicht für alle sind geschütztere Räume interessant und darüber hinaus braucht es Zugänge, die nicht an Schule erinnern. Im Grunde ist es ganz einfach: Die Interessen der Jugendlichen aufgreifen und passend dazu Angebote empowerment-orientiert ausrichten! Wenn also *Chillen* gerade das Bedürfnis ist, warum nicht mal coole YouTuber_innen zum *Chillen* einladen?"

Haltung als Trainer_in: „Ich begreife mich als Vorbild, als Inspiration. Ich möchte den Jugendlichen nicht erklären, dies und das ist richtig oder falsch und wenn du Empowerment richtig machst, stehst du so und so da. Ich finde es wichtig, etwas mit den Jugendlichen zu teilen und Anknüpfungspunkte zu bieten, die dann einige von vielen Möglichkeiten sind.

Damit ich als Person aber nicht der einzige Entwurf bleibe, ist es ebenfalls meine Aufgabe als Fachkraft weitere Vorbilder zu schaffen, auch in Form von Bildmaterial, Videos, Musik etc., aber ohne dabei eine Erwartungshaltung zu haben – eben Anknüpfungspunkte zu liefern. Wenn mir ein_e Jugendliche_r sagt, das ist alles nichts für mich, habe ich das zu akzeptieren. Vertrauen und Gelassenheit haben mir da oft geholfen. Ich verstehe mich und meine Arbeit als Angebot."

Die Isolation ablegen „Ich bin nicht allein"

Verena Meyer: „Empowerment hat für mich ganz viel mit Community zu tun, sich auf Basis kollektiver Verbundenheit selbst zu ermächtigen, Kraftquellen zu identifizieren und Strategien weiterzuentwickeln." Gibt es Orte wo sich rassismuserfahrene Menschen organisieren und kann ich dort mitmachen? Sie legt auch Wert darauf, auf bestehende Projekte zu verweisen und ggf. Vernetzung zu organisieren. Eine wichtige Botschaft im Kontext von Empowerment-Räumen ist es, Jugendlichen zu vermitteln: „Du bist nicht schuld, an dem, was dir passiert. Im Austausch und der Gemeinschaft mit anderen, wirst du merken, dass du nicht allein mit deiner Erfahrung bist."

Raum für Gegenentwürfe: Identitäten neu erkunden

Empowerment-Räume können als Tool zum Erleben von Selbstwirksamkeit und Selbstregulation für Jugendliche genutzt werden, die durch Rassismuserfahrungen in schwierige Lebenskonstellationen hineingeraten sind, sagt sie. Es geht darum identitätspolitische Prozesse im Jugendalter neu anzustoßen. Räume anzubieten, in denen Gegenentwürfe zu dieser alltäglichen Realität von Entwertungen geschaffen werden, wo ich über andere und mich selbst etwas lernen kann. Das Gefühl der Isolation wird kleiner über den Austausch mit meinem Gegenüber. Sie_ihn mehr kennenlernen, mit seiner Geschichte, mit seinen Fähigkeiten. Nach der Erfahrung von Meyer behaupten sich junge Menschen oft schneller in einem geschützten Raum. In einem Safer Space möchte man sich „wirklich" kennenlernen, ohne auf die eigene Herkunft reduziert zu werden. Eine Methode dafür kann die Biografiearbeit sein, über die Möglichkeit persönliche Geschichten zu schreiben, selbst Visionen für sich zu verfassen. Sich die Frage zu stellen: Welche Lebensentwürfe gibt es für mich?

- Wie möchte ich mich selbst bezeichnen?
- Wie sehe ich mich selbst?
- Wie möchte ich mich labeln?
- Wie möchte ich selbst sein?

Peer-to-Peers Ansatz: Vorbilder und Wissen bei Gleichaltrigen finden

Verena Meyer: „Es müssen nicht immer Pädagog_innen sein, die Wissen weitergeben und Räume gestalten. Vieles lernt man doch auch von Peers." So hat sie immer Wert daraufgelegt, junge Menschen zu ermutigen, ihr Wissen an andere weiterzugeben und dabei zu unterstützen, zum Beispiel selbst Workshops zu geben oder Gruppentreffen zu moderieren.

Beispiel für Safer Space Empowerment-Trainings für Mädchen of Color

Im Rahmen des Bundesmodellprojekts „ju:an – antisemitismus- und rassismuskritische Jugendarbeit" der Amadeu Antonio Stiftung fanden von 2012 bis 2015 mehrere Empowerment-Workshops für Mädchen of Color und Schwarze Mädchen statt. Unter anderem wurde von Verena Meyer und Pasquale Virginie Rotter ein „Schauspiel-Training" durchgeführt. An zwei Tagen wurde theaterpädagogisch zum Thema Rassismus(-erfahrungen) gearbeitet. Die Jugendlichen lernten nicht nur, ihre Erfahrungen zu kontextualisieren, sondern auch, sich Widerstandsstrategien und Handlungssicherheiten anzueignen. Aufgrund des „Nicht-Vorhanden-Seins" von Empowerment-Räumen außerhalb ihrer Peer-Groups oder familiärer Zusammenhänge wurde der Akt der Selbstbemächtigung für die Jugendlichen hier im wahrsten Sinne des Wortes sichtbar, greifbar und stärkend.[1]

Frei sprechen können

Der „geschütztere Raum" hat den Teilnehmerinnen ermöglicht, frei zu sprechen und sich mit dem Problem Rassismus, das ihren Alltag entscheidend prägt, auseinanderzusetzen. Der geschütztere Raum kennzeichnete sich vor allem darin, dass die Betroffenen sich nicht für ihre Erfahrungen rechtfertigen müssen, diese anerkannt und nicht infrage gestellt werden. Der damit verbundene Schmerz und die Wut dürfen Ausdruck finden. Der alltägliche Rassismus, den Jugendliche of Color erleben, ist nicht immer offen erkennbar, sondern wird häufig subtil wahrgenommen. Jugendlichen fehlt oft die Sprache für das, was ihnen widerfährt. Was bleibt, ist „ein komisches Gefühl im Bauch", Schuld- und Schamgefühle für das, was ihnen passiert und ein Gefühl von Ohnmacht. Jugendliche fühlen sich häufig alleingelassen und von der Gesellschaft nicht gesehen. Mit den Empowerment-Workshops wurde ein Gegenpol geschaffen.

Theaterpädagogische Übungen und theoretische Impulse

Durch die geteilte Erfahrung von Rassismus der Teilnehmenden und der Trainer_innen entstand schnell eine vertraute Atmosphäre, in der es für die Mädchen möglich wurde, sich selbstbestimmt zu verorten und in Bezug zu setzen. Sie sollten gestärkt werden und sich bewusst als Akteurinnen begreifen. Die

Teilnehmerinnen haben selbst entschieden, welche Aspekte aus dem Themenfeld „Rassismus“ sie reflektieren wollten. Das Bedürfnis, ihre Erfahrungen aus ihrer Perspektive als Betroffene zu verarbeiten, wurde an der Menge der Fragen und der Punkte, die in den Erzählungen genannt wurden, deutlich. Durch das Spielen und Konzipieren von eigenen Szenen konnten Ausdrucksformen und Worte für das teilweise Unaussprechliche entwickelt werden. Es entstanden Handlungsstrategien gegen Rassismus die erprobt, zusammengetragen und weiterentwickelt wurden.

Disempowerment in Einrichtungen in der Jugendarbeit

Verena Meyer: „Ein großes Problem sind für viele Jugendliche die etlichen Zuschreibungen, die auf sie projiziert werden. Ihnen werden schon früh aktiv Rollen zugeordnet, die meist mit vermeintlicher Kultur, Religionszugehörigkeit oder Herkunft begründet werden. Dies spiegelt sich auch in Repräsentationen wider, vom Kinderbuch bis hin zum Personal in der Einrichtung. Ohne es direkt auszusprechen, wird Kindern schon von früh an vermittelt, wer welchen Platz in der Gesellschaft einzunehmen hat, z. B. wer welche Berufe hat. Die Schwarze Pilotin ist da wohl eher selten der Maßstab der Auffassung der Mehrheitsgesellschaft. Ich finde, das ist ein gutes Beispiel, um zu zeigen, wie früh die sogenannte Chancengleichheit bereits gebrochen wird. Sich aus diesen Klischees zu befreien, sie nicht zu bedienen und sich darüber hinwegzusetzen, ist für Kinder und Jugendliche mit einem enormen Kraftakt verbunden. Viele haben das Gefühl, sich doppelt und dreifach anstrengen zu müssen. Eine empowerment-orientierte Jugendarbeit nimmt diese Realität wahr und ergänzt sie um andere Bilder.“

Verantwortung der Nicht-Betroffenen Fachkräfte

Aufgrund ihrer langjährigen Erfahrung in der Sozialen Arbeit und ihrem Wissen um die fehlenden Räume für die Auseinandersetzung mit Rassismus, schlägt Verena Meyer Mitarbeiter_innen ohne Rassismuserfahrungen vor, sich selbst verstärkt um ihre Wissens- und Unterstützungslücken zu kümmern.

Verena Meyer: „Zuerst einmal sollten Nicht-Betroffene akzeptieren, dass es Rassismus gibt und es Empowerment für junge Menschen braucht. Alle Ausreden, wie ‚Ich habe so viel zu tun. Hier arbeitet einfach keine Fachkraft of

Color‘ kenne ich bereits. Man sollte sich eher fragen: ‚Was weiß ich eigentlich über Rassismus und Empowerment? Wer kann unterstützen? Was muss sich ändern? Was brauchen wir, um empowerment-orientiertes Handeln zu implementieren?‘ Stichwort Powersharing: Ressourcen zur Verfügung zu stellen, damit Jugendliche of Color sich selbst organisieren können. Es geht darum sich Wissen anzueignen, Fortbildungen zu besuchen wie etwa Critical Whiteness. Es braucht eine strukturelle Verankerung und Organisationsentwicklung in der kompletten Institution und die Einsicht, dass es um Professionalisierung geht, damit alle Jugendlichen von der Aufgabe und dem Angebot der Einrichtung profitieren.“

Empowerment als Selbstverständlichkeit

Schutzräume sind legitim und sollten im Jugendclub so selbstverständlich sein wie Kickertisch und Tischtennisplatte, findet Verena Meyer aus ihrer Erfahrung heraus. Empowerment als Strategie- und Handlungskonzept in die Offene Kinder- und Jugendarbeit zu implementieren erfordert mehr als vereinzelte engagierte Fachkräfte of Color oder den Einsatz von (vermeintlichen) Migrant_innen als Honorarkräfte, die suggestiv ausgleichen sollen, was Gesellschaft, Politik und Institutionen versäumt haben. Empowerment als Querschnittsaufgabe zu begreifen und umzusetzen bedeutet, gängige Integrationskonzepte zu hinterfragen, Ideen und Phantasien über „Kultur(-en)“ zu durchbrechen und zu reflektieren sowie eine institutionelle Positionierung gegen Diskriminierung und Rassismus zu konstituieren. Die Verantwortung sieht Verena Meyer bei allen Fachkräften.

Verena Meyer: „Ich denke, dass auch weiße Kolleginnen Vorbilder sind, nicht nur für die weißen Kinder sondern auch für die Jugendlichen of Color. Die Erfahrung selbst von Rassismus betroffen zu sein, teilen sie nicht und das müssen sie akzeptieren. In ihrer pädagogischen Professionalität sollten sie sich aber darum kümmern, dass sie handlungsfähig werden/bleiben und zeigen, dass sie sich mit Rassismus und Diskriminierung wirklich auskennen und wissen, dass diese Realitäten Einfluss auf die jungen Menschen haben. Auch wenn sie selbst kein Empowerment anbieten können, haben sie Möglichkeiten zu unterstützen und eine empowerment-orientierte Haltung einzunehmen.“

Maria Kechaja, Empowerment-Trainerin

Kreatives Schreiben, Austausch, Kunst und Hip-Hop als Ausdrucksmittel[1]

Maria Kechaja ist empirische Kulturwissenschaftlerin mit den Schwerpunkten kritische Migrations- und Rassismusforschung. Sie ist Empowerment-Trainerin, Antidiskriminierungsberaterin, Mentorin und künstlerische Leitung des Jugendkulturprojekts TALK.[2] Sie ist Mitarbeiterin von adis e. V. (Tübingen) im Fachbereich Empowerment. Adis e. V. bietet u. a. Fortbildungen im Bereich Empowerment, aber auch zum pädagogischen Umgang mit Diskriminierungserfahrungen von Jugendlichen an. Freiberuflich schreibt sie und gibt Workshops mit thematischen Schwerpunkten auf Empowerment, Rassismuskritik, rassismuskritischem Feminismus, Intersektionalität und Arbeit mit künstlerischen Ausdrucksformen. 2018 startete sie mit adis e. V. ein Pilotprojekt einer intersektionalen Ausbildung von Empowerment-Trainer_innen mit den Schwerpunkten Rassismus, LGBT*Q und Behinderung.

Grundelemente und ihr Verständnis von Empowerment[3]

Empowerment meint individuelle und kollektive Selbstermächtigung von Menschen mit Diskriminierungserfahrungen. Ihr Ansatz steht in der Tradition der Kämpfe von marginalisierten Gruppen um Selbstermächtigung, politische Rechte, Zugang zu Ressourcen und eine Veränderung der gesellschaftlichen Machtverhältnisse.[4]

In den Empowerment-Prozessen geht es darum, Folgen von Diskriminierung (unsichtbar gemacht werden, Ohnmachtsgefühle, Angst, Einsamkeit, Selbstzweifel, vermindertes Selbstwertgefühl) in empowernden Räumen über vielfältige Wege entgegenzuwirken. Die vier Grundelemente ihres Verständnisses von Empowerments sind:

- „Bewusstsein“ (eigene Geschichtsforschung, Wissensproduktion)
- „Befreiung“ (Weg aus diskriminierenden Fremdbestimmungen, Neubewertung und Akzeptanz des eignen Ichs, Widerständigkeit)
- „Heilung“ (eigene Ängste, Selbsthass und destruktive Wut in konstruktive Aggression umwandeln, Verstehen verinnerlichter negativer Zuschreibungen, die auch andere betreffen)

- „Community“ (Überwindung der Isolation, Vernetzung, Kreativität und Organisierung)

Empowerment braucht Zeit. Ein zweitägiges Seminar kann aus ihrer Sicht höchstens ein Anfang sein in einer Reihe von weiteren Workshops und regelmäßigen Treffen einer geschlossenen Gruppe.

Empowerment ist politisch

Maria Kechaja: „Sich selbstbestimmt zusammenzuschließen, zusammen in so eine Bewegung hineinzugehen, uns zu verändern und gemeinsam die Fremdzuschreibungen und die uns angetane Gewalt zu thematisieren und zu überwinden. Das ist für mich schon politisch. Bei adis e. V. unterstützen wir zum Beispiel viele Empowerment-Gruppen, Empowerment-Räume. Da reicht es, wenn sich zum Beispiel Trans* Personen einmal im Monat zum Kaffee und Kuchen treffen (wie im KaffeeTrans*) und in einen Austausch über das Gesundheitssystem kommen. Das ist für mich auch Empowerment. Das verändert nicht die Welt von heute auf morgen, aber es hilft den Menschen erst mal zu überleben, das ist das Wesentliche. Viele der Menschen mit Diskriminierungserfahrungen leiden unter einer krassen Einsamkeit und Isolation, die uns oft in starke psychische Probleme drängt. Es ist deshalb wesentlich, dass die Menschen Raum haben, wo sie hinkommen können, um erstmal zu überleben.“

Über Diskriminierung sprechen lernen

Diskriminierung ist eine alltägliche Erfahrung für sehr viele Jugendliche in Deutschland. Aber für viele Jugendliche ist es nicht leicht, sich darüber mitzuteilen. Den meisten fällt es aus unterschiedlichen Gründen schwer, über ihre Diskriminierungserfahrung zu reden: Einige empfinden die gewaltvolle Realität, die ihnen begegnet, als „normal“. Andere wollen kein „Opfer“ oder die „Spielverderber_innen“ sein. Manche schämen sich, verdrängen die Erfahrung oder wollen einfach nur sein wie alle anderen. Und wieder andere glauben, dass sich eh nichts ändern wird. Dazu kommt, dass Diskriminierung ein Phänomen ist, das nur sehr selten vom pädagogischen Fachpersonal wahrgenommen, thematisiert und reflektiert wird. Ob im Klassenzimmer oder im Jugendhaus – für die Auseinandersetzung mit Diskriminierung finden die Jugendlichen meist keine Ansprechpersonen, die ihre Erfahrungen anerkennen, zuhören und sie ernst nehmen. Hier setzt auch das TALK Projekt an.

Beispiel: Ihre Mitarbeit im empowerment-orientierten Jugendkulturprojekt „TALK"

„TALK" ist ein Hip-Hop empowerment-orientiertes Projekt mit Jugendlichen in Reutlingen und besteht seit 2013. Maria Kechaja war von Anfang an dabei und leitet es heute. Das Antidiskriminierungsprojekt richtet sich an Jugendliche von 14 bis 21 Jahren und ist ansonsten offen. Schwerpunkt sind jedoch Jugendliche mit Diskriminierungserfahrungen. Bei der Entstehung war klar, dass es keine punktuelle Sache sein, sondern eine Laufzeit von mindestens einem Jahr haben sollte. TALK findet von September bis Juli, schuljahresbegleitend, und mindestens einmal die Woche statt. Es hat sich zu einem festen Anker entwickelt, bei dem die Jugendlichen wissen: Jeden Mittwoch kann ich hin und erzählen, was passiert ist. Es gibt Jugendliche, die seit sechs Jahren dabei sind.

Das TALK Projekt verwendet dabei einen horizontalen Ansatz, das heißt unterschiedlich positionierte Jugendliche kommen zusammen, die neben Rassismus noch mit anderen Diskriminierungserfahrungen zu kämpfen haben. Darum spricht das Team hier von einem empowerment-orientierten Konzept und keinem Empowerment-Raum (z. B. nur für PoC).

Maria Kechaja: „Im TALK Projekt haben wir das Experiment gewagt, verschiedene Jugendliche mit unterschiedlichen Diskriminierungserfahrungen in einem Raum zusammenzubekommen, die in diesem Raum ihr Bewusstsein für verschieden Formen von Diskriminierungserfahrungen entwickeln, und versuchen, sich gemeinsam von diesen Vorstellungen zu befreien. Diese Vorstellungen beziehen sie auch teilweise aufeinander. Wenn ein Jugendlicher mit einer Fluchtgeschichte aus Syrien dort sitzt, neben ihm ein Jugendlicher, der sich gerade als schwul outet, aber keine Migrationsgeschichte hat, sind die beiden sehr unterschiedlich positioniert. Sie haben ganz unterschiedliche Erfahrungen gemacht. Wir versuchen in dem Projekt die zusammenzubekommen. Zu sagen, dass es unterschiedliche Diskriminierungsformen gibt, es jedoch auch viele Gemeinsamkeiten gibt, die oft schmerzvoll sind. Das sind Erfahrungen der Abwertung, des Ausschlusses oder auch der Gewalt." Wesentlich hierbei ist das gemeinsame kreative Erschaffen, die künstlerische Arbeit und Suche nach einem gemeinsamen Ausdruck.

Welche Kompetenzen benötigt ein_e Trainer_in für einen empowerment-orientierten Raum, besonders wenn die Positionierung der Jugendlichen so unterschiedlich ist wie bei TALK? Über Vertrauens- und Beziehungsarbeit

Es ist wichtig einen eigenen Zugang zum Thema der Gruppe zu haben. Alle Trainer_innen bei TALK haben eigene Diskriminierungserfahrungen gemacht und kommen aus dem Hip-Hop-Bereich. Sonst würde es nicht funktionieren, sagt Kechaja, weil diese Erfahrung das Kernthema ist und sie intensiv Vertrauens- und Beziehungsarbeit leisten. „Diese Beziehungsarbeit liegt viel darin begründet, dass wir Gemeinsamkeiten haben und Verständnis für das, was die Jugendlichen durchmachen, für ihren Schmerz. Oder was wir selbst an unserem eigenen Leib erlebt haben."

Was ermöglicht TALK den Jugendlichen?

Maria Kechaja: „Hier kann ich durchatmen oder ich kann auch einfach Spaß haben. Das ist viel was ich an Feedback bekomme von den Jugendlichen: ‚Ohne den Mittwoch weiß ich nicht wie ich klarkommen würde'."

Die Säulen des TALK-Projektes sind: **Empowerment, Skills und Spaces**. Skills bedeutet so viel wie Fähigkeiten haben, Fertigkeiten lernen, Talente entdecken. Die eigenen Ressourcen, die eigenen Stärken entdecken und ausbauen und immer weiter darauf aufbauen. Eine weitere Säule sind Räume, Spaces nennen wir das. Da geht es darum, Räume zu eröffnen, in denen Jugendliche einfach sein können und sein dürfen, wie sie sind. Spaß zu haben zusammen und auch Raum zu eröffnen, wo es die Möglichkeit gibt zu sprechen, deswegen heißt es auch TALK. Das gibt es sehr selten in der Jugendarbeit. „Es geht darum, die Möglichkeit zu haben zu sprechen über die Diskriminierungserfahrungen, die die Jugendlichen selbst machen. Das dauert eine Weile und es benötigt ganz viel Vertrauensarbeit und Beziehungsarbeit, aber es kommt. Meine Erfahrung ist, dass wenn die Räume so eröffnet werden vom Team, dass Jugendliche sehr stark den Drang haben, darüber zu sprechen was ihnen passiert."

Die Empowerment-Methode unseres Projektes ist: lernen „Unausprechliches auszudrücken"

Die Jugendlichen erarbeiten im Kulturzentrum Rapsongs und Choreografien, in denen sie sich u. a. mit ihren Diskriminierungserfahrungen und ihrem Umgang damit auseinandersetzen. Ein Team von Mentor_innen und künstlerischen Coachs stehen den Jugendlichen für Diskussionen, Reflexionen und Einzelgespräche zur Verfügung.

Maria Kechaja: „Sprechen ist wichtig aber wir übersetzen das in Kunst: In Raptexte und in Choreografien." Dabei bietet sich Hip-Hop als Ausdrucksmittel besonders an. „Es gibt eine starke Verbindung zwischen Empowerment und Hip-Hop. Die Ursprünge von Hip-Hop sind das, was wir in der Praxis den Jugendlichen immer mitgeben. Bei unserem ‚Hip-Hop-History-Day', den wir jährlich feiern, kommt die Verbindung zwischen Empowerment und Hip-Hop heraus: Es geht um Widerstand, Communities von Leuten, die marginalisiert sind in der Gesellschaft und die sich wehren. Ein selbstgewählter Zusammenschluss in einer diskriminierten Community, die gemeinsam einen Ausdruck findet für ihren Schmerz für all ihre Anliegen: Das ist pures Empowerment".

Warum Hip-Hop und Empowerment gut funktionieren

Sie sieht gerade im Hip-Hop eine passende Ausdrucksform für marginalisierte Jugendliche.

Maria Kechaja: „Hip-Hop ist die dominante Jugendkultur weltweit und bietet die Möglichkeit für Jugendliche in Deutschland, teilweise Unaussprechliches auf eine andere Art und Weise, eben künstlerisch, ausdrücken. Am Ende des Projektjahres werden die Ergebnisse auf der Bühne präsentiert. TALK kann rückblickend analysieren was empowerment-orientierte Räume über Jahre an Jugendlichen verändern können. In den sieben Jahren Projektzeit zeigten sich deutliche Veränderungen."

Beobachtbare Entwicklungsschritte im Empowerment-Prozess

Maria Kechaja: „Innerhalb des Empowerments-Konzepts (Bewusstsein, Befreiung, Heilung und Community) sieht man Veränderungen und Prozesse in den Personen und in der gesamten Gruppe. Ich kann genau beobachten, wie die einzelnen Menschen selbstbewusster werden, ihre Körperhaltung gerader wird, sie tatsächlich ein anderes Auftreten im Raum haben, die Stimme lauter wird und das nicht nur auf der Bühne. Dass es die Möglichkeit für sie gibt gesehen und gehört zu werden: als Mensch. Nicht als der „K…cke", „Afghane" oder „das Kopftuch tragende Mädchen", sondern als Menschen und Künstler_in eine Anerkennung zu finden. Auch noch die Möglichkeit sich auszudrücken mit deiner eigenen Stimme, das ausdrücken, was tief in dir drin ist herauf zu holen: Das ist heilsam."

Der Weg aus der Fremdzuschreibung

Die TALK-Erfahrung, sich als Mensch ausdrücken zu können und gehört zu werden, ist Heilung.

Maria Kechaja: „Du bist nichts, du kannst nichts, aus dir wird nie etwas werden", das hören sie in der Schule. Diese Jugendlichen werden überschüttet mit Fremdzuschreibungen und werden überall eingeschränkt in ihrem Leben. Sei es durch Rassismus, durch Geschlechterrollen. Heteronormativität oder Behindertenfeindlichkeit. All diese Jugendlichen sind bei uns im Projekt zusammen. Nach und nach bildet sich dann eine Gemeinschaft, eine Community, durch das gemeinsame künstlerische Tun. Ich glaube, Empowerment hat immer einen schöpferischen Moment, weil es immer um Veränderung geht, Veränderung in mir, aber auch die Perspektive der gesellschaftlichen Veränderung."

Raum um Empathie für Erfahrungen der anderen zu entwickeln

Maria Kechaja: „Ich als Trainerin muss sehr sensibel und achtsam damit sein, was für Vibrations im Raum sind, um sie entweder zu unterstützen oder ihnen entgegenzuwirken. Da gibt es viele Methoden, aber ich habe diese Methoden nicht gelernt. Die gibt es bisher nicht in einem Handbuch, ich bin da eher hineingerutscht und habe gemerkt, wie wichtig meine eigene Haltung ist, wenn ich in einen Raum gehe, dass ich diesen physisch und atmosphärisch so kreiere, dass alle willkommen sind. Ich will mit meinen einleitenden Worten versuchen, einen Raum zu schaffen, der auf der einen Seite hundertprozentig ehrlich und transparent ist, denn Empowerment ist anstrengend und es kann sein, dass Sachen weh tun und wir werden darüber reden. Das ist nicht eine Illusion von Community, wo alle gleich sind. Wir sind nicht alle gleich. Wir haben in jeder Gruppe immer Positionierungen, die uns unterschiedlich machen, wir werden aber versuchen, liebevoll und achtsam miteinander zu sprechen. Weitere wichtige Erfahrungswerte sind: Jeder darf aussprechen und Redezeit wird nicht brachial beschränkt."

Als Trainer_in Grenzen im empowerment-orientierten Raum setzen

Maria Kechaja: „Es gibt auch „No-Go's" im Miteinander. Es wird auf eine respektvolle Sprache geachtet, rassistische, sexistische Sprache, das ist selbstverständlich nicht drin. Es gibt No-Go's, aber ich versuche, diese mit der Gruppe gemeinsam zu erarbeiten. Ich bin nicht die Person, die vorne weggeht und eine Liste hat – ‚das ist alles nicht erlaubt'. Das macht eine autoritäre, schlechte Stimmung. Sondern mit der Gruppe gemeinsam gucken, was sind Sachen, die ihr euch wünscht, und was sind No-Go's? Alleine über die gemeinsamen Verhandlungen, wir brauchen Aushandlungsprozesse, um als Gruppe und in der Jugendarbeit zusammen zu wachsen, entstehen wichtige Gespräche und Regeln, die wir für unsere Zusammenarbeit brauchen als Basis."

Abschließende Gedanken

Ich habe für dieses Buch lange recherchiert und mehrere Versionen verfasst. Alles in allem „wuchs“ es in mir über einen Zeitraum von vier Jahren. Mir war das Thema Empowerment aus der Betroffenenperspektive durch meine Erfahrung als Diversity-Trainerin und dem Wissen aus dem akademischen Diskurs besonders wichtig, weil sie mit ihrer Gefühlslage zu oft von denen, die „empowern“ wollen, vergessen wird. Ich habe versucht deutlich zu machen, wie wichtig die Anerkennung von Schmerz im Kontext von Rassismuserfahrungen ist und wie wichtig es in diesem Zusammenhang ist, sich die Folgen für die Persönlichkeitsentwicklung und das Wohlbefinden eines jungen Menschen klar zu machen. Wenn Zuschreibungen regelhaft in Institutionen und kindlichen Lebensorten stattfinden und betroffene Kinder keine Sensibilität erfahren, sondern mit rassistischen Denkstrukturen konfrontiert werden, haben sie es sehr schwer sich selbst anzunehmen und sich zu entfalten. Ich traf diese „verletzen Seelen“ in meinen Trainings.

Ich habe mit dem Buch versucht, offene Fragen und Unsicherheiten zu klären und darzustellen, was bei einem selbst an Veränderung helfen kann, um Kindern und Jugendlichen (egal welcher Herkunft, Hautfarbe und Religionszugehörigkeit) eine Chance zu geben, sich selbst als Individuen zu sehen und nicht als Vertreter_innen einer sozialen oder „rassistisch konstruierten Gruppe“.

Wert habe ich auch darauf gelegt zu zeigen, was nur in Empowerment-Räumen (Safer Spaces) an Prozessen möglich ist. Das ist in der fachlichen Diskussion noch zu wenig erkannt worden. Wer Rassismus erlebt, braucht diese Pausen und Gegenerfahrungen in Safer Spaces. Sie wirken unterstützend im Prozess diese zu verarbeiten, ohne die Zuschreibungen zu verinnerlichen. Inhaltliche Impulse geben hier Trainer_innen, die wissen, wie es sich anfühlt, Rassismus zu erleben. Sie begleiten heilende Reflexionsprozesse, helfen neue Wege mit Rassismus auszuprobieren, alte Strategien zu hinterfangen und neue Visionen zu finden. Ihre uneingeschränkte Anerkennung von Alltagsrassismus ist notwendig, um sich überhaupt zu öffnen. Gleichzeitig ist es mir in Kombination auch wichtig gewesen die vielen Handlungsmöglichkeiten und Spielräume aufzuzeigen als Fachkraft ohne Rassismuserfahrung empowerment-orientiert zu denken und zu handeln. Jede_r wird dieses Buch aus seiner Positionierung heraus lesen. Das war mir schon beim Schreiben klar und es war eine

Herausforderung. Ich hoffe aber, dass deutlich wurde, ob selbst betroffen oder nicht: Jeder kann etwas zur Veränderung beitragen.

Am Schluss möchte ich noch Maya Angelou und Toni Morrison zitieren, beides Schwarze Frauen, die die Schwarze Bürgerrechtsbewegung in all ihrer psychischen Gewalt miterlebt haben. Maya Angelou schreibt darüber, was Kindern über Unterschiede lernen sollten, folgendes:

> „Our Children must be taught that racial peculiarities do exist, but that beneath the skin beyond the differing features and into the true heart of being, fundamentally we are more alike my friend than we are unalike."

> „Wir sollten unseren Kindern beibringen, dass es ethnische Unterschiede gibt, aber das wir uns unter unserer Haut, jenseits der unterschiedlichen Merkmale und im wahren Herzen des Seins mehr ähneln, mein Freund, als unterscheiden."[1]

Die afroamerikanischen Nobelpreisträgerin Toni Morrison schrieb 1970 ihr Debütroman „The Bluest Eye" (auf Deutsch „Sehr blaue Augen")[2]. Es ist die Geschichte von einem Schwarzen Mädchen, das nur eines will: So sein wie die anderen Kinder „blond und blauäugig". Sie möchte alles tun, um nicht als das wahrgenommen zu werden was sie wirklich ist, nämlich ein Schwarzes Mädchen mit krausem Haar und dunklen Augen. Sie verleugnet sich selbst.

In ihrem Vorwort zum Buch, fand ich alle wichtigen Erkenntnisse, die ich in den letzten zehn Jahren, in denen ich mich mit emotionalen Folgen und Verarbeitung von Rassismuserfahrungen und Empowerment beschäftigt habe, in wenigen Worten auf den Punkt gebracht.

Wie es ist, Rassismus zu erleben: „*Gewiss kennt jeder das Gefühl, nicht gemocht oder gar abgelehnt zu werden, sei es im Augenblick oder für lange Zeit. Man mag es nur als ärgerlich empfinden; man kann auch tief verletzt sein. Vielleicht wissen manche von uns auch, wie es ist, gehasst zu werden – gehasst für etwas, das sich ihrem Einfluss entzieht, das wir nicht ändern können.*" Ein Hass für den man nichts kann, der selbst keinen wirklichen Sinn macht, aber unglaublich präsent ist egal, ob es einem gefällt oder nicht und egal was man tut oder nicht: Rassismus ist da und bleibt.

Sie schreibt weiter von dem „*Trost zu wissen, dass die Abneigung und der Hass ungerechtfertigt sind*". Ich sehe auch, es ist wichtig zu verstehen, dass es keine Rechtfertigung gibt Menschen aufgrund ihrer Hautfarbe abzulehnen.

Dass es sich um Schablonen handelt und Stereotype um alte unsinnige Denkweisen, die einmal vor 400 Jahren Sinn gemacht haben und heute im Jahr 2023 auf einen niederprasseln. Es ist der beste Trost zu wissen, dass es eben nur eine Schablone ist und diese als solche mich nicht wirklich treffen sollte. Dazu ist es wichtig zu verstehen, dass man ein Individuum ist, dass man Rechte hat fair behandelt zu werden, und dass der Vorgang eine Diskriminierung ist, die so nicht akzeptiert werden muss. Nichts anderes habe ich versucht in meinem Buch „Empowerment als Erziehungsaufgabe“ (Madubuko 2016) als emotionale Distanz zu beschreiben, die es braucht, um die Erfahrung nicht als etwas akzeptables zu verinnerlichen, sondern sich bewusst zu sein, dass hier eine Ungerechtigkeit stattfindet, der man sich nicht beugen muss. Ungerechtigkeit, die man nicht als unveränderliche Realität für das eigene Leben annehmen sollte. Wenn Toni Morrison weiter schreibt *„Wenn man über ein gefestigtes Gefühlsleben und Rückhalt bei der Familie und Freunden verfügt, bleibt der Schaden gering oder lässt sich ungeschehen machen“*, dann schreibt sie von den Schutzräumen von der sozialen Unterstützung und dem Zuspruch den Ansprechpartner_innen, zu denen man jederzeit gehen kann. Jemanden zu haben, der meine Gefühle, meine Erfahrung ernst nimmt, der sie nicht herunterspielt: Genau das ist die emotionale Stärke und Unterstützung, die mir auch in meinem Buch so wichtig war zu beschreiben. Es macht einen großen Unterschied, wenn ich zu Hause über das Thema sprechen kann. Sonst bleibe ich mit meinen Gefühlen allein und habe niemanden, mit dem ich reden kann, der mich versteht und der mir vielleicht sogar durch Strategien hilft, mir deutlich macht, dass ich so richtig bin wie ich bin, mir zur Seite steht, wenn ich in Klärungsgesprächen mich wider exponieren muss.

Aber auch ein soziales Umfeld zu haben, das meine Rassismuserfahrungen ernst nimmt und in der Schule, in der Kita, in der Jugendgruppen auf Verständnis zu stoßen, ist wichtig.

Weiter beschreibt sie die Tragik, wenn der *„Selbsthass überwiegt und Rassismus als etwas Selbstverständliches akzeptiert wird“*. Genau das beschreibe ich in diesem Buch als Verinnerlichung, ein Prozess, der unglaublich destruktiv ist. Die Ohnmacht und das Gefühl, Opfer zu sein, wird unermesslich bis hin zur vollständigen Ablehnung der eigenen Identität. Ablehnung der Person, die man ist und den Merkmalen, an denen sich das Umfeld stört. Dieses Gefühl alle negativen Zuschreibungen für sich anzunehmen, beschreibt Morrison in seinen verschiedenen Ausprägungen, wenn sie sagt *„Manche Opfer eines Selbsthasses erweisen sich als gewalttätig und lassen den Feind, der sie immer wieder gedemütigt hat, in sich auferstehen. Andere geben auf und ordnen sich einem* *größeren Gefüge unter, das ihnen die Maske der starken Persönlichkeit leiht, die ihnen selbst fehlt. Doch immer gibt es einige, die stumm und namenlos darunter zusammenbrechen, ohne eine Stimme, die ihrem Leid Ausdruck und Beachtung verschafft*". Sie beschreibt das Sterben des Selbstwertes gerade bei Kindern, die in einer verletzlichen Phase stecken, in der sie selbst noch kein starkes Ich-Gefühl hatten aufbauen können. Sie fühlen sich weniger Wert, entwickeln Minderwertigkeitsgefühle und Scham. Scham für das, was sie und wer sie sind.

Ich habe als Trainerin gesehen wie offene, fröhliche Kinder verstummen und beginnen sich zu verändern, misstrauisch nach zahlreichen Verletzungen sich selbst beginnen abzulehnen. Es gibt kaum etwas Traurigeres, als das mitzuerleben.

Morrison resümiert passend: „*Kommen zur Verletzlichkeit der Jugend noch gleichgültige Eltern, abweisende Erwachsene und eine Welt hinzu, die mit ihrer Sprache, ihren Gesetzen und Bildern die Verzweiflung nur verstärkt, so ist der Weg in den Abgrund vorgezeichnet.*"

Meine Sicht lehnt daran an: Haben die Kinder in dieser vulnerablen Phase keine inneren und äußeren Schutzräume, ist die Gefahr zur Selbstablehnung und Scham groß. Dies kann dann passieren, wenn der Rassismus die Kinder bis hin zur Selbstablehnung innerlich zermürbt.

Darum geht es in diesen und in meinem letzten Buch: Dies zu verhindern und dafür zu sorgen, dass kein Kind mehr diesen Weg in die Selbstablehnung geht, weil es gleichgültigen Eltern und abweisenden zuschreibenden Erwachsenen ausgesetzt ist. Seien Sie der Anfang.

Nkechi Madubuko, im August 2023

Danksagung

Ich danke allen Empowerment-Trainer_innen für ihr Vertrauen, ihr Wissen in meinem Buch öffentlich zu machen: Maria Kechaja, Sebastian Fleary, Toan Nguyen, Marie-Theres C. Aden-Ugbomah, Pascale Virginie Rotter und Verena Meyer. Ich möchte mich ganz besonders bei den Menschen bedanken, die mir im Laufe des Schreibprozesses mit ihrem Austausch und Zuspruch immer neuen Mut gemacht haben: Heidi Schmitz, meine Mutter Joy Madubuko, Maria Kechaja und Ellen Girod. Ganz besonderen Dank gehen an Tina Dürr und Verena Meyer, die mir im Lektorat mit ihrer Expertise und Sichtweise immer dann zu Rate standen, wenn mein Blick vernebelt war. Ihr wart super. Ich danke auch meinem Mann Toni, dass er mein Langzeitprojekt unterstützt und mir Freiräume geschaffen hat.

Literatur

Afrozensus (2020): Each one Teach one. Befragung unter Schwarzen, afrikanischen und afrodiasporischen Menschen in Deutschland. https://afrozensus.de/reports/2020/ (Abfrage 09.05.2023).

Allgemeine Erklärung der Menschenrechte der Vereinten Nationen. www.un.org/depts/german/menschenrechte/aemr.pdf (Abfrage: 09.05.2023).

Alvarez, Alvin/Liang, Christopher/Neville, Helen (2016): The cost of racism for people of color. Contextualizing experiences of discrimination. Washington D.C.: American Psychological Association.

Antidiskriminierungsstelle des Bundes (2013a): Diskriminierungen im vorschulischen und schulischen Bereich. Eine sozial- und erziehungswissenschaftliche Bestandsaufnahme. www.antidiskriminierungsstelle.de/SharedDocs/Downloads/DE/publikationen/Expertisen/expertise_diskriminierung_im_vorschulischen_und_schulischen_bereich.pdf?__blob=publicationFile (Abfrage: 09.05.2023).

Antidiskriminierungsstelle des Bundes (2013b): Diskriminierungen im Bildungsbereich und im Arbeitsleben. Berlin: Antidiskriminierungsstelle des Bundes. www.antidiskriminierungsstelle.de/SharedDocs/Downloads/DE/publikationen/BT_Bericht/gemeinsamer_bericht_zweiter_2013.pdf?__blob=publicationFile&v=7 (Abfrage: 09.05.2023).

Antidiskriminierungsstelle des Bundes (2013c): Schutz vor Diskriminierung im Schulbereich. Eine Analyse von Regelungen und Schutzlücken im Schul- und Sozialrecht sowie Empfehlungen für deren Fortentwicklung. Berlin: Antidiskriminierungsstelle des Bundes. www.antidiskriminierungsstelle.de/SharedDocs/Downloads/DE/publikationen/Expertisen/expertise_schutz_vor_diskriminierung_im_schulbereich.pdf?__blob=publicationFile&v=5 (Abfrage: 09.05.2023).

Antidiskriminierungsstelle des Bundes (2015): Diskriminierung auf dem Wohnungsmarkt. Strategien zum Nachweis rassistischer Benachteiligungen. www.antidiskriminierungsstelle.de/SharedDocs/Downloads/DE/publikationen/Expertisen/expertise_diskriminierung_auf_dem_wohnungsmarkt.pdf?__blob=publicationFile&v=5 (Abfrage: 09.05.2023).

Antidiskriminierungsstelle des Bundes (2018): Diskriminierungen an Schulen erkennen und vermeiden. www.antidiskriminierungsstelle.de/SharedDocs/Downloads/DE/publikationen/Leitfaeden/leitfaden_diskriminierung_an_schulen_erkennen_u_vermeiden.pdf?__blob=publicationFile&v=4 (Abfrage 09.05.2023).

Antidiskriminierungsbüro Köln, ADB (2013): Sprache schafft Wirklichkeit. Glossar und Checkliste zum Leitfaden für einen rassismuskritischen Sprachgebrauch. www.oegg.de/wp-content/uploads/2019/12/Glossar_web.pdf (Abfrage: 09.05.2023).

Amadeu Antonio Stiftung (2014a): Antisemitismus- und rassismuskritische Jugendarbeit. Ein Glossar. www.amadeu-antonio-stiftung.de/publikationen/glossar-antisemitismus-und-rassismuskritische-jugendarbeit/ (Abfrage: 09.05.2023).

Amadeu Antonio Stiftung (Hrsg.) (2014b): „Läuft bei dir!“ Konzepte, Instrumente und Ansätze der antisemitismus- und rassismuskritischen Jugendarbeit. www.amadeu-antonio-stiftung.de/publikationen/laeuft-bei-dir-3/ (Abfrage: 09.05.2023).

Amadeu Antonio Stiftung (2016): „Einen Gleichwertigkeitszauber wirken lassen …“. Empowerment in der Offenen Kinder- und Jugendarbeit verstehen. www.amadeu-antonio-stiftung.de/publikationen/einen-gleichwertigkeitszauber-wirken-lassen/ (Abfrage: 09.05.2023).

Amadeu Antonio Stiftung (2018): „Ene, mene, muh und raus bist du!“ Ungleichwertigkeit und frühkindliche Pädagogik. Berlin: Amadeu Antonio Stiftung. www.amadeu-antonio-stiftung.de/wp-content/uploads/2018/12/kita_internet_2018.pdf (Abfrage: 09.05.2023).

Angelou, Maya (2014): Rainbow in the cloud. The wit and wisdom of Maya Angelou. London: Virago Press.

Apraku, Josephine (2021): Wie erkläre ich Kindern Rassismus? Rassismussensible Begleitung und Empowerment von klein auf, Berlin: Familiar Faces.

Arndt, Susan (2020): Privilegien. Weiße sind rassistisch und weigern sich darüber zu sprechen. In: Zeit Campus, (5). www.zeit.de/campus/2020/05/weisse-privilegien-rassismus-kolonialgeschichte-aufarbeitung (Abfrage: 09.05.2023).

Arndt, Susan/Ofuatey-Alazard, Nadja (Hrsg.) (2011): Wie Rassismus aus Wörtern spricht. (K)Erben des Kolonialismus im Wissensarchiv deutsche Sprache. Ein kritisches Nachschlagewerk. Münster: Unrast-Verlag.

Albers, Ulrike/Saurer, Johannes (2018): Martin Luther King. Gewalt ist keine Lösung. (Comic). Evangelisches Medienhaus GmbH.

Auma, Maureen M. (2018): Rassismus. Eine Definition für die Alltagspraxis. Berlin: Regionale Arbeitsstellen für Bildung, Integration und Demokratie. https://raa-berlin.de/wp-content/uploads/2019/01/RAA-BERLIN-DO-RASSISMUS-EINE-DEFINITION-F%C3%9CR-DIE-ALLTAGSPRAXIS.pdf (Abfrage: 09.05.2023).

Ayim, May (2002): Grenzenlos und unverschämt. Die Frau in der Gesellschaft. Frankfurt: S. Fischer.

Bengel, Jürgen/Meinders-Lücking, Frauke/Rottmann, Nina (2009): Schutzfaktoren bei Kindern und Jugendlichen. Stand der Forschung zu psychosozialen Schutzfaktoren für Gesundheit (= Forschung und Praxis der Gesundheitsförderung, Bd. 35). Köln: Bundeszentrale für gesundheitliche Aufklärung.

Benbrahim, Karima (Hrsg.) (2012): Diversität bewusst wahrnehmen und mitdenken, aber wie? Reader für Multiplikator_innen in der Jugend- und Bildungsarbeit. Düsseldorf: Informations- und Dokumentationszentrum für Antirassismusarbeit in Nordrhein-Westfalen.

Boldaz-Hahn, Stefani (2017): „Weil ich dunkle Haut habe …“. Rassismuserfahrungen im Kindergarten. In: Wagner, Petra (Hrsg.): Handbuch Inklusion. Überarbeitete Neuausgabe (4. Gesamtauflage). Freiburg im Breisgau: Herder, S. 159–169.

Bonefeld, Meike/Dickhäuser, Oliver (2018): Grading students' perfoemance: Students' names, performance level, and implicit attitudes. In: Frontiers in Psychology, 9, Art. 481. www.frontiersin.org/articles/10.3389/fpsyg.2018.00481/full (Abfrage: 09.05.2023).

Brandt, Austen P. (2015): Empowerment bedeutet stark werden. In: Bergold-Caldwell, Denise/Digoh, Laura/Haruna-Oelker, Hadija/Nkwendja-Ngoubamdjum, Christelle/Ridha, Camilla/Wiedenroth-Coulibaly, Eleonore (Hrsg.): Spiegelblicke. Perspektiven schwarzer Bewegung in Deutschland. Berlin: Orlanda, S. 116–118.

Brockmann, Steffen (2006): Diversität und Vielfalt im Vorschulbereich. Zu interkulturellen und antirassistischen Ansätzen. Oldenburg: BIS-Verlag der Carl von Ossietzky Universität Oldenburg.

Bundeszentrale für politische Bildung (Hrsg.) (2009): Compasito. Handbuch zur Menschenrechtsbildung bei Kindern. Bonn: Bundeszentrale für politische Bildung.

Can, Halil (2013): Empowerment aus der People of Color-Perspektive. Reflexionen und Empfehlungen zur Durchführung von Empowerment-Workshops. Berlin: Senatsverwaltung für Integration, Arbeit und Soziales, Landesstelle für Gleichbehandlung/ gegen Diskriminierung.

Can, Halil (2011): Empowerment. Selbstbemächtigung in People of Color-Räumen. In: Arndt, Susan/Ofuatey-Alazard, Nadja (Hrsg.): Wie Rassismus aus Wörtern spricht. (K)Erben des Kolonialismus im Wissensarchiv deutsche Sprache. Ein kritisches Nachschlagewerk. Münster: Unrast-Verlag, S. 587–590.

Can, Halil (2008): Empowerment und Powersharing als politische Handlungsmaxime(n). Strategien gegen Rassismus und Diskriminierung in „geschützten" People of Color-Räumen. Das Beispiel der Empowerment-Initiative HAKRA. In: Bundschuh, Stephan/ Jagusch, Birgit/Mai, Hanna (Hrsg.): Holzwege, Umwege, Auswege. Perspektiven auf Rassismus, Antisemitismus und Islamfeindlichkeit. Düsseldorf: Informations- und Dokumentationszentrum für Antirassismusarbeit in Nordrhein-Westfalen, S. 49–53.

Can, Halil/Yiğit, Nuran (2009): Politische Bildungs- und Empowerment-Arbeit gegen Rassismus in People of Color-Räumen. Das Beispiel der Projektinitiative HAKRA. In: Elverich, Gabi/Kalpaka, Annita/Reindlmeier, Karin (Hrsg.): Spurensicherung. Reflexion von Bildungsarbeit in der Einwanderungsgesellschaft. Frankfurt am Main: IKO, S. 167–193.

Carter, Robert (Hrsg.) (2004): The handbook of racial-cultural psychology and counseling. Hoboken: John Wiley & Sons.

Cremer, Hendrik (2019): Das Neutralitätsgebot in der Bildung. Neutral gegenüber rassistischen und rechtsextremen Positionen von Parteien? Berlin: Deutsches Institut für Menschenrechte. www.institut-fuer-menschenrechte.de/fileadmin/Redaktion/Publikationen/Analyse_Studie/Analyse_Das_Neutralitaetsgebot_in_der_Bildung.pdf (Abfrage: 09.05.2023).

Chernivsky, Marina/Friedrich, Christiane (2015): Empowerment. Überlegungen zu einem politischen Begriff: In: Zentralwohlfahrtsstelle der Juden in Deutschland (Hrsg.): Antisemitismus und Empowerment Perspektiven, Ansätze, Projektideen, Frankfurt am Main: Kompetenzzentrum für Prävention und Empowerment (ZWST), S. 44–52.

Cuff-Schöttle, Stephanie (2020): Rassismuskritische Praxis von Kindesbeinen an. In: Kita Spezial 2/2020.

De Beauvoir, Simone (1968): Das andere Geschlecht. Sitte und Sexus der Frau. Reinbek bei Hamburg: Rowohlt.

Deffner, Carmen (2019): Psychische Gesundheit und Resilienzförderung im Kontext Schule. In: Deutsches Rotes Kreuz (Hrsg.): Gesundheit und Bildungsgerechtigkeit. Impulse zur Resilienzförderung am Lern- und Lebensort Schule, Berlin: Deutsches Rotes Kreuz, S. 17–203. https://drk-wohlfahrt.de/blog/eintrag/neu-interaktives-pdf-der-expertise-resilienzfoerderung/ (Abfrage 22.07.2023).

Deutsches Rotes Kreuz (2016) Was MACHT was? Modul machtvoller Einstieg. Berlin.

Derman-Sparks, Louise/Olsen Edwards, Julie (2010): Anti-bias education for young children and ourselves. Washington D. C.: National Association for the Education of Young Children.

Demokratiezentrum Baden-Württemberg (2016): Pädagogischer Umgang mit antimuslimischen Rassismus. Ein Beitrag zur Prävention der Radikalisierung von Jugendlichen. Sersheim: Landeskoordinierungsstelle Demokratiezentrum, Jugendstiftung Baden-Württemberg. https://demokratiezentrum-bw.de/wp-content/uploads/2020/04/2016_Antimuslimischer_Rassismus_Design_Neu.pdf (Abfrage: 09.05.2023).

Dip, Jinan/Erdmann, Ifeyemi/Sinoplu, Ahmet (2020): Empowerment = Empowerment?. In: Jagusch, Birgit/Chehata, Yasmine (Hrsg.): Empowerment und Powersharing. Ankerpunkte, Positionierungen, Arenen. Weinheim/Basel: Beltz Juventa, S. 150–163.
Dahlhaus, Rainer/Elvert, Achim/Kerski, Werner/Schoppengerd, Erhard (2020): Abiturientinnen und Abiturienten an Gesamtschulen 2020. Bildungskarrieren, Schulerfolg und die Leistung der Schulform (Studie). Dortmund/Siegen: Gemeinnützige Gesellschaft Gesamtschule und Schulleitungsvereinigung der Gesamtschulen in NRW.
Each one Teach one (2019): Paducation Realities. Afrodiasporische soziale Praxen. Berlin. Bestellung unter www.eoto-archiv.de (Abfrage: 09.05.2023).
Eggers, Maureen-M. (2012): Gleichheit und Differenz in der frühkindlichen Bildung. Was kann Diversität leisten? https://heimatkunde.boell.de/de/2012/08/01/gleichheit-und-differenz-der-fruehkindlichen-bildung-was-kann-diversitaet-leisten (Abfrage: 09.05.2023).
Eggers, Maureen-M. (2005): Rassifizierung und kindliches Machtempfinden. Wie schwarze und weiße Kinder rassifizierte Machtdifferenz verhandeln auf der Ebene von Identität. Dissertation, Christian-Albrechts-Universität, Kiel.
El-Tayeb, Fatima (2001): Schwarze Deutsche. Der Diskurs um ‚Rasse' und nationale Identität 1890–1933. Frankfurt am Main/New York: Campus.
Elverich, Gabi/Kalpaka, Annita/Reindlmeier, Karin (Hrsg.) (2009): Spurensicherung. Reflexion von Bildungsarbeit in der Einwanderungsgesellschaft. Frankfurt am Main: IKO.
Elverich, Gabi/Reindlmeyer, Karin (2009): „Prinzipien antirassistischer Bildungsarbeit". Ein Fortbildungskonzept in der Reflexion. In: Elverich, Gabi/Kalpaka, Annita/Reindlmeier, Karin (Hrsg.): Spurensicherung. Reflexion von Bildungsarbeit in der Einwanderungsgesellschaft. Frankfurt am Main: IKO, S. 27–62.
European Commission against Racism and Intolerance (ECRI) (2020). Bericht zur Lage in Deutschland. https://www.coe.int/en/web/european-commission-against-racism-and-intolerance/germany (Abgerufen 23.07.2023).
Fajembola, Olaolu/Nimindé-Dundadengar, Tebogo (2021): »Gib mir mal die Hautfarbe«. Mit Kindern über Rassismus sprechen, Weinheim/Basel: Beltz.
Fereidooni, Karim/El, Meral (Hrsg.) (2017): Rassismuskritik und Widerstandsformen. Wiesbaden: Springer VS.
Fereidooni, Karim (2020): Rassismuskritik in der Schule. Praxisbeispiele aus dem Unterricht. In: Schwarzkopf Stiftung (Hrsg.), Europa verstehen. Handlungsansätze für eine diversitätsorientierte Peer-Bildung, S. 20–23.
Fereidooni, Karim/Simon, Nina (2022): Rassismuskritische Fachdidaktiken. Theoretische Reflexionen und fachdidaktische Entwürfe rassismuskritischer Unterrichtsplanung. 2. überarbeitete Auflage. Springer VS.
Fleary, Sebastian/Göthe, Patricia/Otoo, Sharon Dodua (2009): Real Life Deutschland. Dokumentation des YoungStar Theater Projektes. Berlin.
Foitzik, Andreas/Hezel, Lukas (Hrsg.) (2019): Diskriminierungskritische Schule. Einführung in theoretische Grundlagen. Weinheim/Basel: Beltz. www.beltz.de/fachmedien/paedagogik/produkte/produkt_produktdetails/37942-diskriminierungskritische_schule.html (Abfrage: 09.05.2023). Open Access.
Georg, Eva/Dürr, Tina (2017): „Was soll ich denn da sagen?!" Zum Umgang mit Rechtsextremismus und Rassismus im Schulalltag. Marburg: Demokratiezentrum Hessen.
Georg, Eva (2021): Haltung zeigen. Reagieren auf Diskriminierung, Rechtspopulismus und Rassismus in der Schule. Frankfurt am Main: Wochenschau Verlag.

Geulen, Christian (2007): Geschichte des Rassismus. München: CH. Beck.

Gomolla, Mechthild/Radtke, Frank-Olaf (2012): Institutionelle Diskriminierung. Die Herstellung ethnischer Differenz in der Schule. Wiesbaden: VS Verlag.

Hahn, Stefani (2001): Fremd im eigenen Land. Rassismuserleben afrodeutscher Kinder. In: Kita Spezial, (3), S. 28–32. Online anfragen unter www.ektimo.org/newpage (Abfrage: 09.05.2023).

Heinrich-Böll-Stiftung (Hrsg.) (o. J.): Dossier. Schwarze Community in Deutschland. https://heimatkunde.boell.de/de/dossier-schwarze-community-deutschland (Abfrage: 09.05.2023).

Heinrich-Böll-Stiftung (Hrsg.) (2013): Dossier Empowerment. Berlin: Heinrich-Böll-Stiftung. (https://heimatkunde.boell.de/de/dossier-empowerment (Abfrage: 09.05.2023).

Herriger, Norbert (2010): Empowerment in der Sozialen Arbeit. Eine Einführung. Stuttgart: Kohlhammer.

Heitmeyer, Wilhelm (Hrsg.) (2012). Deutsche Zustände, Folge 10. Berlin: Suhrkamp Institut für den Situationsansatz/Fachstelle Kinderwelten (Hrsg.) (2017a): Inklusion in der Kitapraxis, Bd. 2, Die Lernumgebung vorurteilsbewusst gestalten. Berlin: Wamiki.

Institut für den Situationsansatz/Fachstelle Kinderwelten (Hrsg.) (2017b): Inklusion in der Kitapraxis, Bd. 3, Interaktion mit Kindern vorurteilsbewusst gestalten. Berlin: Wamiki.

Institut für den Situationsansatz/Fachstelle Kinderwelten (Hrsg.) (2018): Inklusion in der Fortbildungspraxis, Bd. 6, Lernprozesse zur Vorurteilsbewussten Bildung und Erziehung begleiten. Ein Methodenhandbuch. Berlin: Wamiki.

Informations- und Dokumentationszentrum für Antirassismusarbeit in Nordrhein-Westfalen (Hrsg.) (2020): Kein Einzelfall. Funktionsweisen und Auswirkungen von Anti-Schwarzem Rassismus (Überblick, Bd. 26/2). IDA NRW. www.ida-nrw.de/fileadmin/user_upload/ueberblick/Ueberblick022020.pdf (Abfrage: 09.05.2023).

Jagusch, Birgit/Chehata, Yasmine (Hrsg.) (2020): Empowerment und Powersharing. Ankerpunkte, Positionierungen, Arenen. Weinheim/Basel: Beltz Juventa.

Jones, Reginald L./Lewis-Trotter, Pamela B. (2004): Racism. Psychological Perspectives. In: Jones, Reginald L. (Hrsg.): Black Psychology. Hampton: Copp & Henry, S. 559–588.

Kalsoumy, Balde (2020): „Bei Akademikern müssen wir die dicksten Rassismus-Bretter bohren". Wie es ist, schwarz in Prenzlauer Berg zu sein. In: Tagesspiegel vom 02.07.2020. www.tagesspiegel.de/berlin/bezirke/wie-es-ist-schwarz-in-prenzlauer-berg-zu-sein-bei-akademikern-muessen-wir-die-dicksten-rassismus-bretter-bohren/25967794.html (Abfrage: 09.05.2023).

Kalpaka, Annita/Räthzel, Nora/Weber, Klaus (Hrsg.) (2017): Rassismus. Die Schwierigkeit, nicht rassistisch zu sein. Hamburg: Argument.

Kaletsch, Christa/Rech, Stefan (2015): Diversität im Klassenzimmer. Methoden, Beispiele und Übungen zur Menschenrechtsbildung. Frankfurt am Main: Debus Pädagogik.

Kechaja, Maria (2016): Kunst und Empowerment. Rap und HipHop-Tanz im T. A. L. K-Projekt. In: Landeskoordinierungsstelle Demokratiezentrum, Jugendstiftung Baden-Württemberg (Hrsg.) Pädagogischer Umgang mit Antimuslimischen Rassismus. Ein Beitrag zur Prävention der Radikalisierung von Jugendlichen. Sersheim: Landeskoordinierungsstelle Demokratiezentrum, Jugendstiftung Baden-Württemberg, S. 50–58.

Kechaja, Maria (2018): Empowerment, quer gedacht. Eine horizontale Weiterbildung zur Empowerment-Trainer*in. www.adis-ev.de. Reutlingen: Netzwerk Antidiskriminierung.

Kechaja, Maria (2019): Was ist Empowerment? In: Foitzik, Andreas/Hezel, Lukas (Hrsg.): Diskriminierungskritische Schule. Einführung in theoretische Grundlagen. Weinheim/Basel: Beltz, S. 77–83. www.beltz.de/fachmedien/paedagogik/produkte/produkt_

produktdetails/37942-diskriminierungskritische_schule.html (Abfrage: 09.05.2023). Open Access.

Kilomba, Grada (2008): Plantation Memories. Episodes of everyday racism. Münster: Unrast.

Klose, Alexander/Liebscher, Doris (2015): Antidiskriminierungspolitik in der deutschen Einwanderungsgesellschaft Deutschland. Stand, Defizite, Empfehlungen. Gütersloh: Verlag Bertelsmann Stiftung.

Kraft, Marion (Hrsg.) (2015): Kinder der Befreiung. Transatlantische Erfahrungen und Perspektiven Schwarzer Deutscher der Nachkriegsgeneration. Münster: Unrast.

Krieger, Nancy/Sidney, Stephen/Coakley, Eugenie (1998): Racial discrimination and skin color in the CARDIA study. Implications for public health research. In: American Journal of Public Health, 88(9), S. 1308–1313.

Kultusministerkonferenz (2013): Interkulturelle Bildung und Erziehung in der Schule (Beschluss der Kultusministerkonferenz vom 25.10.1996 i. d. F. vom 05.12.2013). Berlin: Ständige Konferenz der Kultusminister der Länder in der Bundesrepublik Deutschland. www.kmk.org/fileadmin/veroeffentlichungen_beschluesse/1996/1996_10_25-Interkulturelle-Bildung.pdf (Abfrage: 09.05.2023).

Landeskoordinierungsstelle Demokratiezentrum, Jugendstiftung Baden-Württemberg (Hrsg.) Pädagogischer Umgang mit Antimuslimischen Rassismus. Ein Beitrag zur Prävention der Radikalisierung von Jugendlichen. Sersheim: Landeskoordinierungsstelle Demokratiezentrum, Jugendstiftung Baden-Württemberg.

Largo, Remo H. (2019): Kinderjahre. Die Individualität des Kindes als erzieherische Herausforderung. München: Piper.

Landesinstitut für Schulen und Medien Berlin-Brandenburg (Hrsg.) (2018): Handreichung für das übergreifende Thema ‚Bildung zur Akzeptanz von Vielfalt (Diversity)'. Ludwigsfelde-Struveshof: Landesinstitut für Schulen und Medien Berlin-Brandenburg.

Landesinstitut für Schule und Medien Berlin-Brandenburg, LISUM (2008): Anti-Mobbing-Fibel. Was tun wenn. Berlin: Landesinstitut für Schule und Medien Berlin-Brandenburg. https://bildungsserver.berlin-brandenburg.de/fileadmin/bbb/themen/Gewaltpraevention/Broschueren/BB-BE_Anti-Mobbing-Fibel.pdf (Abfrage: 23.07.2023).

Lern- und Erinnerungsort Afrikanisches Viertel (LEO)/Marmer, Elina (Hrsg.) (2015): Rassismuskritischer Leitfaden zur Reflexion bestehender und Erstellung neuer didaktischer Lehr- und Lernmaterialien für die schulische und außerschulische Bildungsarbeit zu Schwarzsein, Afrika und afrikanischer Diaspora. Berlin: Amt für Weiterbildung und Kultur des Bezirksamtes Mitte von Berlin.

Lemke Muniz de Faria, Yara-Colette (2002): Zwischen Fürsorge und Ausgrenzung. Afrodeutsche „Besatzungskinder" im Nachkriegsdeutschland. Münster: Unrast.

Liebkind, Karmela/Jasinskaja-Lahti, Inga (2000): The influence of experiences of discrimination on psychological stress. A comparison of seven immigrant groups. In: Journal of Community and Applied Social Psychology, 10(1), S. 1–16.

Loden, Marilyn; Rosener, Judy (1991):Workforce America!: Managing Employee Diversity as a Vital Resource"?, Business one Irwin.

Lorde, Audre (2000): Vertrauen, Kraft und Widerstand. Kurze Texte und Reden von Audre Lorde. Herausgegeben von AnouchK Ibacka Valiente. Insel Hiddensee: Worten und Meer.

McIntosh, Peggy (1989): White privilege. Unpacking the invisible knapsack. In: Peace and Freedom, (July/August), S. 10–12.

Madubuko, Nkechi (2021): Erziehung zur Vielfalt. Wie Kinder einen wertschätzenden Umgang mit Unterschieden lernen, Kösel: München.

Madubuko, Nkechi (2019): Diversitätsbewusstsein, Resilienzförderung und Empowerment im Kontext Schule. In: Deutsches Rotes Kreuz (Hrsg.): Gesundheit und Bildungsgerechtigkeit. Impulse zur Resilienzförderung am Lern- und Lebensort Schule, Berlin: Deutsches Rotes Kreuz, S. 205–299. https://drk-wohlfahrt.de/blog/eintrag/neu-interaktives-pdf-der-expertise-resilienzfoerderung/ (Abfrage: 23.07.2023).

Madubuko, Nkechi (2021): Erziehung zur Vielfalt. Wie Kindern einen wertschätzenden Umgang mit Unterschieden lernen. Kösel Verlag.

Madubuko, Nkechi (2016): Empowerment als Erziehungsaufgabe. Praktisches Wissen für den Umgang mit Rassismuserfahrungen. Münster: Unrast-Verlag.

Madubuko, Nkechi (2015): Liebe und ein bisschen mehr. In: Bergold-Caldwell, Denise/Digoh, Laura/Haruna-Oelker, Hadija/Nkwendja-Ngoubamdjum, Christelle/Ridha, Camilla/Wiedenroth-Coulibaly, Eleonore (Hrsg.): Spiegelblicke. Perspektiven schwarzer Bewegung in Deutschland. Berlin: Orlanda, S. 77–81.

Madubuko, Nkechi (2010): Akkulturationsstress von Migranten. Berufsbiographische Akzeptanzerfahrungen und angewandte Bewältigungsstrategien. Wiesbaden: VS Verlag.

MacNaughton, Glenda (2006): Respect for diversity. An international overview. Den Haag: Bernard van Leer Foundation.

Mätschke, Jens (2017): Rassismus in Kinderbüchern. Lerne, welchen Wert deine soziale Positionierung hat! In: Fereidooni, Karim/El, Meral (Hrsg.): Rassismuskritik und Widerstandsformen. Wiesbaden: Springer VS, S. 249–268.

Mecheril, Paul/Cicek, Arzu/Heinemann, Alisha (2015): Warum so empfindlich? Die Autorität rassistischer Ordnung oder ein rassismuskritisches Plädoyer für mehr Empfindlichkeit. In: Marschke, Britta/Brinkmann, Heinz Ulrich (Hrsg.): „Ich habe nichts gegen Ausländer, aber …". Alltagsrassismus in Deutschland. Münster: LIT Verlag, S. 143–167.

Mecheril, Paul/Castro Varela, María do Mar/Dirim, Inci/Kalpaka, Annita/Melter, Claus (2010): Migrationspädagogik. Weinheim/Basel: Beltz.

Mecheril, Paul (2007): Die Normalität des Rassismus. In: Informations- und Dokumentationszentrum für Antirassismusarbeit in Nordrhein-Westfalen (Hrsg.): Schwerpunkt ‚Normalität und Alltäglichkeit des Rassismus' (Überblick, Bd. 13/2). Düsseldorf: Informations- und Dokumentationszentrum für Antirassismusarbeit in Nordrhein-Westfalen, S. 3–9.

Mecheril, Paul (2004): Einführung in die Migrationspädagogik. Weinheim/Basel: Beltz.

Melter, Claus/Mecheril, Paul (Hrsg.) (2009): Rassismuskritik, Bd. 1, Rassismustheorie und -forschung. Schwalbach am Taunus: Wochenschau Verlag.

Mediendienst-integration.de (2015): Comiczeichnerin Soufeina Hamed. „Meine Bilder wären ohne Meinungsfreiheit nicht möglich". Interview mit Ferda Ataman. https://mediendienst-integration.de/artikel/comiczeichnerin-soufeina-hamed-terroranschlag-auf-charlie-hebdo-in-paris.html (Abfrage: 09.05.2023).

Melter, Claus (2006): Rassismuserfahrungen in der Jugendhilfe. Eine empirische Studie zu Kommunikationspraxen in der Sozialen Arbeit. Münster: Waxmann.

Meyer, Verena (2016): Einblick(e) in die Praxis. In: Landeskoordinierungsstelle Demokratiezentrum, Jugendstiftung Baden-Württemberg (Hrsg.) Pädagogischer Umgang mit Antimuslimischen Rassismus. Ein Beitrag zur Prävention der Radikalisierung von Jugendlichen. Sersheim: Landeskoordinierungsstelle Demokratiezentrum, Jugendstiftung Baden-Württemberg, S. 44–49.

Meyer, Verena (2014): „We've got the power!" Empowerment in der Offenen Jugendarbeit. In: Amadeu Antonio Stiftung (Hrsg.): „Läuft bei dir!" Konzepte, Instrumente und Ansätze der antisemitismus- und rassismuskritischen Jugendarbeit. Berlin: Amadeu Antonio Stiftung, S. 44–45.

Morrison, Toni (1970/1979): Sehr blaue Augen. Reinbek bei Hamburg: Rowohlt.

National Coalition Deutschland (2019): Die Umsetzung der UN-Kinderrechtskonvention in Deutschland. 5./6. Ergänzender Bericht an die Vereinten Nationen. Berlin: National Coalition Deutschland. www.umsetzung-der-kinderrechtskonvention.de/wp-content/uploads/2019/10/NC_ErgaenzenderBericht_DEU_Web.pdf (Abfrage: 09.05.2023).

Neuspiel, Daniel R. (1996): Racism and Perinatal Addiction. In: Ethnicity and Disease, 6(1–2), S. 47–55.

Ngyuen, Toan (2014): „Outside the box". Stärkung und Empowerment von Jugendlichen of Color. In: Amadeu Antonio Stiftung (Hrsg.): „Läuft bei dir!" Konzepte, Instrumente und Ansätze der antisemitismus- und rassismuskritischen Jugendarbeit. Berlin: Amadeu Antonio Stiftung, S. 26–27.

Ngomane, Mungi (2019): I am because you are Ubuntu. 14 südafrikanische Lektionen für ein Leben in Verbundenheit. München: Kailash.

Niendorf, Mareike/Reitz, Sandra (2016): Das Menschenrecht auf Bildung im deutschen Bildungssystem. Was zum Abbau von Diskriminierung notwendig ist. Berlin: Deutsches Institut für Menschenrechte. www.institut-fuer-menschenrechte.de/fileadmin/user_upload/Publikationen/ANALYSE/Analyse_Das_Menschenrecht_auf_Bildung_im_deutschen_Schulsystem_Sep2016.pdf (Abfrage: 09.05.2023).

Oguntoye, Katharina/Opitz, May/Schultz, Dagmar (1986): Farbe bekennen. Afro-deutsche Frauen auf den Spuren ihrer Geschichte. Frankfurt am Main: Fischer.

Ogette, Tupoka (2018): Excit Rasim. Rassimuskritisch denken lernen. Unrast Verlag

Otoo, Sharon Dodua (2013): Pipi und der Kolonialismus. Autorin über Rassismus in Kinderbüchern. Interview. In: TAZ vom 20.02.2013. https://taz.de/Autorin-ueber-Rassismus-in-Kinderbuechern/!5072942/ (Abfrage: 09.05.2023).

Pates, Rebecca/Schmidt, Daniel/Karawanskij, Susanne (Hrsg.) (2010): Antidiskriminierungspädagogik. Konzepte und Methoden für die Bildungsarbeit mit Jugendlichen. Wiesbaden: VS Verlag.

Pädagogisches Zentrum Aachen, PÄZ (2017): Schwarzes Europa. Legenden, die uns verborgen blieben. Schwarze Jugendliche auf den Spuren ihrer Geschichte. Berlin: Edition Assemblage.

Polat, Ayça (2017): Migration und Soziale Arbeit. Wissen, Haltung, Handlung. Stuttgart: Kohlhammer.

Regionale Arbeitsstellen für Bildung, Integration und Demokratie, RAA (2017): Diversitätsorientierte Organisationsentwicklung. Grundsätze und Qualitätskriterien. Berlin: Regionale Arbeitsstellen für Bildung, Integration und Demokratie. https://raa-berlin.de/wp-content/uploads/2018/12/RAA-BERLIN-DO-GRUNDSAETZE.pdf (Abfrage: 09.05.2023).

Rommelspacher, Birgit (2009): Was ist eigentlich Rassismus? In: Melter, Claus/Mecheril, Paul (Hrsg.): Rassismuskritik, Bd. 1, Rassismustheorie und -forschung. Schwalbach am Taunus: Wochenschau Verlag, S. 25–38.

Rosenstreich, Gabriele Dina (2009): Von Zugehörigkeiten, Zwischenräumen und Macht. Empowerment und Powersharing in interkulturellen und Diversity Workshops. In: Elverich, Gabi/Kalpaka, Annita/Reindlmeier, Karin (Hrsg.): Spurensicherung. Reflexion von Bildungsarbeit in der Einwanderungsgesellschaft. Frankfurt am Main: IKO, S. 195–231.

Rotter, Pasquale Virginie (2013): Empowerment in Motion. Körper und Bewegung in Empowerment-Prozessen, in: Heinrich-Böll-Stiftung (Hrsg.): Dossier Empowerment. Berlin: Heinrich-Böll-Stiftung, S. 117–126. https://heimatkunde.boell.de/de/dossier-empowerment (Abfrage 09.05.2023).

Scharathow, Wiebke (2014): Risiken des Widerstandes. Jugendliche und ihre Rassismuserfahrungen. Bielefeld: Transcript.

Scharathow, Wiebke/Leiprecht, Rudolf (2011): Rassismuskritik, Bd. 2, Rassismuskritische Bildungsarbeit. Schwalbach am Taunus: Wochenschau Verlag.

Schofield, Janet Ward/Kira Marie Alexander (2012): Stereotype Threat. Erwartungseffekte und organisatorische Differenzierung. Schulische Leistungsbarrieren und Ansätze zu ihrer Überwindung. In: Fürstenau, Sara/Gomolla, Mechthild (Hrsg.): Migration und schulischer Wandel. Leistungsbeurteilung. Wiesbaden: Springer VS, S. 65–87.

Sachverständigenrat deutscher Stiftungen für Integration und Migration (2018): Wo kommen Sie eigentlich ursprünglich her? Diskriminierungserfahrungen und phänotypische Differenz in Deutschland. Berlin: Sachverständigenrat deutscher Stiftungen für Integration und Migration. www.svr-migration.de/wp-content/uploads/2018/01/SVR-FB_Diskriminierungserfahrungen.pdf (Abfrage: 09.05.2023).

Seaton, Eleanor K. (2003). An examination of the factor structure of the index race-related stress among a sample of african american adolescents. Journal of Black Psychology, 29(3), S. 292–307.

Sequeira, Dileta (2015): Gefangen in der Gesellschaft. Alltagsrassismus in Deutschland. Rassismuskritisches Denken und Handeln in der Psychologie. Marburg: Tectum.

Sinoplu, Ahmet/Mukiibi, John (2012): Diversitätsbewusste Bildungsarbeit und Empowerment. In: Benbrahim, Karima (Hrsg.): Diversität bewusst wahrnehmen und mitdenken, aber wie? Reader für Multiplikator_innen in der Jugend- und Bildungsarbeit. Düsseldorf: Informations- und Dokumentationszentrum für Antirassismusarbeit in Nordrhein-Westfalen, S. 46–51.

Sow, Noah (2009): Deutschland Schwarz Weiss. Der alltägliche Rassismus. München: Goldmann.

Sprietsma, Maresa (2013): Discrimination in grading: Experimental evidence from primary school teachers. In: Empirical Economics, 45(1), S. 523–538. https://doi.org/10.1007/s00181-012-0609-x (Abfrage: 09.05.2023).

Statistisches Bundesamt (2019): Bevölkerung und Erwerbstätigkeit. Bevölkerung mit Migrationshintergrund. Ergebnisse des Mikrozensus 2019. www.destatis.de/DE/Themen/Gesellschaft-Umwelt/Bevoelkerung/Migration-Integration/Publikationen/Downloads-Migration/migrationshintergrund-2010220197004.pdf?__blob=publicationFile (Abfrage: 09.05.2023).

Stiftung für die Internationalen Wochen gegen Rassismus (2022): Was ist Rassismus? https://stiftung-gegen-rassismus.de/wp-content/uploads/2022/12/221206_BHP_IWGR_Was_ist_Rassismus_24_Seiten-1.pdf (Abfrage: 23.07.2023).

Terkessidis, Mark (2004): Die Banalität des Rassismus. Migranten zweiter Generation entwickeln eine neue Perspektive. Münster: transcript.

Trauma und Gewalt (2023): Trauma und Rassismus- ein blinder Fleck in der Psychotraumatologie? Jg. 17, Ausgabe 1.

Utsey, Shawn O./Chae, Mark H./Brown, Christa F./Kelly, Deborah (2002): Effect of ethnic group membership on ethnic identity, race-related stress, and quality of life. Cultural Diversity and Ethnic Minority Psychology, 8(4), S. 366–377.

Van Ausdale, Debra/Feagin, Joe R. (2002): The First R. How Children learn race and racism. New York: Rowman & Littlefield Publishers.

Von Stroch, Beatrix (2017): Mit Schusswaffen gegen Flüchtlinge? Frauen ja, Kinder nein. www.tagesschau.de/inland/afd-schusswaffen-103.html (Abfrage: 09.05.2023).

Wagner, P. (2009): Vorurteilsbewusste Bildung und Erziehung in Kindertageseinrichtungen. https://kindergartenpaedagogik.de/fachartikel/bildungsbereiche-erziehungsfelder/soziale-und-emotionale-erziehung-persoenlichkeitsbildung/1989 (Abfrage: 09.05.2023).

Wagner Petra (2017a): Gleichheit und Differenz im Kindergarten. Eine lange Geschichte. In: Wagner, Petra (Hrsg.): Handbuch Inklusion. Überarbeitete Neuausgabe (4. Gesamtauflage). Freiburg im Breisgau: Herder, S. 42–65.

Wagner, Petra (Hrsg.) (2017b): Handbuch Inklusion. Überarbeitete Neuausgabe (4. Gesamtauflage). Freiburg im Breisgau: Herder.

Weichselbaumer, Doris (2016): Discrimination against female migrants wearing headscarves (Discussion Paper No. 10217). Bonn: Institute for the Study of Labor. www.iza.org/publications/dp/10217/discrimination-against-female-migrants-wearing-headscarves (Abfrage: 09.05.2023).

Yeboah, Amma (2017): Rassismus und psychische Gesundheit in Deutschland. In: Fereidooni, Karim/El, Meral (Hrsg.): Rassismuskritik und Widerstandsformen. Wiesbaden: Springer VS, S. 143–161.

Hinweise zu Weiterbildungsformaten und diversitätssensiblen Materialien

Antirassismus-Trainings und Workshops zu Rassismuskritik (oder fragen Sie Ihre Antidiskriminierungsstelle bei Ihrer Arbeitsstelle, in Ihrer Stadt oder in Ihrem Bundesland)
Trainer_innen-Pool und Mediathek des Informations- und Dokumentationszentrum für Antirassismusarbeit e. V.:
www.idaev.de/recherchetools

Adis e. V. Antidiskriminierung, Empowerment und Praxisentwicklung: www.adis-ev.de
Forum der Kulturen Stuttgart: www.forum-der-kulturen.de
Phoenix e. V. www.phoenix-ev.org/anti-rassismus-training.html
Antidiskriminierungsnetzwerk Berlin Brandenburg (ADNB): www.adnb.de/de/Aktuelles/Workshops/

Fortbildungen für die rassismuskritische Jugendarbeit
Adis e. V.: www.adis-ev.de
Ju:an (Amadeu Antonio Stiftung): www.amadeu-antonio-stiftung.de/die-juan-praxisstelle-in-niedersachsen/
Informations- und Dokumentationszentrum für Antirassismusarbeit e. V. NRW: www.ida-nrw.de/

Empowerment-Trainings für People of Color und Schwarze Menschen
https://www.phoenix-ev.org/
https://www.powermeberlin.de/%C3%BCber-uns-1 (Nur für Kinder aus Berlin)

Empowerment-Angebote für People of Color und Schwarze Menschen (Auszüge)
Initiative Schwarzer Menschen in Deutschland Bund e. V. (ISD): www.isdonline.de
Each One Teach One (Berlin), Empowerment-Räume, Angebot für Schwarze Jugendliche (Berlin): www.eoto-archiv.de
Phoenix. e. V.: www.phoenix-ev.org/schwarzes-bewusstseins-training.html

Adis e. V. (Weiterbildungen und Fortbildungen nach den Each One Teach One Prinzip): https://adis-ev.de/empowerment
Antidiskriminierungsnetzwerk Berlin Brandenburg (ADNB): www.adnb.de/de/

Entwicklungspolitisches Netzwerk Hessen (EPN): www.epn-hessen.de/veranstaltungen/
Empower-Beratung für Betroffene rechter, rassistischer und antisemitischer Gewalt (Arbeit und Leben Hamburg): www.hamburg.arbeitundleben.de/empower

Angebote speziell für Kinder: Verband binationaler Partnerschaften: www.verband-binationaler.de/projekte/eltern-schwarzer-kinder-bundesweit

Angebote speziell für Frauen und Mädchen*: www.adefra.com/index.php/about/news

Fortbildungen zu diversitätssensibler Pädagogik

- Anti-Bias-Werkstatt
  https://www.anti-bias-netz.org/angebote/fortbildungen-trainings/
- Kompetenzstelle intersektionale Pädagogik. (I-Päd,) Für die Anerkennung der Komplexität von Identitäten in der Pädagogik, Workshops für Fachkräfte: www.i-paed-berlin.de
- Landesnetzwerk Migrantenorganisationen Sachsen-Anhalt (LAMSA): www.lamsa.de

Materialien interkulturelles Lernen für Kita und Schule (Download jeweils unter „Materialien")
LAMSA Landesnetzwerk Migrantenorganisationen Sachsen-Anhalt: www.lamsa.de
Inklusive (diskriminierungssensiblen) Erziehung in der Kita:
https://sprach-kitas.fruehe-chancen.de/themen/inklusive-paedagogik/links-und-downloads-zu-inklusiver-paedagogik/

Fritzsche, Heike/Schuster, Ulrich (Hrsg.) (2009): Fair in der Kita. Antidiskriminierungspädagogik für ErzieherInnen Antidiskriminierungsbüro Sachsen

Diversitätssensible Spielmaterialien

www.diversity-spielzeug.de
www.tebalou.de
www.situationsansatz.de/fachstelle-kinderwelten/spielmaterialien

Ausmalbilder für Schwarze Kinder

Baldeh, Abby (2020): Mach Träume wahr mit Afro Haar – Malbuch: Ausmalbuch für Mädchen mit afrikanischen Wurzeln | Mit coolen Frisuren wie Cornrows, Braids und Twists
Entdecke die Welt als Afro Held: Ausmalbuch für Jungs mit afrikanischen Wurzeln | Mit coolen Motiven wie Superheld, Polizist, Astronaut, Fußballer

Übersichtbroschüren für diversitätssensible Kinderbücher

VielSeitig (2014): Lesenswerte Bücher. Ausgewählt im Jüdischen Museum Berlin in Kooperation mit kulturkind e. V. Jüdisches Museum Berlin
https://www.jmberlin.de/broschuere-vielseitig
www.i-paed-berlin.de/de/Kinderbuecher

Diversitätssensible Kinderbücher

Besse, Karin/Rousseau, Mathilde (2016): Nelly und die Berlinchen. www.hawandel.de
Byers, Grace (2018): I am enough. Balzer + Bray; Illustrated Edition (englisch)
Della, Nancy (2014): Das Wort, das Bauchschmerzen macht. Edition Assemblage
Garcia, Gabi (2020): Ich schaffe das. Achtsame Affirmationen für Kinder. Skinned Knee Publising
Hoffmann, Mary (2010): Du gehörst dazu. Das große Buch der Familien. Sauerländer
Hoffmann, Mary (2019): DU und ICH sind WIR. Das große Buch der Freundschaft. Sauerländer
Hoffmann, Mary (2020): DU und ICH sind GLEICH und ANDERS. Das große Buch des Lebens. Sauerländer
Kamcili-Yildiz, Naciye/Kammeyer, Katharina (2015): Kinder feiern Ramadan. Ein interreligiöses Praxisbuch für den Kindergarten. Don Bosco
Kamcili-Yildiz, Naciye/Fromme-Seifer, Viola (2018): Miteinander Feiern. Die 7 schönsten Feste für interkulturelle Kita-Gruppen. Don Bosco
Weinhold, Angela (2003): Wieso, Weshalb, Warum: Unsere Religionen. Ravensburg
Von Kitzing, Constanze (2019): Ich bin anders als du – Ich bin wie du. Das Wendebuch. Carlson

Anmerkungen

Vorüberlegungen

1 Kirk (2013): Martin Luther King and the Civil Rights Movement; De Beauvior (1968): Das andere Geschlecht.
2 Tan (2013): Ein etwas anderes Wort, Dossier Empowerment, S. 12.
3 Siehe Nassir-Shahnain 2013, Can 2008.
4 Gesellschaft für Bildung und Teilhabe mbH: Habe Mut zu handeln und dich (kritisch) deiner Macht zu bedienen, S. 32, https://www.gsub.de/fileadmin/user_upload/Dokumente/Projekte/PWQ/QMP_Handreichung_Selbsthilfe_Partizipation_Empowerment.pdf.
5 Herriger 2014, S. 20, S. 92 ff. Ressourcendiagnostik.
6 https://empowerment.de/.
7 Canan Topçu „Nicht mein Antirassismus“: Süddeutsche Zeitung 27.09.2020.
8 Kultusministerkonferenz, Interkulturelle Bildung und Erziehung in der Schule 2013.
9 Vgl. Madubuko 2019, S. 290 ff.

Kapitel 1

1 Statistisches Bundesamt 2019.
2 Von Stroch 2017.
3 BILD Zeitung „Nur eins von 103 Kindern spricht zu Hause deutsch. Rektorin aus Neukölln: ‚Wir sind arabisiert‘“; www.bild.de/regional/berlin/berlin-aktuell/berliner-rektorin-klagt-nur-1-von-103-kindern-spricht-zu-hause-deutsch-58543002.bild.html. CDU Politiker, Carsten Linnemann Ausschluss von Grundschülern mit geringen Deutschkenntnissen, www.zeit.de/politik/deutschland/2019-08/carsten-linnemann-grundschule-integration-deutschkenntnisse-cdu?utm_referrer=https%3A%2F%2Fwww.google.com%2F. Zitate Innenminister Seehofer: www.sueddeutsche.de/politik/horst-seehofer-chemnitz-1.4118883 „Migration ist die Mutter aller Probleme“, „Islam gehört nicht zu Deutschland“. www.sueddeutsche.de/politik/integration-seehofer-der-islam-gehoert-nicht-zu-deutschland-1.3908644.
4 ADS 2013a; ADS 2013b.
5 ADS 2018.
6 Brockmann, 2006 ADS 2013a, S. 14 ff.
7 Brockmann 2006, S. 60.
8 ZEIT ONLINE und Tagesspiegel dokumentieren in einem Langzeitprojekt, wie viele Menschen von rechtsmotivierten Gewalttätern umgebracht worden sind. Zwischen 1990 und 2017 wurden in Deutschland mindestens 169 Menschen getötet. Weniger als die Hälfte davon taucht jedoch auch in den offiziellen Statistiken der Sicherheitsbehörden auf.
9 ADS 2015, ADS 2013b.
10 Institute of Labor and Economics 2017, ADS 2013a; ADS 2013c.
11 ECRI 2020.

12 Lorde 2000.
13 Benbrahim 2012: Theorieteil. In: dies. (Hg.) Diversität bewusst wahrnehmen und mitdenken – aber wie?, i. A. Informations- und Dokumentationszentrum für Antirassismusarbeit e. V., S. 11, verfügbar unter: www.idaev.de/fileadmin/user_upload/pdf/publikationen/Reader/2012_IDA_Diversitaet.pdf (zuletzt aufgerufen am 28.07.2023).
14 Deutsches Rotes Kreuz (2016): Was MACHT was? Modul machtvoller Einstieg S. 13.
15 Kilomba, 2008.
16 Grada Kilomba 2008, S. 41. Übersetzung der Verfasserin: „Rassismus umfasst stattdessen die Dimension der Macht und zeigt sich in den globalen Unterschieden im Anteil des Zugangs zu geschätzten Ressourcen wie politischer Repräsentation, Politik, Medien, Beschäftigung, Bildung, Wohnen, Gesundheit usw. Wer kann seine politischen Interessen in der EU vertreten sehen? Nationale Agenda? Wer kann seine Realität in den Medien darstellen? Wer kann sehen, dass seine Geschichte in Bildungsprogrammen enthalten ist? (..) Das zentrale Problem des Rassismus ist nicht das Vorhandensein von Vielfalt, sondern die Ungleichheit zwischen ihnen."
17 Mc Intosh 1989, mit eigenen Beispielen ergänzt.
18 Laut dem Oxford English Dictionary stammt der erste Nachweis für diese Begriffsverwendung aus dem Jahre 1781.
19 Antimuslimischem Rassismus oder Kulturrassismus.
20 EOTO 2019.
21 Policy Brief des Sachverständigenrat deutscher Stiftungen 2018.
22 Madubuko 2010.
23 Sequeira 2015.
24 Bornefeld/Dickhäuser, Uni Mannheim 2018.
25 Zitiert aus Wagner 2017b, S. 51 ff.
26 ADS 2013a; ADS 2018; Gomolla/Radtke 2012. In einigen Bundesländern werden keine Empfehlungen mehr ausgesprochen, dennoch ist die Tendenz der defizitären Prognosen noch ein Problem.
27 Pates et al. 2010, S. 119.
28 Gesamtschulverband, GStudie 2020.
29 Eggers 2018.
30 Pates, Schmidt, Karawanskij 2010: Antidiskriminierungspädagogik. S. 103–106.
31 Mecheril, Paul/Castro Varela, María do Mar/Dirim, Inci/Kalpaka, Annita/Melter, Claus (2010): Migrationspädagogik. Weinheim/Basel: Beltz.
32 Mecheril 2004, S. 7; Melter/Mecheril 2010.
33 Louise Derman-Sparks (2010).
34 Der Ansatz „Vorurteilsbewusste Bildung und Erziehung" wird mit einem Copyright versehen um auf die Urheber*innenschaft zu verweisen und den Ansatz von der entpolitisierten Bezeichnung „vorurteilsbewusst" abzugrenzen.
35 www.anti-bias-Werkstatt.de.
36 Pates et al. 2010, S. 103.
37 Kilomba 2009; RAA 2018.
38 Hall, 2001; 1989.
39 Balde 2020.
40 Mecheril 2010; Marschke 2015; Mecheril/Melter 2009; RAA 2018; Kilomba 2009.
41 Geulen 2007.
42 Kalpaka/Räthzel 2017, S. 42.

43 Weitere wichtige Historikerinnen sind Fatima El-Tayeb und Marion Brandt, die die Kolonialzeit bis zum Nationalsozialismus und die Schwarze Nachkriegsgeschichte dokumentiert haben. Der Afrozensus (2020) ist ein Versuch, Daten zu den Lebensbedingungen Schwarzer Menschen zu erfassen.

44 Zusammenfassung in May Ayim 2002, S. 139 ff. Mehr siehe Pädagogisches Zentrum Aachen (PÄZ) (2017).

45 Lilienthal, Georg (1979) Rassenhygiene im Dritten Reich. Krise und Wende. Medizinhistorisches Journal, Bd. 14, H. 1/2 (1979), S. 114–134.

46 Geulen (2007) Kapitel 7; Lilienthal (1979).

47 El-Tayeb (2001): Schwarze Deutsche. Der Diskurs um Rasse und nationale Identität 1890–1933; Kraft (2015): Kinder der Befreiung. Lemke Muniz de Faria, Yara Colette (2002): Zwischen Fürsorge und Ausgrenzung. Alle Bücher sind nur noch antiquarisch zu erhalten oder vergriffen. Hier sollten die Verlage ihrer Verantwortung gerecht werden und Wissen für die afrikanisch-deutsche Geschichtsschreibung wieder zugänglich zu machen.

48 Heinrich Böll Stiftung (o. J.).

49 Heitmeyer 2012.

50 https://de.wikipedia.org/wiki/Genetische_Variation_(Mensch)#:~:text=Zu%20den%20bekanntesten%20Ergebnissen%20des,noch%20mehr%20als%2098%2C5. Das Genomprojekt endete im Jahr 2003.

51 #MeTwo dokumentiert Alltagsrassismus in Deutschland: Deutsche Welle www.dw.com/de/metwo-dokumentiert-alltagsrassismus-in-deutschland/a-44858372.

52 Largo 2019.

53 Ausführliche Darstellung der Wirkungsweisen und möglicher Gegenstrategien siehe Madubuko 2016.

54 Demokratiezentrum Baden-Württemberg 2015, S. 6.

55 Amadeu Antonio 2018, S. 23.

56 Bekannt wurde dieses Phänomen mit dem „Doll Test“, USA. Wiederholt von der Antidiskriminierungstrainerin Marie-Theres C. Aden-Ugbomah in Aachen mit deutschen Kindergartenkindern mit ähnlichem Ergebnis (Kapitel 6).

57 Wagner 2009.

58 Boldaz-Hahn 2017.

59 Auf eine Reproduktion des Wortes wird hier verzichtet.

60 Otoo 2013.

61 Mätschke 2017, S. 250.

62 Übersicht Brockmann 2006 und Wagner 2009.

63 Saurer/Albers 2019.

64 Für Schwarze Jugendliche siehe Pädagogische Zentrum Aachen (PÄZ) 2017.

65 Fachstelle Kinderwelten 2017, Band 2.

66 Boldaz-Hahn, 2017, S. 159–169.

67 Madubuko 2021, S. 64 ff.

68 Arndt/Ofuatey-Alazard 2019.

69 ADB Köln, 2013.

70 www.i-paed-berlin.de/de/Glossar.

71 Fachstelle Kinderwelten 2017b, S. 154–161.

72 Demokratiezentrum Baden Württemberg 2016, S. 12.

73 Stiftung für die internationalen Wochen gegen Rassismus, S. 8. https://stiftung-gegen-rassismus.de/wp-content/uploads/2022/12/221206_BHP_IWGR_Was_ist_Rassismus_24_Seiten-1.pdf.
74 Schoenfield 2012.
75 Stiftung Wochen gegen Rassismus/GEW 2015, S. 8.
76 Elverich/Reindlmeier 2009, S. 33.
77 Elverich/Reindlmeyer 2009.

Kapitel 2

1 Sequeira 2015, S. 8.
2 Deffner 2019.
3 Yeboah 2017.
4 Jones und Lewis-Trotter 2004, Liebkind/Jassinskaja-Lathi 2000a und 2000b sowie Seaton 2003, Krieger/Sidney 1998, Utsey/Chae/Brown et al. 2002, Neuspiel 1996.
5 Sequeira 2015.
6 Boldaz-Hahn 2001.
7 Madubuko 2010, S. 27.
8 Ebd.
9 Ausführlicher dazu siehe Madubuko 2016.
10 Madubuko 2010, S. 18.
11 Sequeira 2015, S. 437.
12 Ebd.
13 Kechaja 2018.
14 Madubuko 2010, siehe Kapitel zu Verarbeitungsstrategien.
15 Sequeira 2015.
16 Interview mit Toan Nguyen in diesem Band, Empowerment-Trainer und Organisationsentwickler.
17 Scharathow 2014.
18 Largo 2019.
19 Madubuko 2016.
20 Ebd.
21 Ich spreche von geschützteren statt von geschützten Räumen, denn selbst mit Absprachen gibt es keine Sicherheit, nicht verletzt zu werden.
22 Siehe dazu ausführlich Madubuko 2010.

Kapitel 3

1 Deutsches Institut für Menschenrechte 2016.
2 Mein Model V-B-Z orientiert sich an dem Modell Täter-Opfer-Zuschauer von Georg 2021.
3 Georg, Eva (2021): Haltung zeigen?! – Umgang mit Diskriminierung, Rechtspopulismus und Rassismus in der Schule.

4 Deutsches Institut für Menschenrechte/Cremer 2019, S. 22.
5 Zur Relevanz des Thema vgl. #MeTwo-Kampagne auf Twitter und den zahlreichen Beispielen von Alltagsrassismus.
6 Apraku 2021, S. 21 f.
7 Sachverständigenrat deutscher Stiftungen 2013.
8 Claus Melter (2016) analysierte beispielsweise anschaulich rassistische Denkweisen und Zuschreibungen in der Kommunikation von Sozialarbeiter_innen der Jugendhilfe.
9 Amadeu Antonio 2018, S. 10.
10 Mecheril 2010, S. 190.
11 Madubuko 2019, S. 234.
12 Eigene Darstellung, angelehnt an Georg 2021.
13 Madubuko 2016.
14 Kaletsch/Rech 2015, S. 105 ff.

Kapitel 4

1 Zitiert nach: Ngomane 2019, S. 9. Ubuntu ist eine Philosophie, die in den Empowerment Trainings von Phoenix e. V. als Basis verstanden wird.
2 Pates/Schmidt/Karawanskij et al. 2010, S. 79.
3 Madubuko 2016, Erfahrungsbericht.
4 ADS, 2013a, S. 28–37.
5 www.un.org/depts/german/menschenrechte/aemr.pdf.
6 Eine ausführliche Darstellung der Rechtslage ist nachzulesen unter Klose/Liebscher 2015.
7 Die Autorin begrüßt die politischen Bestrebungen, den Begriff „Rasse" aus dem Grundgesetz zu entfernen, wenn eine verbindliche rassismuskritische Analyse aller deutschen Institutionen und Abbau rassistischer Denkstrukturen in der Gesellschaft damit einhergeht.
8 https://www.institut-fuer-menschenrechte.de/fileadmin/Redaktion/PDF/DB_Menschenrechtsschutz/ICERD/ICERD_Konvention.pdf
9 Umsetzung der Grundrechte der Kinder: Allen Kindern ihr Recht auf Gleichberechtigung und Nicht-Diskriminierung zu ermöglichen, ist verbrieft in Artikel 2 der UN Kinderrechtskonvention. Online unter: www.unicef.de/informieren/ueber-uns/fuer-kinderrechte/un-kinderrechtskonvention.
10 Institut für Menschenrechte/Cremer 2020, S. 2.
11 National Coalition Deutschland 2019, S. 20.
12 ADS 2013a, S. 66.
13 Eine Ausnahme bildet Berlin. Dort wurde 2020 das Landesantidiskriminierungsgesetz auch geltend für staatlich Institutionen verabschiedet.
14 Auch Ayça Polat (2017) verweist im Kontext von Migration in der Sozialen Arbeit auf drei Ebenen des Wissens, der Haltung und der Handlung für die soziale und pädagogische Arbeit, wobei für sie die rassismuskritische Haltung und Wissen über soziokulturelle Lebenslagen von Migranten zu grundlegenden der Wissenskompetenzen gehören.

Kapitel 5

1 Empowerment als Schutzraum ist in der Institution Schule schwer umzusetzen, dazu ausführlich Kechaja 2019.
2 Jagusch/Chehata 2020, Böll 2013, Fereidooni/El 2016, Mecheril/Melter 2011, Scharathow/Leiprecht 2011.
3 Can/Yiğit 2006, S. 169. Die Empowerment-Workshops von Hakara setzten stark auf die Ermächtigung des Kollektivs. Ihre Methoden kann man in ihren Empfehlungen durch Durchführung von Workshops nachlesen (Can 2013).
4 Can 2006, S. 171.
5 Brandt 2015, S. 118.
6 Rosenstreich 2009, S. 196f.
7 Fleary/Otoo/Göthe: Dokumentation YoungStar Projekt 2009, S. 9.
8 https://www.bmfsfj.de/resource/blob/179392/195baf88f8c3ac7134347d2e19f1cdc0/neunter-familienbericht-bundestagsdrucksache-data.pdf
9 Amadeu Antonio Stiftung 2014b, S. 20.
10 www.spiegel.de/kultur/tv/enissa-amanis-antwort-auf-wdr-sendung-die-letzte-instanz-a-50bc5029-a0a7-460c-8f2f-0097d471ddb7.
11 Soufeina Hamed im Interview mit Ferda Ataman. In: mediendienst-integration.de 2015.
12 Mehr zu Aufarbeitung Schwarzer Geschichte in Kapitel 6 im Interview mit Marie-Theres C. Aden-Ugbomah.
13 Angelehnt an „10 Thesen zu Empowerment in der offen Kinder und Jugendarbeit“, in: Amadeu Antonio Stiftung 2014b, S. 30, mit Ergänzungen der Autorin.
14 Eigene Darstellung in Anlehnung an die vier Ziele der vorurteilsbewussten Bildung und Erziehung (Wagner, 2017).
15 Amadeu Antonio Stiftung 2014b.
16 Dürr/Georg 2017, ADS 2013, ADS 2018.
17 https://afrozensus.de/reports/2020/.
18 Zur Auseinandersetzung mit Diskriminierung im Kontext Schule sind die zwei Bände: Praxisbuch Diskriminierungskritische Schule und Einführung in theoretische Grundlagen lesenswert (Foitzik/Hezel 2018 und Foitzik/Holland-Cunz 2018). Empowerment als Safer Spaces in der Schule einzubinden wird hier kritisch diskutiert (Kechaja, In: Foitizik/Hezel, S. 189).

Kapitel 6

1 Beispielsweise die Projektinitiative Hakara (siehe Can/Yiğit 2009), ISD e.V und Phoenix e.V.
2 www.phoenix-ev.org.
3 Zitiert aus: Fleary/Göhte/Otoo 2009: Dokumentation des YoungStar Projektes: S. 10.
4 Meyer 2017.
5 Rotter 2013, Nguyen 2017, Kechaja 2016, Can 2006 und 2011, Amadeu Antonio Stiftung 2016.
6 Rosenstreich 2006.
7 Kechaja 2019, S. 192.
8 Ergänzungen siehe Kechaja 2019.

Pasquale Virginie Rotter, Somatic Empowerment Coach

www.instagram.com/thelovinggaze
www.instagram.com/pasquale.virginie

1 Die Leerstelle steht für eine nicht-binäre Zuordnung.
2 Frei nach dem Videobeitrag zum Empowermentformat „BEBE – Black Embodiment Black Empowerment".
3 Rotter, Pasquale Virginie (2013): Empowerment in Motion – Körper und Bewegung in Empowerment-Prozessen. In: Heinrich Böll Stiftung (Hrsg.) Dossier Empowerment. S. 120. URL: http://heimatkunde.boell.de/sites/default/files/dossier_empowerment.pdf [6. November 2020].
4 Vgl. ebd. S. 118.
5 Ebd., S. 122–123.
6 Beispiel über Wissensbestände siehe: Marie-Theres C. Aden Ugbomahs Geschichtswerkstatt, Pasquale Rotter übersetzte die Texte und Reden von Audre Lorde, eine der bedeutendsten Schwarzen Aktivistinnen, die auch zeitweise in Deutschland lebte.

Sebastian Fleary, Empowerment-Trainer

1 Aus „Real Life Deutschland: Dokumentation des YoungStar Projektes" (Fleary, Otoo, Göthe) 2009.
2 Can/Yiğit 2006, S. 168.
3 Kilomba 2009.

Marie-Theres C. Aden-Ugbomah, Trainer_in für Antirassismus und Empowerment

1 Pädagogisches Zentrum Aachen (PÄZ) 2017.

Verena Meyer, Empowerment-Trainerin

1 Meyer 2017.

Maria Kechaja, Empowerment-Trainerin

1 TALK Projekt von Maria Kechaja ist eine Ausnahme, da es ein empowerment-orientiertes Jugendprojekt ist.
2 Mehr Infos zum Projekt unter:
https://adis-ev.de/empowerment/lokale-empowermentgruppen/talk
www.youtube.com/channel/UCeKzKZSHJUqwF8gczayKXVw?view_as=subscriber.

3 Ausführliche Zusammenfassung des Verständnisses von Empowerment bei adis. e. V siehe https://adis-ev.de/empowerment/empowerment-verstaendnis.
4 Kechaja 2019.

Abschließende Gedanken

1 Maya Angelou, (1928–2014) 2014, S. 7, Übersetzung der Autorin.
2 Toni Morrison (1931–2019) 1970/1979, S. 4.

Kurzviten der Expert_innen

Josephine Apraku ist Afrikawissenschaftlerin und als Lehrbeauftragte an der Alice Salomon Hochschule Berlin sowie am Zentrum für transdisziplinäre Geschlechterstudien (ZtG) der Humboldt-Universität zu Berlin tätig. Zusammen mit Jule Bönkost leitet sie das Institut für diskriminierungsfreie Bildung (IDB) in Berlin.

Le Hong ist Illustratorin und Comic Artist und studiert Print and Media Technology.

Soufeina Hamed ist Psychologin, Comicautorin und Illustratorin; ihre Werke veröffentlicht sie unter dem Pseudonym Tuffix. In ihren Bildern setzt sie sich mit Identität, Rassismus, Islamophobie und Empowerment auseinander.

Pasquale Virginie Rotter ist Erziehungswissenschaftler_in und tätig als Somatic Empowerment Coach und Moderator_in; sie bietet rassismuskritische Prozessbegleitung an und ist außerdem Projektkoordinator_in an der Alice Salomon Hochschule Berlin.

Sebastian Fleary, Dipl.-Päd., leitet seit 2017 die Jugendarbeit bei Each One Teach One (EOTO) in Berlin und ist außerdem als Empowerment-Trainer insbesondere für Schwarze Menschen tätig.

Marie-Theres C. Aden-Ugbomah, Dipl.-Päd., ist Geschäftsführerin des Pädagogischen Zentrums Aachen (PÄZ), einer Fachberatungsstelle für Kinder, Jugendliche und Erwachsene ausländischer, binationaler und deutscher Herkunft. Sie ist außerdem Mitbegründerin der Initiative Schwarzer Menschen in Deutschland e. V. (ISD).

Verena Meyer ist Trainerin und Beraterin für Empowerment und rassismuskritische intersektionale Bildung und Organisationsentwicklung. Sie ist Traumapädagogin und coacht Fachkräfte mit eigenen Rassismuserfahrungen im Kontext Sozialer Arbeit.

Maria Kechaja, Kulturwissenschaftlerin, ist tätig bei adis e. V. in Tübingen und hat dort die künstlerische Leitung des Projekts „TALK" für Jugendliche inne. Sie gibt Fortbildungen zum pädagogischen Umgang mit Diskriminierungserfahrungen von Jugendlichen.

Mo Asumang ist als Filmregisseurin, TV-Moderatorin und Autorin tätig. In ihrem Buch „Mo und die Arier. Allein unter Rassisten und Neonazis" beschreibt sie ihre offene Konfrontation mit Neonazis. 2014 wurde sie zur „Botschafterin gegen Rassismus" für die Antidiskriminierungsstelle des Bundes ernannt.

Die Autorin

© Kerstin Achenbach

Nkechi Madubuko, Dr., ist promovierte Soziologin, Autorin und Diversity Trainerin und nicht zuletzt ausgebildete Fernsehjournalistin (ZDF). Ihre Arbeitsschwerpunkte sind Empowerment, Verarbeitung von Rassismuserfahrungen, rassismuskritische Bildung, diversitätssensibler Umgang und Empowerment-Orientierung im Kontext Schule. Sie ist als Dozentin an der Universität Kassel und der Hochschule Düsseldorf tätig und veröffentlichte bereits zahlreiche Artikel und Bücher.

Mit ihrem Buch „Akkulturationsstress von Migranten" (2010) ist sie eine der ersten, die auf wissenschaftlicher Basis die Anstrengungen thematisiert, denen Migrant_innen auf dem deutschen Arbeitsmarkt ausgesetzt sind und analysiert deren Bewältigungsstrategien. Ihr Buch „Empowerment als Erziehungsaufgabe" (2016) war das erste deutschsprachige Elternbuch zu Empowerment im Umgang mit Rassismuserfahrungen mit Kindern und Jugendlichen. Im Elternbuch „Erziehung zur Vielfalt" (2021) beschreibt sie wertschätzenden Umgang mit fünf Vielfaltsdimensionen. 25 Jahre war sie freiberuflich als Moderatorin u. a. im Familienministerium und als Jury Mitglied der Antidiskriminierungsstelle des Bundes tätig. Die dreifache Mutter ist zudem Hochschuldozentin für Empowerment Studies an der Hochschule Düsseldorf und hält Lehrveranstaltungen an den Universitäten Kassel und Gießen.